KB116785

조선반역실록

12개의 반역 사건으로 읽는 새로운 조선사

조선반역실록
: 12개의 반역 사건으로 읽는 새로운 조선사

1판 1쇄 발행 2017. 8. 4.
1판 5쇄 발행 2022. 2. 4.

지은이 박영규

발행인 고세규
편집 김상영 디자인 홍세연
발행처 김영사

등록 1979년 5월 17일 (제406−2003−036호)
주소 경기도 파주시 문발로 197(문발동) 우편번호 10881
전화 마케팅부 031)955−3100, 편집부 031)955−3200, 팩스 031)955−3111

값은 뒤표지에 있습니다.
ISBN 978-89-349-7851-0 03910

홈페이지 www.gimmyoung.com   블로그 blog.naver.com/gybook
인스타그램 instagram.com/gimmyoung   이메일 bestbook@gimmyoung.com

좋은 독자가 좋은 책을 만듭니다.
김영사는 독자 여러분의 의견에 항상 귀 기울이고 있습니다.

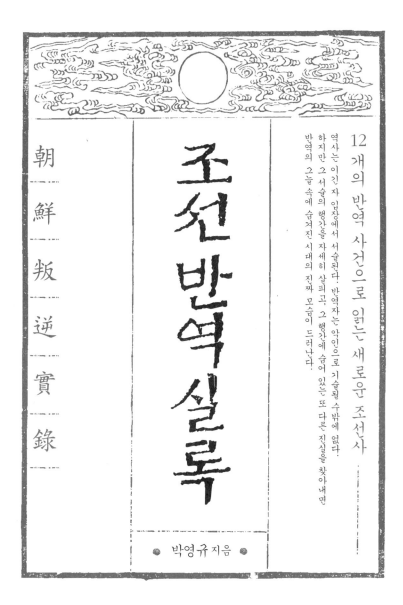

朝鮮叛逆實錄

조선반역실록

12개의 반역 사건으로 읽는 새로운 조선사

역사는 이긴 자 입장에서 서술된다. 반역자는 악인으로 기술될 수밖에 없다. 하지만 그 서술의 행간을 자세히 살피고, 그 행간에 숨어 있는 또 다른 진실을 찾아내면 반역의 그늘 속에 숨겨진 시대의 진짜 모습이 드러난다.

박영규 지음

김영사

반역의 시선으로 보는 조선사

반역! 그것은 곧 그 시대의 최고 권력에 맞서는 일이다. 성공하면 영웅, 실패하면 역적이 되는 것이므로 목숨을 걸지 않고는 반역의 길에 들어설 수 없다.

우리가 익히 알 듯 조선의 국조 이성계는 고려의 역적이 되어 새로운 시대를 열었다. 이성계는 조선을 건국하는 과정에서 세 번이나 반역 행위를 하였다. 첫째는 자신을 믿고 군대를 내준 우왕과 최영을 배신하고 창을 거꾸로 돌려 섬기던 왕을 내쫓고 자신을 믿어준 상관을 죽인 일이고, 둘째는 창왕을 내쫓고 공양왕을 세운 일이며, 셋째는 자신이 세운 공양왕을 내쫓고 왕위를 찬탈한 일이다.

그 반역의 씨앗은 대를 이어 싹을 틔웠고, 그 싹이 자라 붉은 화살이 되어 이성계에게 되돌아왔다. 눈에 넣어도 아프지 않을 것 같은 아들 이방원이 핏빛 칼날이 되어 춤을 추더니, 아비를 용상에서 밀어내고, 아비의 신하들을 도륙하고, 배다른 동생들을 죽이고, 동복형제끼리는 칼부림을 하였다.

그것으로도 부족하여 아들에게 쫓겨난 늙은 아비는 용상을 되찾아 죽은 자식들의 원혼을 달래겠다며 또다시 역적이 되어 조사의 이름으로 반역을 도모하니, 용상은 그야말로 피의 퇴적물에 다름 아니었다.

아버지의 반역을 이겨낸 이방원은 의심과 불안에 치를 떨며 조강지처를 몰아세우다 못해 처남들을 역적으로 몰아 죽였으며, 사돈까지 반역의 죄를 씌워 죽였으니, 의심이 역적을 낳고 역적이 또 다른 반역을 낳는 형국이었다.

그 반역의 기질은 손자에게 이어져 수양이 아비와 형의 충신들을 죽이고, 자신의 아우들을 죽였으며, 조카이자 자신이 섬기던 왕마저 죽였다.

그러자 반역의 씨앗은 온 나라에 퍼져 신하가 신하를 역적으로 고변하여 출세의 도구로 삼고, 역적으로 내몰린 신하는 어쩔 수 없이 반역의 길로 들어서는 일이 반복되었으며, 아예 반역으로 새 왕조를 개창하려는 자들까지 생겨났다. 역사에 반역자로 남은 이징옥, 이시애, 남이, 허균, 이괄, 이인좌 같은 자들이 모두 그런 자들이었다.

반역은 새로움에 대한 갈망에서부터 비롯된다. 반역은 그 시대를 부정하고, 다른 시대를 꿈꾸는 일이며, 다른 권력을 생산하는 일인 까닭에 그렇다. 따라서 조선의 역사를 반역의 시선에서 바라보는 것은 숨겨진 조선의 속살을 들춰내는 일이기도 하다.

역사는 늘 이긴 자 입장에서 서술된다. 때문에 반역자는 항상 악인으로 기술될 수밖에 없다. 하지만 그 서술의 행간을 자세히 살피고, 그 행간에 숨어 있는 또 다른 진실을 찾아내면 반역의 그늘 속에 숨겨진 그 시대의 진짜 모습이 드러난다.

이 책은 바로 반역이라는 이름으로 덮어버린 열두 개의 사건을 통해 우리가 익히 알지 못했던 숨겨진 조선사의 진실을 찾아내는 데 목적을 두었다.

모쪼록《조선반역실록》이 전혀 새로운 시선으로 조선사를 바라보는 계기가 되길 바란다.

2017년 7월 일산우거에서
박영규

-1-

고려의 마지막 역적, 이성계

역적인가
혁명가인가?

이성계는 역적인가, 아니면 혁명가인가? 그는 조선왕조에서는 왕실을 일으킨 국조이고 새로운 왕조를 일으킨 혁명가이지만 고려왕조 입장에선 나라를 훔친 역적이었다. 우왕과 창왕을 죽이고, 스스로 옹립한 공양왕과 그의 세자를 죽였으며, 수많은 고려 왕씨들을 바다에 수장시킨 장본인이기 때문이다. 그런 까닭에 고려왕조를 지키려던 정몽주를 충신이라 부르고, 두문동에 숨어 살며 조선의 신하 되기를 거부한 72현을 고려의 마지막 충절로 기리는 것이다.

이성계가 고려를 훔쳐 조선의 국조가 될 수 있었던 배경엔 위화도회군이라는 반역 사건이 도사리고 있다. 회군이라는 단어로 포장되었지만, 이 사건은 장수를 믿고 군대를 내준 왕을 배신한 반역 행위에 다름 아니었다.

이성계의 반역 행위는 비단 위화도회군에서 끝나지 않았다. 회군의 성공으로 조정의 중심에 서게 되자, 더 큰 역적이 되기 위한 꿈을 꾼다.

이른바 역성혁명이었다. 왕조를 갈아치우고 새 왕조를 개창할 야욕을 품은 것이다. 그에게 그런 야욕을 품게 한 인물은 곧 조선왕조의 설계자로 불리는 정도전이었다.

정도전은 숱한 전쟁에서 한 번도 패배하지 않은 전쟁 영웅이지만 변방 출신이라는 한계 탓에 중앙 정계에선 찬밥 신세였던 이성계에게 혁명의 꿈을 심어준 인물이다. 하지만 역심을 품지 않고선 혁명은 불가능한 일이었고, 역심을 실천하는 자는 곧 역적이었다. 역적이 되지 않고는 혁명을 꿈꿀 수 없다는 뜻이다.

이성계는 그 혁명의 꿈을 이루기 위해 역적이 되기로 결심했고, 그 반역 행위의 시발점이 바로 위화도회군이었던 것이다. 따라서 진군하여 요동을 정벌하라는 명령을 어기고 회군하여 자신을 믿고 군대를 내준 우왕을 내쫓은 것이 첫 번째 반역이고, 다시 가짜를 폐하고 진짜를 세워야 한다는 '폐가입진'의 논리를 앞세워 창왕을 몰아낸 것이 두 번째 반역 행위였으며, 스스로 세운 공양왕을 쫓아내고 왕씨가 아닌 이씨로서 고려의 왕위를 차지한 것이 마지막 반역 행위였다.

이렇듯 이성계는 세 번에 걸친 반역을 통해 고려왕조를 무너뜨리고 '조선'이라는 새 왕조의 국조가 되었다. 반역에 성공한 역적은 역적이 아니라 혁명가라고 한다고 했던가? 하지만 이성계의 반역이 과연 혁명이라 부를 수 있는 것인지는 여전히 의문이다. 이성계가 역적인지 혁명가인지는 반역의 시발점이 된 위화도회군으로부터 반역의 종착지인 조선 건국에 이르는 과정을 살피면 그 의문이 저절로 풀릴 것이다.

철령 이북 땅을 내놓으라는
명 태조 주원장

1388년 4월 3일, 고려는 5만 군대를 동원하여 요동 정벌에 나선다. 고려 왕 우왕과 팔도도통사 최영이 요동 정벌에 나선 것은 몽골 세력을 북방으로 밀어내고 새롭게 중국 대륙을 장악한 홍건적의 우두머리 주원장이 명나라를 세운 뒤에 원나라가 차지하고 있던 고려 영토를 자신들의 영토로 편입시키려 했기 때문이다.

주원장은 고려가 차지하고 있던 영토 중에 철령을 중심으로 북쪽과 동쪽 그리고 서쪽 땅은 원나라에 예속되어 있던 곳이고, 명나라가 원을 몰아내고 원의 영토를 모두 차지했기 때문에 당연히 원나라에 예속되어 있던 철령 이북과 동쪽, 서쪽 땅도 자신들의 영토라고 주장했다. 하지만 고려는 명의 이런 주장에 반발하여 과감하게 요동 정벌에 나섰던 것이다.

《고려사》는 그 과정을 간략하게 기록하고 있다.

명나라의 사신으로 갔던 설장수에게 명 황제 주원장이 이렇게 말했다.

"철령 이북은 원래 원나라에 속하고 있었으니, 모두 요동에 귀속시키게 하라."

이에 대해 고려의 우왕은 밀직제학 박의중을 명나라에 파견하여 서면으로 다음과 같이 대답하며 주원장의 요구를 거절했다.

"철령으로부터 북으로 가면서 문주, 고주, 화주, 정주, 함주 등의 여러 주를 지나 공험진까지는 자래로 우리나라 땅입니다. 요나라 건통 7년에 이르러서 동여진 등이 반란을 일으켜서 함주 이북의 땅을 강점하였으므로 예왕(예종)이 요나라에 통고하여 토벌에 대한 동의를 얻어서 군사를 파견하여 그 땅을 회복하고 함주와 공험진 등지에다 성을 쌓았습니다. (예종 시절 윤관의 동북 9성에 대한 언급이다.)

원나라 초엽 무오년에 몽고의 산길대왕 보지관인 등이 여진을 예속시켰을 때, 우리나라 정주 사람 탁청과 용진현 사람 조휘가 화주 이북 땅을 가지고 그에게 투항하였습니다. 이때 금나라의 요동 함주로 부근에 있는 심주에 쌍성현이 있었고, 또 우리나라 함주 근처인 화주에도 옛날에 쌓은 작은 성이 2개소 있다는 말을 듣고 황제에게 애매하게 보고하였었습니다. 그래서 화주에 쌍성이라는 당치 않은 이름을 붙이고 조휘를 쌍성총관으로 그리고 탁청을 천호로 임명하여 인민을 관할하게 되었습니다.

지정 16년에 이르러서 원나라 조정에 통고하고 전기한 총관, 천호 등의 직제를 혁파하여 화주 이북이 다시 우리나라에 귀속되었으며, 지금 주와 현의 관원을 임명 배치하여 인민을 관할하게 하고 있습니다. 이같이 반역자에 의하여 침해된 국토가 대국에 예속되었다가 다시 제자리로 돌아온 것입니다.

그런데 지금에 와서 '철령 이북, 이동, 이서 지방이 원래 개원(원나라 길림과 요동에 설치했던 관청)의 관할 아래 있었으니 그곳의 군민들을 요동에 속하게 하라'는 당신의 지시를 받았습니다. 사실 철령은 우리 수도(개성)로부터 겨우 300리 거리에 있으며, 공험진이 국경 계선으로 되어온 것도 이미 한 해 두 해가 아닙니다. (중략) 당신은 포용하는 도량을 넓히고 무휼의 덕을 두터이 하여 몇 개 안 되는 우리 주를 우리나라의 강토로 인정해주기를 바랍니다."

이렇듯 명과 고려 사이엔 철령위 문제로 팽팽한 신경전이 벌어졌다. 그런 상황에서 명나라에서 철령 이북 땅을 명나라 요동부에 예속시키겠다는 일방적인 통보를 해왔고, 이어 요동부의 관리를 파견하여 철령위를 설치하고 그곳을 명의 영토로 굳히려 하였다.

요동 정벌을 감행하는
최영과 우왕

이때 고려의 문하시중으로 있던 최영은 명의 철령위 설치에 대응하여 요동정벌론을 주장했고, 이 주장을 우왕이 받아들임으로써 요동정벌론이 조정의 주요 안건이 되었다. 그리고 최영은 이 과정에서 요동 정벌에 반대하던 공산부원군 이자송을 죽임으로써 자신의 의지를 명확히 드러냈다.

그리고 그해 4월 초하루에 우왕은 마침내 조정 대신들을 모아놓고 요동 정벌을 천명했다. 당시 최영의 요동정벌론은 명나라가 아직 북쪽으로 밀려난 원나라의 마지막 황제 토구스 테무르와 싸우고 있는 상태였기 때문에 터무니없는 논리는 아니었다. 특히 1388년 당시에는 명나라와 북원 사이에 마지막 전투가 진행되고 있었던 터라 명나라는 요동 지역에 눈을 돌릴 여유가 없었다. 최영은 그 기회를 이용하여 요동 땅을 공격함으로써 철령 이북을 지키는 것은 물론이고, 아예 요동 전체를 차지하겠다는 야심을 드러낸 셈이었다.

이에 대해 이성계는 반대 입장을 드러내며 요동 정벌을 감행하면 안 되는 네 가지 이유를 내세웠다. 그것이 이른바 이성계의 '사불가론'이었다. 당시 이성계가 내세웠던 사불가론의 내용을 《고려사》에 기록된 대로 옮기자면 이렇다.

지금 출정하라는 것은 네 가지의 불가한 점이 있습니다. 소국으로서 대국을 거역하니 한 가지 불가요, 여름에 군사를 동원하니 두 가지 불가요, 전국의 역량을 기울여서 원정하면 왜적이 빈틈을 탈 우려가 있으니 세 가지 불가요, 지금은 하절 장마 때이므로 활에 먹인 아교가 풀리고 대군이 역질에 걸릴 우려가 있으니 네 가지 불가입니다.

하지만 우왕은 이튿날 다시 이성계를 불러서 '일이 벌써 군대까지 동원하였으니 중지할 수가 없다'면서 출정을 독려했다. 사실, 우왕과 최영이 공격을 서두르는 데엔 이유가 있었다. 명나라가 북원과 싸우고 있는 중이었고, 아직 장마가 시작되지 않았기 때문에 하시라도 빨리 요동을 공략하여 기선을 제압해야 했기 때문이다. 그렇게 하여 만약 무주공산인 요동을 먼저 장악하기만 하면 승산이 없는 것도 아니었다.

이에 이성계는 이렇게 말했다.

"전하께서 꼭 대계를 성공하시려거든 서경에 머물러 있으면서 가을을 기다려 출정하게 하시길 바랍니다. 그러면 오곡이 들을 덮을 것이니, 대군의 군량이 풍족하여 계속 전진할 수 있습니다. 그러나 지금은 출정할 시기가 아닙니다. 설사 요동의 한 개 성을 함락시킨다 하여도 곧 장맛비가 내리면 군사들은 전진도 후퇴도 못 하게 되고, 사기가 떨어지고 군량이 결핍되어 화를 재촉할 뿐입니다."

이성계는 가을을 기다려 요동 공격에 나서자고 주장했지만, 최영은 가을까지 기다리면 북원으로 떠난 명나라 군대가 원나라 군대를 물리치고 돌아올 가능성이 크다고 판단했다. 따라서 가을까지 기다렸다 공격하자는 이성계의 주장은 명나라에 여유를 주자는 것이나 진배없었다.

최영의 그런 주장을 받아들인 우왕도 요동 정벌 의지가 너무나 확고하였던 터라, 이성계를 만난 바로 다음 날인 4월 3일에 최영을 8도도통사로 삼고, 조민수를 좌군도통사, 이성계를 우군도통사로 삼은 뒤, 평양에서 출정식을 거행했다.

요동 정벌에 나선 좌우군의 총병력은 3만 8,830명이었고, 이 외에도 보충 인력 1만 1,634명을 뒤따르게 하여 약 5만 병력 규모를 형성하고 10만 대군이라고 부르게 하였다.

회군을 단행하여
반역의 길로 들어선 이성계

이후 병력은 진군하여 5월 초에 압록강을 건너서 위화도에 주둔하였다. 《고려사》는 위화도까지 진군하는 과정에서 비가 많이 내려 압록강 근처의 여러 천에 물이 많이 불어서 큰 어려움을 겪었다고 쓰고 있다. 그러나 대군이 위화도에 도착한 직후에 홍인계와 이의 등이 군대를 이끌고 요동으로 들어가서 적진을 침입한 후 공격을 감행하기도 했다는 기록이 있는 것으로 봐서는 《고려사》의 기록은 회군의 정당성을 확보하기 위해 과장한 것으로 보여진다.

또 《고려사》는 이 무렵, 이성계의 염려대로 남쪽에서는 왜구가 침입하여 약탈을 자행하고 있었지만, 대응할 군대가 없어 대책 없이 피해만 보고 있었다는 내용을 남기고 있다. 하지만 왜구의 노략질은 요동 정벌 군대의 출정 이전에도 지속되고 있었던 것으로 봐서 이 기록 또한 회군을 정당화시키기 위한 장치로 보인다.

고려의 대군이 위화도에 도착한 후 홍인계와 이의 등의 군대가 요동을 한 차례 공격한 것을 볼 때 위화도에 당도한 직후 압록강 도강을 감행했다면 요동 공략이 불가능했던 것도 아니었음을 알 수 있다. 거기다 홍인계와 이의가 요동을 공격한 이후에도 명나라 군대는 어떠한 움직임도 보이지 않았다. 이는 당시 요동 지역에 명나라 군대가 거의 없었음을 방증하는 것이다. 따라서 서둘러 압록강을 건너고 요동으로 진주하여 공략을 감행했다면 최영의 주장대로 요동 정벌에 성공했을 가능성도 있었다.

사실 문제는 장마가 아니라 이성계가 압록강을 건널 생각이 없었다는 것이었다. 좌군을 맡고 있던 조민수도 이성계가 머뭇거리자 역시 요동으로 진군하지 않았다. 말하자면 좌우군의 수장들이 요동으로 진격할 의지가 없었다는 것이다.

조민수와 이성계는 위화도에 도착하자마자, 가장 먼저 한 일이 최영에게 회군을 요청하는 것이었다. 그럼에도 최영이 진군하라고 명령하자 계속 시간을 끌면서 거듭 회군을 요청하기만 했다. 이미 굶어 죽는 군사가 속출하고 물이 많이 불어나 진군 자체도 어렵다는 이유였다. 어쩌면 이성계는 장마가 심해지고 물이 불어나길 기다렸는지도 모른다. 그래야만 회군의 명분을 확보할 수 있었기 때문이다.

요동 정벌군은 두 차례에 걸쳐 회군을 요청하지만 최영은 요지부동이었다. 최영은 하시라도 빨리 요동으로 진격하라는 주문을 할 뿐이었다. 그러나 이성계 또한 요지부동이었다. 오히려 고려군 내부에서는 이성계가 군대를 이끌고 동북면으로 돌아가기 위해 말에 올랐다는 소문만 나돌았다. 그리고 며칠 지나지 않아 이성계는 실제로 회군을 준비했다. 이에 좌군도통사 조민수는 어쩔 줄을 몰라 하며 허둥대다가 이성계의 회군 의지가 확고한 것을 확인하고는 슬그머니 회군에 동의했다.

이렇듯 위화도회군은 이성계의 의지에 의해서 이뤄졌다. 고려군이 요동 정벌에 나서지 않은 것 역시 이성계의 의지에 의한 것이었다. 조민수는 어정쩡한 태도를 취하며 이성계의 눈치를 살피다 이성계의 주장에 편승하여 회군에 동참했을 뿐이다. 그도 역시 명이라는 대국의 군대와 싸우는 것이 부담스러웠던 것이다.

이런 과정을 볼 때, 이성계와 그의 세력은 출정할 때 이미 회군을 계획했을 가능성이 농후하다. 그는 처음부터 출병을 반대했고, 명나라와의 전쟁 자체를 부담스러워했다. 그럼에도 우왕과 최영은 그를 믿고 최정예 병력을 내주며 요동 공략을 주문했다. 그만큼 두 사람은 이성계를 신뢰했다는 뜻이다. 그런데 이성계는 자신을 그렇듯 믿고 신뢰하며 정예 병력을 내준 왕과 상관을 향해 창을 거꾸로 돌려 공격함으로써 반역의 길을 택했다. 어쩌면 자신에게 정예 병력을 안기고 전장으로 떠나라는 명령을 받았을 때, 이성계는 그 상황이 최영과 우왕을 제거하고 혁명의 기반을 다질 최적의 기회가 될 수 있다고 판단했을지도 모른다.

위화도의 좌우군이 모두 회군 길에 올랐다는 말을 듣고 우왕은 급히 개경으로 돌아왔다. 그러자 회군한 병력을 개경 바깥에 주둔시킨 이성계와 조민수는 우왕에게 최영을 버리고 회군을 인정해줄 것을 요청했다. 그러나 우왕은 최영을 버릴 수 없다며 오히려 최영을 위주로 조정을 개편하고 조민수와 이성계를 잡아 오는 사람에게 신분을 가리지 않고 큰 상을 내리겠다는 포고문을 붙였다.

이에 회군 세력은 더 이상 타협의 여지가 없다고 판단하고 도성을 공략했다. 최영이 도성 병력을 이끌며 강하게 저항했지만, 정예 병력으로 구성된 좌우군을 이기기엔 역부족이었다. 결국 도성은 회군 세력의 손안에 떨어졌고, 최영은 체포되고 말았다.

이색과 결탁하여
창왕을 세우는 조민수

최영을 체포한 후 조민수와 이성계를 위시한 좌우군도통사와 36명의 원수들이 궁궐 안으로 들어가 우왕을 만난 뒤, 군대를 성 밖으로 물러나게 했다. 이후 우왕은 왕위를 내놓고 강화도로 떠나야 했다. 이로써 위화도회군은 성공하였고, 조정은 회군 세력과 그 지지 세력을 중심으로 재편되었다. 좌군도통사였던 조민수가 좌시중에 올랐고, 이성계는 그 아래인 우시중이 되었다.

그때부터 조민수와 이성계 사이에 치열한 정쟁이 시작되었다. 그들을 갈라놓은 첫 번째 사안은 왕위 승계 문제였다. 좌시중 조민수는 우왕의 아들 창을 왕으로 세우려 하였고, 우시중 이성계는 왕실 인물 중에 덕이 있는 자를 골라 왕위를 계승시키려 했다.

이런 상황에서 좀 더 발 빠르게 움직인 쪽은 개경의 정치 구도에 익숙했던 조민수였다. 그는 우왕을 즉위시켜 한때 권력을 농단했던 이인임과 사돈 관계였고, 이인임과 함께 권력을 농단하며 욕심을 채우던 인물이었다. 때문에 개경의 정치가 어떻게 흘러가는지 잘 알고 있었다. 그는 비록 회군에 참여하긴 했지만 그 의지가 이성계만큼 적극적이지 않았던 만큼 우왕의 아들 창을 세워도 자신에겐 후환이 없을 것이라 판단했다. 그래서 이인임과 혈연관계에 있던 이림의 딸 근비 소생인 창을 왕으로 세우려 했던 것이다.

그런데 회군 장수들 중엔 창을 세우는 것에 대해 반대하는 인물이 더 많았다. 창을 왕으로 세울 경우 우왕이 복위할 가능성도 있을뿐더러 창이 아비의 폐위에 대해 복수하려 들지도 모르기 때문이었다. 그런 까닭에 회군 과정에서 조민수는 이미 장수들과 왕실 인물 중에서 한 사람을 골라 왕으로 세우기로 약조했던 터였다. 조민수는 그 약조를 무력화시키기 위해 우왕의 사부이자 판삼사사를 지내고 당대의 명망 높은 학자로서 많은 제자들을 거느리고 있던 한산군 이색을 찾아갔다. 이색은 많은 중앙 관료들을 길러냈고 개경의 권문세족들을 대표하고 있었다. 그런 이색을 끌어들여 창왕을 세운다면 회군 장수들의 반발을 무마시킬 수 있다는 것이 조민수의 판단이었다. 이색의 성향을 잘 파악하고 있던 조민수는 마침내 이색으로부터 '전왕의 아들을 왕으로 세워야 한다'는 의견을 이끌어내는 데 성공했다. 그러자 이색의 말을 빌미로 조민수는 공민왕의 왕비 정비의 교시를 통해 창을 왕으로 세우기에 이르렀다.

조민수가 정비의 교서를 받들어 창을 왕으로 세우려 하자, 이성계가 조민수를 찾아가 회군할 때 말한 것과 다르지 않으냐고 따졌더니, 조민수는 이렇게 대답했다.

"원자의 추대는 한산군이 이미 정해놓은 대책인데, 어찌 거스를 수 있겠습니까?"

조민수가 한산군 이색을 핑계 대자, 이성계도 어쩔 도리가 없었다. 이색은 개경의 유생들이 모두 존경하는 성균관 대사성 출신의 학자였고, 이성계 편에 섰던 문신들 중에서도 그의 제자들이 많았기 때문이다. 그런 이색에 비해 이성계는 한낱 동북면의 변방 출신 무장에 지나지 않았다. 비록 수십 번이나 전장에 출전하여 패배한 적 없는 전쟁 영웅이었고, 회군에 성공하여 우시중의 벼슬을 얻긴 했지만 당대의 대학자이자 개경 귀족의 우두머리인 이색과 정치적으로 견줄 만한 처지는 아니었던 것이다. 그런 이성계의 처지를 잘 알고 있던 조민수가 이색을 끌어들여 자신의 의지대로 창을 왕으로 세운 것이다.

조준의 탄핵으로
축출되는 조민수

창이 불과 아홉 살의 어린 나이로 고려 제33대 왕으로 즉위하자, 좌시중이던 조민수는 이성계 세력과 싸우기 위해 창왕에게 이인임을 유배지에서 불러올릴 것을 주청했다. 우왕을 세우고 권력을 한 손에 움켜쥔 채 10여 년 동안 조정을 좌지우지했던 이인임이 복귀한다면 조민수는 천군만마를 얻는 것이나 진배없었다. 조민수에겐 이성계가 버거운 상대였지만, 자신의 사돈이자 정치 술수에 대단히 능한 이인임이 조정으로 돌아온다면 이성계 세력은 치명적인 타격을 입을 수밖에 없을 터였다. 하지만 조정으로 복귀하라는 창왕의 사면령을 가지고 파발꾼이 달려갔을 때, 이미 이인임은 유배지 경산부에서 생을 마감한 상태였다.

비록 이색의 위세에 눌려 창왕의 즉위를 막지 못했지만, 이성계 세력은 창왕을 내쫓을 명분을 만들기 위해 분주히 움직이는 한편, 창왕의 든든한 후원자인 조민수를 제거할 방도를 모색하기 시작했다.

당시 창왕은 조민수를 양광·전라·경상·서해·교주도 등 5도통사로 임명하고 그에게 충근양절선위동덕안사공신 칭호까지 내렸다. 그쯤 되자, 조민수는 슬슬 욕심이 발동하기 시작했다. 과거 이인임과 함께 권력을 남용하며 수단과 방법을 가리지 않고 남의 땅을 빼앗았던 임견미, 염흥방 등의 인물들이 최영과 이성계 세력에 의해 제거될 때, 조민수는 겁을 먹고 강제로 빼앗은 땅과 노비를 원래 주인에게 돌려줬었다. 그런데 자신이 왕을 세우고 5도의 도통사와 좌시중을 겸한 채 조정을 장악하게 됐다고 생각하자, 돌려줬던 땅과 노비가 아까웠던 모양이다. 조민수는 다시 슬금슬금 돌려줬던 땅을 빼앗기 시작했다.

　그 무렵 조정에서는 조준, 정도전, 정몽주 등의 신진 세력을 중심으로 귀족들이 차지한 개인 땅에 대한 개혁을 시도하고 있었다. 하지만 남의 땅을 갈취하여 많은 농토를 가지게 된 조민수는 당연히 토지 개혁에 반대하였고, 이에 대해 대사헌 조준이 조민수의 농토와 노비 탈취 행위를 열거하며 탄핵하기에 이르렀다. 조준의 탄핵 상소문에 적힌 대로 조민수의 악행이 명백하였고, 그 증거도 분명하였기에 조민수는 꼼짝없이 유배되는 처지가 되고 말았다. 조민수가 실각하자, 그의 세력인 남성리, 허연 등도 유배 길에 올랐다. 하지만 창왕은 조민수에게 좌대언 권근을 보내 술을 내리고 특별히 사면하여 고향으로 돌려보내는 조치를 취했다.

창왕을 폐위하고 공양왕을 세우는
9인의 중흥중신

조민수를 유배 보낸 뒤, 창왕은 이색을 문하시중에 앉혔다. 그리고 이성계는 그 아래인 수시중이 되었다. 이후 조정은 이색파와 이성계파로 나뉘어졌다. 이색파는 주로 과거 이인임과 최영 세력에 영합했던 개경의 귀족들과 이숭인을 중심으로 형성된 이색의 제자들이었다. 하지만 이색의 제자들 중에서도 개혁을 주장하던 정몽주, 정도전 등은 이성계 세력에 합류해 있었다.

처음에 두 세력은 노골적인 적대감을 드러내지는 않았다. 두 세력이 공히 처리해야 할 것은 이인임과 조민수의 잔당들을 제거하고 명나라와의 외교 관계를 복원시키는 것이었다. 그래서 이인임의 잔당인 이무와 이빈, 이양중, 전자충 등을 제거하고, 요동 정벌을 주장했던 최영을 처형한 후 명나라에 보고하는 조치를 취했다.

그런 가운데, 1389년 11월에 우왕이 복위를 노리고 이성계를 제거하려는 음모를 꾸미고 있다는 첩보가 이성계에게 보고되었다. 최영 누나의 아들 김저와 최영의 일파였던 정득후가 강화도로 가서 우왕을 만났더니, 우왕이 평소 자신과 친분이 있던 예의판서 곽충보와 더불어 이성계를 제거하라는 명령을 내렸다는 것이었다. 또 우왕은 거사일을 판관회 날로 정해주고, 만약 거사에 성공하면 왕비의 동생을 처로 삼게 하고 부귀영화를 누리게 해주겠다고 약속까지 했다는 전언이었다. 이 말을 이성계에 전한 것은 우왕이 굳게 믿고 있던 곽충보였다. 김저와 정득후가 곽충보를 만나 우왕의 말을 전하자, 곽충보는 그들 앞에선 거짓으로 승낙을 하고, 뒤로는 이성계를 찾아가 우왕의 음모를 알렸던 것이다.

곽충보의 말을 전해 들은 이성계는 팔관회에 참석하지 않고 집에 머물렀다. 그러자 마음이 급해진 김저와 정득후가 그날 밤에 직접 이성계의 집을 방문했다가 붙잡혔고, 일이 틀어졌음을 안 정득후는 그 자리에서 자신의 목을 칼로 찔러 자살하였고, 김저는 체포되어 순군옥에 갇혔다. 김저는 모진 고문을 당하고 모의에 가담한 자들의 이름을 실토했다. 그의 입에서 나온 이름들은 조방흥, 이림, 우현보, 우인렬, 변안렬, 왕안덕, 우홍수 등이었다. 하지만 조방흥 외엔 쉽사리 건드릴 수 있는 자들이 아니었다.

이림은 창왕의 외조부이자 문하시중의 벼슬을 맡고 있었다. 그는 창왕이 왕위에 오른 후에 이색, 이성계와 더불어 검리상전과 찬배불명의 특전을 받은 신하이기도 했다. 검리상전이란 검을 차고 신을 신은 채 궁전에 들어갈 수 있는 것을 말함이고, 찬배불명은 조정에서 왕을 만날 때 절을 하면서 자신의 이름을 밝히지 않아도 되는 것을 이르는 것이었다. 우현보 또한 우왕 시절에 좌시중을 지낸 인물이었고, 우인렬은 창왕 즉위 초에 문하찬성사 벼슬에 있었다. 또한 변안렬은 창왕이 내쫓긴 뒤에 공양왕에 의해 영삼사사 벼슬을 얻은 인물이고, 왕안덕도 창왕이 내쫓긴 뒤 공양왕에 의해 판삼사사로 제수된 인물이다. 그리고 우홍수도 공양왕의 비시 격인 동지밀직에 오른 인물이다. 따라서 《고려사》 창왕 편에서 이들의 이름이 모두 김저에 의해 발설된 것이라는 기록은 조작되었을 가능성이 농후하다. 그들이 모두 이때 제거된 것이 아니라 창왕이 내쫓기고 공양왕이 즉위한 이후에 제거된 것을 볼 때, 이성계 세력이 정략적으로 김저 사건에 그들을 엮어 넣은 것으로 보인다. 그리고 어쩌면 우왕에 의한 이성계 제거 음모도 이성계 일파에 의해 만들어졌는지도 모른다.

어쨌든 이 사건 이후, 이성계 일파는 우왕의 유배지를 강릉으로 옮기고 창왕을 폐위시킬 계획을 세웠다. 창왕의 폐위 명분은 폐가입진론이었다. 폐가입진이란 가짜를 폐하고 진짜를 세운다는 뜻이다. 여기서 가짜라 함은 창왕이 공민왕의 혈통이 아니라는 것이고, 진짜라 함은 고려 왕족의 혈통임을 의미한다. 창왕이 공민왕의 혈통이 아니라는 것은 우왕이 공민왕의 친자가 아니라는 주장에서 비롯되었다. 우왕이 공민왕의 아들로서 왕위를 이었지만, 사실은 우왕의 어미 반야가 공민왕을 만나기 전에 이미 신돈의 아이를 잉태하고 있었다는 논리를 편 것이다. 이 이야기가 사실이든 아니든 창왕을 폐위하려는 세력은 창왕을 가짜로 단정하여 그를 내쫓고 왕족 중에 한 명을 골라 왕으로 세우고자 한 것이다.

폐가입진의 논리로 창왕을 내쫓고자 한 자들은 김저 사건 직후에 흥국사에 모였다. 그 면면을 살펴보면 이성계를 위시하여 심덕부, 지용기, 정몽주, 설장수, 성석린, 조준, 정도전, 박위 등 아홉 명이었다. 이들은 흥국사 주변에 대병력을 주둔시켜 절을 에워싸게 한 다음 창왕을 내쫓을 논리를 확정하고, 새 왕으로 누굴 정할 것인지 결정하였다. 결국 이들 아홉 명의 신하에 의해 새로운 왕으로 결정된 인물은 신종의 7대손인 왕요였으니, 그가 곧 고려의 마지막 왕 34대 공양왕이었다.

왕요를 새로운 왕으로 뽑는 과정에서 조준은 정창군 왕요가 부귀한 환경에서 자라서 가산은 제대로 다스릴 수 있어도 나라를 다스릴 만한 인재가 되지 못한다고 반대했다. 그래서 제비뽑기를 한 결과 결국, 왕요가 새로운 왕으로 결정되었다.

그렇게 흥국사에서 밤을 새운 아홉 명의 신하는 다음 날 군대를 이끌고 공민왕의 정비궁으로 가서 창왕을 내쫓고 왕요를 새로운 왕으로 세운다는 교서를 받아냈다. 그리고 곧장 창왕을 강화도로 내쫓고, 정창군 왕요를 찾아가 궁궐로 가서 즉위할 것을 요청했다. 하지만 왕요는 두려워하며 거절하였다. 그러나 그는 이미 자신의 의지와는 상관없이 즉위할 수밖에 없는 처지였다.

조정과 군권을 장악한 이성계

공양왕이 왕위에 오르자 다시 한번 조정이 개편되었다. 이색이 판문하부사가 되었고, 변안렬이 영삼사사가 되었으며, 심덕부가 문하시중이 되었다. 그리고 이성계는 수문하시중, 왕안덕은 판삼사사, 정몽주와 지용기는 문하찬성사, 조인벽은 판의덕부사, 설장수는 정당문학, 성석린은 문하평리, 조준은 지문하부사 겸 대사헌, 박위는 판자혜부사, 정도전은 삼사우사 등에 임명되었다. 공양왕을 세운 아홉 명의 중흥공신들이 모두 요직을 차지한 것이다. 판문하부사 이색이나 영삼사사 변안렬은 그저 구색을 맞추기 위해 세운 허수아비에 불과했다.

아홉 명의 중흥공신은 조정을 장악한 후 다시 김저 사건을 들춰냈다. 그런데 갑자기 김저가 옥중에서 죽은 상태로 발견되었다. 아마도 김저의 입을 막기 위한 살해였던 것으로 보인다. 이 일과 관련하여 문하평리 정지와 이거인을 비롯하여 27명의 전현직 관리들이 김저와 공모한 혐의로 유배되었다. 또 조방흥이 처형되었고, 영삼사사 변안렬 역시 김저 사건에 연루되어 유배되었으며, 왕안덕과 우홍수도 역시 유배되었다. 이들은 대개 조민수, 이색 등과 친분이 있는 자들이었다. 말하자면 이색과 조민수 일파들을 솎아낸 셈이다. 그리고 마침내 이색과 그의 아들 이종학 그리고 제자 이숭인의 관직을 박탈했고, 고향에 머물고 있던 조민수의 관작을 빼앗고 유배 보냈으며, 조민수와 친분이 있던 권근과 하륜을 유배시켰다.

이렇게 조민수와 이색 일파를 제거한 후, 중흥공신 세력은 우왕의 어머니 반야의 능인 의릉을 철폐하고 우왕과 창왕을 죽였다. 이후 조정은 공양왕을 세운 9인 중신들의 세상이 되었다.

하지만 이색 일파도 그냥 물러서지는 않았다. 공양왕 2년인 1390년 5월에 왕방과 조방이 명나라에 사신으로 갔다 와서 윤이와 이초가 명나라로 가 황제 주원장을 만나 이런 말을 했다고 전했다.

"이성계가 요(공양왕)를 세워 임금으로 삼았는데, 요는 왕족이 아니고 그 인척일 따름입니다. 그리고 요는 이성계와 함께 군사를 동원하여 우현보 등 9인을 먼 곳으로 귀양 보냈습니다. 그래서 귀양 가 있는 재상들이 우리들을 비밀히 파견하여 황제에게 고합니다. 친왕께서 천하의 군사를 동원하여 토벌하시길 바랍니다."

그들의 말을 듣고 주원장이 왕방과 조반에게 윤이와 이초가 기록한 이색 등 9인의 이름을 내보이며 이렇게 말했다고 한다.

"윤이와 이초가 기록한 사람들을 잡아다 물어보고 나에게 보고하라."

왕방과 조반의 말을 듣고 조정은 발칵 뒤집혔다. 그리고 결국 우현보, 권중화 등 11인이 옥에 갇히고, 이색과 이림, 우인렬 등 윤이와 이초가 기록한 이름에 오른 아홉 명도 옥에 갇혔다. 이들이 윤이와 이초를 시켜 명나라에 고변하도록 한 것이 사실인지 여부는 알 수 없지만, 이 사건은 오히려 이색 일파를 완전히 몰락시켰다. 거기다 아홉 명의 중흥공신 중에서도 이 사건과 연관되어 박위가 유배되었고, 심덕부도 파면되어 유배되었다. 그리고 심덕부 휘하 세력인 조유가 교수형에 처해졌고, 조언은 곤장을 맞고 유배되었다. 윤이와 이초 또한 무고죄로 명나라에서 유배되었다. 이후 얼마 뒤 심덕부와 박위는 중흥중신이라는 이유로 유배에서 풀려나 벼슬을 얻었다.

윤이와 이초 사건 이후 심덕부가 차지하고 있던 문하시중 자리는 이성계에게 떨어졌다. 이성계는 시중 자리를 사양하는 상소를 올렸지만 공양왕은 허가하지 않았다. 이후 이성계 일파는 군권도 완전히 장악했다. 이성계가 삼군도총제사가 되었고, 배극렴이 중군총제사, 조준이 좌군총제사, 정도전이 우군총제사가 되었다. 그야말로 조정과 군권이 모두 이성계 세력의 손안에 있었다.

역성혁명파와 고려개혁파의 대립

이쯤 되자 이성계 일파는 책사 격인 정도전을 중심으로 역성혁명을 실행하려는 반역의 음모를 꾸미게 되었다. 정도전은 맹자의 사상에 기반을 둔 역성혁명론을 실천하여 새로운 왕조를 개창하려 하였고, 이성계 역시 정도전의 생각에 동의하여 스스로 왕이 되고자 하였다.

정도전과 이성계가 역성혁명이라는 공통된 꿈을 꾸기 시작한 것은 그들이 처음 만난 1383년 즈음으로 추측된다. 이때 정도전은 벼슬에서 밀려나 전국을 유랑하던 처지였고, 이성계는 출전하는 전쟁마다 모두 승리하며 전쟁 영웅으로 이름을 날리고 있던 때였다. 하지만 왜구를 격퇴하고 홍건적에 의해 장악된 개경을 탈환하며 북방을 유린하던 나하추 부대를 섬멸하는 등 수많은 전공을 세웠으나 그의 벼슬은 고작 동북면 도지휘사에 머무르고 있었다. 그가 아무리 많은 전공을 세워도 동북면 출신의 변방 장수에 지나지 않았기 때문에 중앙의 요직을 얻기는 요원한 일이었다.

당시 고려 조정은 개경의 권문세족들이 모두 차지하고 있었고, 그들의 우두머리인 이인임은 권력을 독점하고 백성들의 땅을 빼앗아 노비로 전락시키고 있었다. 그들과 대치하다 2년 동안 유배 생활을 한 뒤, 시골에 처박혀 아이들이나 가르치던 정도전은 자신의 현실을 개탄하며 역성혁명만이 새로운 세상을 열 수 있다고 생각했고, 자신과 뜻을 같이하여 새로운 나라를 열어줄 인물로 변방 장수이자 전쟁 영웅인 이성계를 선택했다.

정도전이 이성계를 선택한 것은 이성계의 처지와 환경이 자신과 유사했기 때문일 것이다. 명색이 성균관 출신이며 신학문인 성리학에 정통한 학자였지만 이인임과 같은 간악한 권력자들에 밀려 유랑 생활을 해야만 하는 정도전 자신의 처지와 수많은 전장을 누비며 승리를 거듭하는 장수였지만 변방 장수로만 머물러야만 하는 이성계의 처지가 별반 다르지 않았던 것이다. 만약 이성계가 동북면 출신이 아니라 개경이나 그 주변 출신이었다면 그가 일궈낸 숱한 전공만으로도 이미 고려 군대의 요직에 올라 있어야 정상이었다. 이성계는 그런 자신의 처지를 한탄했을 터였고, 정도전은 이성계의 그런 한탄이 곧 역성혁명의 동지가 될 수 있는 기반이라고 생각했는지 모른다. 역사의 모든 혁명이란 모두 무력을 거머쥔 자에 의해 이뤄졌고, 때문에 혁명을 실천하기 위해서는 무력을 가진 자가 필요한 법이었다. 하지만 무력만으로 혁명이

성공할 수는 없는 일이었다. 무력과 함께 치밀한 책략이 합쳐질 때 비로소 혁명을 이룰 수 있는 법이었다. 또한 혁명은 현실에 대한 불만과 한을 품은 자만이 이룰 수 있는 것이기에 정도전은 현실에 대한 불만과 한을 가지고 있던 전쟁 영웅 이성계의 무력에 자신의 책략을 보태어 역성혁명을 실천하고자 했을 터였다.

이렇듯 정도전과 이성계의 만남은 역성혁명을 고리로 이뤄진 것이었다. 따라서 위화도회군은 이미 오래전부터 노리고 있었던 일일 가능성이 농후했다. 또 회군의 성공으로 그들이 권력의 중심에 진입한 후 역성혁명을 향해 치달은 것은 너무도 당연한 일일 것이다. 우왕을 내쫓고 다시 창왕을 내쫓고, 이후 허수아비 왕으로 공양왕을 세운 뒤, 조정을 장악했을 때, 그들이 선택할 길은 단 하나, 역성혁명밖에 없었던 것이다.

하지만 아홉 명의 중흥공신이 모두 역성혁명에 찬성하는 이성계 일파는 아니었다. 그들 아홉 명 중에 역성혁명론을 내세운 정도전과 조민수를 실각시킨 조준은 확실한 혁명 세력이었지만, 정몽주와 설장수는 혁명에 찬성할 인물들이 아니었다. 그들은 고려왕조를 유지하면서 혁신을 일으켜야 한다는 생각을 가졌던 고려개혁파라고 할 수 있었다. 그들 외에 성석린, 지용기, 박위, 심덕부 등은 혁명을 논의할 인물들이 아니었다. 이들 네 사람 중 지용기는 1391년에 중랑장 왕익부가 스스로 충선왕의 서증손이라고 주장하다가 교수형에 처해진 사건에 연루되어 재산을 몰수당한 채 유배되었고, 박위 또한 윤이와 이초 사건에 연루되어 유배를 다녀오기도 했다. 그리고 성석린은 이색, 우현보 등과 친밀했던 인물이라 믿을 수 없었으며, 심덕부는 처지가 좀 애매한 상황이었다. 심덕부의 막내아들 정이 공양왕의 동생 정양부원군 왕

우의 사위였기에 심덕부와 공양왕은 사돈지간이었다. 그런데 둘째아들 종이 이성계의 차녀 경선과 결혼했기 때문에 이성계와도 사돈 관계였다. 더구나 심덕부는 윤이와 이초를 명나라로 보낸 김종연의 이성계 살해 모의와 관련하여 유배를 다녀오기도 했다.

따라서 조정에서는 이성계와 정도전, 조준 등의 역성혁명파와 정몽주, 설장수 등의 고려개혁파가 대립하는 양상이 전개되고 있었다.

이성계 일당 축출에 성공하는 정몽주

고려개혁파의 중심인물인 정몽주는 원래 이성계와도 친분이 깊었고, 역성혁명론을 내세우던 정도전이나 토지개혁을 주장하던 조준과도 매우 밀접한 사이였다. 그런 까닭에 그들이 고려왕조를 무너뜨리기 위해 반역을 도모하려 한다는 사실을 잘 알고 있었다. 때문에 정몽주는 고려왕조를 지키기 위해서는 반드시 그들을 제거해야 한다는 생각을 가지고 있었다.

정몽주가 일차적으로 제거하려는 인물은 정도전이었다. 그가 이성계의 책사 노릇을 하며 역성혁명에 대한 모든 계획을 수립하고 있다는 사실을 알고 있었던 것이다. 하지만 정몽주는 전면에 나서지 않았다. 정몽주가 직접 나서지 않더라도 정도전에 대해 악감정이 있는 신하는 많았다. 특히 이색의 제자들과 개경의 권문세가들은 정도전을 몹시 미워했다. 이색과 개경의 권세 있는 가문들이 이성계 일파에 의해 밀려난 것은 모두 정도전의 계략 탓이라고 믿었기 때문이다. 때문에 굳이 정몽주가 나서지 않더라도 정도전을 치려는 무리는 널려 있었다.

정도전에 대한 공격은 그가 1391년 9월에 평양부윤으로 나가면서 본격화되었다. 정도전이 중앙 관직에서 밀려나자, 그에 대한 탄핵 상소가 이어졌고, 결국 정도전은 평양부윤으로 떠난 지 며칠 만에 자신의 고향인 봉화현으로 추방되었다. 그리고 한 달 뒤에 정도전의 직첩과 녹권이 회수되고 나주로 유배되었으며, 그의 아들 진과 담도 관직이 삭탈되었다.

이런 상황을 지켜보던 남은은 스스로 병을 핑계하여 사직하였다. 당시 밀직부사 벼슬에 있던 남은은 정도전, 조준과 함께 역성혁명파의 핵심 인물이었다.

정도전과 남은이 벼슬에서 밀려나자, 공양왕은 이색과 그의 아들 이종학, 제자 이숭인을 유배지에서 소환했다. 이후 이색은 한산부원군에 다시 봉해지고 춘추관사로 임명되었으며, 우현보, 한천, 강회백, 우홍수 등이 다시 등용되었다. 개경의 구세력들이 귀환한 것이었다.

그런 가운데 1391년이 지나고 1392년이 도래했다. 이때 남은은 벼슬에서 물러나고 정도전은 유배지에서 지내고 있었지만 조준은 삼사 좌사 벼슬에 있으면서 이성계를 보필하고 있었다.

그런데 그해 3월에 이성계가 명나라를 방문하고 돌아오던 세자 왕석을 횡주에서 맞이하여 해주에서 사냥을 하다가 낙상하는 사건이 발생했다. 달리던 말에서 떨어진 이성계의 상태는 심각했다. 자칫했으면 목숨을 잃을 뻔한 일이었다.

정몽주는 이 기회를 놓치지 않았다. 그는 이숭인, 이종학 등 이색의 세력과 연합하여 역성혁명파의 목줄을 쥐었고, 공양왕 또한 이성계의 측근들을 제거하는 일에 동조했다. 정몽주는 조상시 김진양, 우상시 이화, 사헌부 장령 서견 등을 움직여 이성계의 핵심 세력인 조준을 탄핵하여 유배 보내고, 정도전은 나주에서 지금의 예천 지역인 보주로 옮겨 감옥에 가둬버렸다. 또한 남은과 윤소종, 남재, 조박 등도 모두 벼슬을 떼고 귀양 보냈다.

윤소종은 조준이 발탁한 인물로 우왕 복위를 계획하던 변안렬을 죽게 한 전력이 있었고, 남재는 남은의 형이자 이성계의 최측근이었으며, 조박은 이인임과 이색을 탄핵한 인물이었다.

그들이 모두 유배되었다는 것은 그야말로 이성계 세력의 팔다리가 다 잘린 것을 의미했다. 이제 이성계와 그의 자식들만 제거하면 정몽주가 역적 세력으로 규정한 역성혁명파는 완전히 처단될 형국이었다.

정몽주를 살해하는
이방원

정몽주와 이색의 연합 세력이 이성계의 측근들을 일거에 몰아낸 때는 1392년 4월 초하루였다. 그 시간 이성계는 황해도 해주의 한 관아에서 가까스로 정신을 가다듬으며 치료를 받고 있었다. 낙마로 인한 부상이 워낙 심한 터라 제대로 운신도 못 하고 있는 그에게 조정의 화급한 상황을 알린 사람은 그의 다섯째아들 방원이었다. 방원은 이성계의 수족들이 모두 잘려나가는 상황을 접하자, 황급히 말을 달려 해주로 향했고, 해주에 도착하자마자 이성계에게 상황이 급박함을 알리며 무조건 개경으로 돌아가야 한다고 강변했다.

이성계는 방원이 준비한 가마에 실려 4월 2일 밤 야음을 틈타 개성으로 돌아왔다. 이튿날 이성계가 개성으로 돌아왔다는 소식을 들은 조정은 불안감으로 술렁댔다. 공양왕도 겁을 먹고 이성계의 상태를 확인하기 위해 환관 김사행을 이성계의 자택으로 보냈다. 김사행은 공양왕이 내린 은과 비단을 말에 싣고 이성계를 문안한 뒤, 그의 상태를 공양왕에게 보고했다.

비록 누운 채로 가마에 실려 왔지만, 이성계의 귀환은 정몽주 일파에겐 몹시 두려운 일이 아닐 수 없었다. 고려의 군권을 한손에 쥐고 있는 이성계였기에 자칫 무슨 일이 벌어질지 몰랐던 까닭이다. 이성계가 자신의 수족들이 모두 유배된 상황을 모를 리 없을 터였고, 그에 대한 보복을 단행하지는 않을까 노심초사했던 것이다.

그런 가운데 이성계 세력을 일거에 쫓아낸 장본인인 정몽주는 대담하게도 직접 이성계를 병문안하였다. 정몽주가 이성계를 찾아온 때는 4월 4일이었다. 하필이면 불길한 4자가 겹치는 날, 스스로 호랑이 아가리로 찾아든 격이었다. 그 시간 이방원은 이미 정몽주에 대한 살해 계획을 세우고 있었다. 더 이상 정치적 해결은 불가능하다고 판단한 것이다. 이미 조정에선 이성계 세력의 정치적 기반이 허물어진 상태였고, 남은 것은 죽거나 죽이는 것밖에 없었다. 정몽주를 죽이지 않으면 이성계가 죽어야 했고, 이성계가 죽지 않으면 정몽주가 죽어야 했다. 정몽주가 비록 병문안으로 이성계를 찾아왔지만 서로 간의 칼끝은 이미 상대의 목을 노리고 있었던 것이다.

하지만 정몽주는 이성계가 자신을 병문안 온 사람을 해코지할 정도로 얄팍한 인물은 아니라고 판단했던 모양이다. 그런 까닭에 무장 하나 거느리지 않고 이성계를 찾았을 것이다. 어쩌면 정몽주의 판단대로 이성계는 그렇게 냉혹하거나 얄팍한 인물은 아니었을 것이다. 그래도

한때 한솥밥을 먹으며 친구로 지내던 정몽주를 살해할 마음까지 품지 않은 것은 사실이었다. 정몽주 역시 조준, 정도전, 남은 등을 유배지로 쫓아냈을 뿐, 목숨을 빼앗지는 않았기 때문이다. 비록 정적 관계였지만, 적어도 그들 사이엔 그 정도의 배려심은 남아 있었다.

정몽주의 이성계에 대한 그런 믿음은 틀리지 않았다. 하지만 그는 이방원을 간과했다. 이성계보다 훨씬 더 권력욕이 강하고 냉혹할 뿐 아니라 잔인한 성정을 가진 이방원이 자신을 노리고 있을 줄은 몰랐다.

정몽주가 이성계의 집을 나와 말을 타고 자신의 집으로 향해 얼마쯤 갔을 때, 이방원의 지시를 받은 이성계의 수하 조영규가 한 무리의 자객을 이끌고 나타나 정몽주를 덮쳤다. 이어 조영규와 그 수하들의 칼날과 철퇴가 정몽주의 몸으로 날아들었고, 정몽주는 선죽교 다리에 피를 쏟으며 쓰러졌다. 그렇게 고려개혁파의 우두머리 정몽주는 이방원에 의해 무참히 격살되었다.

고려의 왕이 된
이성계

정몽주가 살해되던 그 시각, 조정에도 한바탕 폭풍이 불었다. 이성계 세력은 무력으로 조정을 장악한 뒤, 정몽주 일파인 김진양, 이확, 이래, 이감, 권홍, 정희, 김묘, 서견, 이작, 이신, 이숭인, 이종학, 조호 등을 축출하여 귀양 보냈다.

그리고 바로 다음 날인 4월 5일, 조준을 유배지에서 소환하고, 조정을 이성계 일파로 채웠다. 또한 미처 내치지 못한 정몽주와 이색 일파를 찾아내어 이첨, 이사형, 설장수, 강회백 등을 유배지로 보냈다. 이후에도 이성계 세력은 7월까지 3개월간 지속적으로 반대 세력을 조정에서 솎아냈다. 그런 가운데 역성혁명의 핵심 세력인 정도전과 남은이 돌아왔다. 그들은 돌아온 즉시 혁명 계획을 실행하기 시작했다.

그 무렵 정몽주 일파를 지지했다가 고립무원의 신세가 된 공양왕은 나름대로 살기 위한 방책을 생각했다. 그래서 이방원과 사예 조용을 불러 이렇게 말했다.

"내가 이시중과 함께 맹세를 하려는데, 그대들이 가서 나의 말을 시중에게 전하고, 시중의 말을 들은 뒤에 맹세문 초고를 작성하여 오라. 분명히 고사에도 사례가 있을 것이다."

이시중은 곧 이성계를 지칭하는 것이었다. 그 말을 듣고 조용이 이렇게 대답했다.

"만약 나라 간에 동맹이라면 고사에 있었습니다만, 임금과 신하 간의 동맹은 경적에도 고사에도 상고할 곳이 없습니다."

조용의 말대로 임금과 신하는 동맹을 맺는 일이 없었다. 하지만 공양왕은 그렇게 해서라도 왕위를 유지하고 목숨을 지키려 했다. 그래서 다시 말했다.

"어쨌든 작성만 하라!"

이성계는 공양왕의 그런 말을 전해 듣고는 이렇게 대답했다.

"내가 무슨 말을 하겠는가? 너희들이 임금의 말대로 초안을 작성하면 될 일이다."

이렇게 해서 결국, 공양왕의 뜻대로 이성계와 공양왕의 맹세문 초안이 작성되었다. 그 내용은 이러했다.

그대가 아니었더라면 내가 어찌 이에 이를 수 있었으랴? 그대의 공과 덕을 내가 감히 잊을 수 없다. 천지신명도 위에서 또 곁에서 지켜보고 있을 것이다. 대대로 우리 자손이 서로 해치지 말 것이다. 내가 그대를 저버린다면 이 맹세를 증거로 하라.

이런 초고를 받아 본 공양왕은 흡족해했다. 그리고 7일 뒤에 이성계의 사택에서 이 맹세를 천명하는 자리를 가졌다. 이 자리엔 모든 관원들이 늘어서 있었는데, 맹세의 의식이 막 시작되려는 순간, 시중 배극렴이 앞으로 나와 왕대비 정비에게 이렇게 말했다.

"지금 왕이 암둔하여 임금의 도리를 이미 잃었고, 인심도 이미 떠났습니다. 그리하여 그는 사직과 생령의 주인이 될 수 없으니 폐위하시기 바랍니다."

이미 공양왕 폐위 계획은 수립되어 있었다. 그리고 그 폐위의 장을 공양왕 스스로 마련한 격이었다. 이후 공양왕 폐위 문제는 일사천리로 진행됐다. 왕대비로부터 폐위 교서를 받아 온 인물은 역성혁명파의 핵심인 동지밀직 남은이었다. 밀직이라 함은 왕의 비서인데, 그 비서가 곧 왕을 폐위시키는 교서를 받아내는 일을 한 것이다. 남은은 폐위 교서를 받아 와 우부대언 한상경을 시켜 공양왕 앞에서 읽도록 했다. 공양왕은 왕대비의 교서를 엎드린 채 들어야 했다. 이후 헌납 송인이 관원들 앞에서 다시 폐위 교서를 낭독함으로써 공양왕의 폐위는 천하에 공표되었다.

폐위된 공양왕은 원주로 추방되었고, 왕비와 세자 그리고 세자빈도 모두 함께 추방되었다. 이어 백관들이 옥새를 받들어 왕대비 정비의 궁전에 두었다. 동시에 다시 한번 피바람이 일었다. 귀양 간 정몽주 일파는 모두 감옥에 구금되었고, 가장 먼저 우성범과 강회계의 목이 달아났다. 그리고 마침내 정비의 교서를 통해 이성계가 왕위에 올랐다. 고려의 역적이 고려의 왕이 되는 순간이었다. 창왕을 폐했던 폐가입진의 논리대로라면 왕씨가 아닌 이씨인 이성계 역시 가짜였다. 때문에 계속해서 고려의 왕으로 지낼 순 없었다. 고려 왕으로 있는 한 이성계는 가짜 신세를 면할 수 없는 까닭이었다.

결국 이성계는 고려왕조를 폐하고 조선을 세웠다. 조선은 그렇게 고려의 마지막 역적에 의해 세워진 나라였다.

새 왕조의 국조가 된 그가 가장 먼저 한 일은 고려왕조의 흔적을 지우는 것이었다. 그래서 원주로 내쫓은 공양왕을 간성으로 삼척으로 떠돌게 한 뒤 살해함으로써 자신이 세우고 자신이 섬긴 왕을 죽인다. 공양왕만 죽인 것이 아니라 왕씨 성을 쓰는 사람들은 모조리 죽이려 하였다. 왕씨들에게 섬에 가서 함께 살도록 해주겠다고 속여 바다에 수장시키는 일도 서슴지 않았다. 그 때문에 살아남은 왕씨들은 성을 바꾸고 숨어 살아야 했다.

그렇듯 조선은 고려왕조의 마지막 역적의 피 묻은 손에 의해 세워진 나라였다. 하지만 조선을 세웠을 때만 해도 혁명의 성공에 도취되어 자신이 다시 역적에 의해 쫓겨날 줄은 꿈에도 몰랐을 것이다. 인과응보라고 했던가? 그 역시 반역에 의해 쫓겨날 운명이었던 것을! 그것도 다름 아닌 자신의 아들에게 쫓겨날 줄을 어찌 알았으랴!

-2-

아비의 역적이 되어
용상을 차지한 이방원

이방원은
왜 아비의 역적이 되어야 했는가?

1398년 8월 26일 밤, 조선의 설계자 정도전이 역적이란 오명을 쓰고 목숨을 잃었다. 이어 조선의 첫 세자 방석이 살해되었고, 방석의 친형 방번도 살해되었다. 또한 방석과 방번의 매형 이제도 목이 달아났다. 그들의 목숨을 앗아간 이는 정몽주를 살해하여 조선 건국에 지대한 공을 세웠던 이방원이었다.

하지만 병상에 누워 있던 이성계는 무슨 일이 벌어지고 있는지도 알지 못했다. 그가 겨우 병상에서 정신을 차린 것은 변고가 발생한 날로부터 6일이나 지난 뒤였다. 그때 조선은 이미 이방원의 세상이 되어 있었다. 목숨을 잃은 신하 몇 명을 제외하고는 조정 대신들이 모두 이방원의 사람이 되어 있었다. 이성계가 공양왕의 신하들을 빼앗고 공양왕의 용상을 탈취했듯이, 이방원도 아비에게 물려받은 반역의 기질로 아비를 배신하고 아비의 신하들을 죽였으며 아비의 나라를 앗아갔다.

그런 현실 앞에서 이성계가 할 수 있는 일은 왕위를 내주는 일뿐이었다. 이성계가 누워 있는 동안 방원은 둘째형 방과를 세자로 세워놓았고, 이성계는 그저 병상에 누운 채로 선위 교지를 내려 왕위를 넘겨야 했다. 그가 왕위를 내놓겠다는데도 어느 한 놈 만류하는 신하도 없었다. 왕위를 넘겨받는 방과 역시 아비의 퇴위를 당연하게 여기고 선위 교서를 받아 품속에 챙기기에 여념이 없었다. 그런 신하와 자식을 보면서 이성계의 뇌리엔 자신이 내쫓은 우왕과 창왕 그리고 공양왕의 얼굴들이 되살아났을지도 모른다. 그나마 다행인 것은 반역의 괴수가 자식 놈이니 그들처럼 목숨을 잃을 운명은 아니란 점이었다.

하지만 이성계는 감옥 아닌 감옥 생활을 해야만 했다. 그는 감옥 같은 궁궐을 떠나고자 했지만 방원은 혹 아비가 무슨 일을 도모할지 모른다는 의심 때문에 궁궐을 떠나지 못하게 했다. 이미 아비의 역적이 된 방원은 아비가 다시 자신을 향해 칼날을 세울지도 모른다는 두려움을 지울 수 없었던 것이다.

그렇게 아비를 구중궁궐에 가둬놓은 방원은 하루빨리 왕위를 넘겨받기 위해 측근들을 앞세워 둘째형 방과를 압박하고 있었다. 비록 적자 중 장자가 왕위를 이어야 한다는 명분을 세우기 위해 왕위를 방과에게 맡겨놓긴 했으나 무슨 변수가 생길지 알 수 없는 일이었다.

그런 상황에서 방원의 야심을 읽어낸 넷째형 방간이 느닷없이 군대를 일으켰다. 지난번이 이복형제 간의 싸움이었다면 이번에는 동복형제 간의 전쟁이었다. 하지만 용상 앞에서 이복과 동복을 가릴 방원이 아니었다. 방원과 방간은 개성 한복판에서 시가전을 벌였다. 물론 싸움의 결과는 세력이 훨씬 강했던 방원의 승리였다. 나머지 형제들도 모두 방원의 편을 들었다. 방간과의 싸움에서 승리한 방원은 이제 더 이상 눈치 볼 이유가 없었다. 그는 곧장 세자의 자리에 올라 직접 조정을 지휘하였고, 이내 왕위까지 넘겨받았다. 용상에 대한 집념 때문에 저지른 아비 이성계에 대한 반역은 1400년 11월에 그가 용상을 거머쥐면서 완성되었다.

그렇다면 이방원은 왜 아비의 역적이 되어야만 했던가? 그 반역 행로의 첫걸음이 된 정몽주 살해로부터 왕위에 오른 1400년 11월 11일까지의 그의 행적을 살피면서 그 물음에 대한 해답을 구하고자 한다.

이방원은 정몽주를
꼭 죽여야만 했을까?

이방원이 반역의 길로 들어선 것은 정몽주를 격살한 것으로부터 비롯되었다. 당시 정몽주는 이성계 일파를 일거에 조정에서 몰아내고 낙마로 인해 몸져누운 이성계를 정조준하고 있던 상황이었다. 이방원은 이 절체절명의 위기에서 벗어나기 위해 정적 정몽주를 죽였다. 그것도 수하들을 이용하여 암살을 감행했던 것이다.

당시 정몽주는 휘하로 있던 성헌을 통해 유배지로 떠난 조준과 정도전의 목을 베어야 한다는 상소를 올리고 있었는데, 이성계가 이를 알고 차남 이방과와 아우 이화, 사위 이제, 휘하에 있던 황희석과 조규 등을 궁궐에 보내 저지시키고자 했다. 하지만 공양왕이 이성계의 뜻을 받아주지 않고 있었다.

이방원은 이 문제로 이성계에게 이렇게 물었다.

"지금 몽주 등이 사람을 보내어 도전 등을 국문하면서 그 일을 우리 집안에 연관시키고자 하니, 사세가 이미 급한데 장차 어찌해야 하겠습니까?"

그 말에 이성계는 죽고 사는 문제는 다 명이 있는 것이니 순리대로 받아들이면 된다고 잘라 말했다. 그리고 방원에게는 어머니 산소에 있는 여막으로 돌아가라고 명했다. 당시 이방원은 친모의 삼년상을 위해 무덤가에 여막을 짓고 기거하던 중이었다. 방원은 이성계 곁에 있으면서 병간호를 하길 원했으나 이성계는 거듭 여막으로 돌아가라고 했다.

이성계는 이방원의 성정을 잘 알고 있었기에 그냥 두면 필시 무슨 일을 벌일지도 모른다는 생각에 여막으로 돌아갈 것을 명령했던 것이다. 또한 공양왕이 설마 군대를 틀어쥐고 있는 자신을 공격하지는 못할 것이며, 정몽주 또한 감히 그런 짓을 하지 못할 것으로 믿었다.

그러나 이방원은 정몽주를 빨리 죽이지 않으면 사태가 걷잡을 수 없는 상황으로 치달을 것으로 보았다. 그래서 여막으로 돌아가라는 아비의 명을 거부하고 둘째형 방과, 숙부 이화, 매제 이제, 이두란 등에게 정몽주를 쳐야겠다는 말을 하였다. 하지만 이두란은 이성계 몰래 그런 일을 벌일 수 없다며 거절했다. 그러자 이방원은 이렇게 말했다.

"아버님께서 내 말을 듣지 아니하시지만, 몽주는 죽이지 않을 수 없으니, 내가 마땅히 그 허물을 책임지겠습니다."

그러고는 휘하의 조영규를 불러 정몽주를 암살하라는 명령을 내렸다. 그래서 조영규, 조영무, 고여, 이부 등이 도평의사사에 들어가서 정몽주를 죽이기로 하였는데, 변중량이 그 계획을 누설하는 바람에 성공하지 못했다. 이후 정몽주는 오히려 이성계를 병문안하였다. 이성계의 자식과 수하들이 자신을 죽이려고 한다는 말을 듣고도 태연히 이성계를 찾아온 것이다. 정몽주는 나름대로 이성계의 건강 상태를 알아보고, 다음 계획을 진행할 요량이었다.

정몽주가 병문안을 오자, 이성계의 이복동생 이화가 이방원을 불러 말했다.

"몽주를 죽이려면 이때가 기회다."

그 말에 이방원은 정몽주가 집으로 돌아가는 노상에서 습격하여 죽이기로 계획했다. 그래서 정몽주의 집 동리 입구에 조영규와 수하들을 숨어 있게 하고 자신은 말을 타고 왔다 갔다 하면서 정몽주의 동선을 살폈다. 그리고 정몽주가 집을 향해 가자, 동리 입구에 기다리고 있던 조영규의 무리가 말을 타고 가던 정몽주를 쳤다. 조영규가 먼저 철퇴로 정몽주를 내려쳤으나 정몽주는 피하면서 채찍을 휘두르며 말을 달렸다. 조영규가 그 뒤를 쫓아가며 말머리를 철퇴로 내려치자, 정몽주가 땅에 떨어졌다가 급히 일어나 달려가니, 고여 등이 뒤를 쫓아가서 처참하게 살해하였다.

이방원이 정몽주를 죽였다는 소식을 접한 이성계는 매우 격노하며 소리쳤다.

"우리 집안은 본디 충효로써 세상에 알려졌는데, 너희들이 마음대로 대신을 죽였으니, 나라 사람들이 내가 이 일을 몰랐다고 여기겠는가? 부모가 자식에게 경서를 가르친 것은 그 자식이 충성하고 효도하기를 원한 것인데, 네가 감히 불효한 짓을 이렇게 하니 내가 사약을 마시고 죽고 싶은 심정이다."

이에 이방원은 이렇게 대꾸했다.

"몽주 등이 장차 우리 집을 모함하려고 하는데, 어찌 앉아서 망하기를 기다리는 것이 맞겠습니까? 몽주를 살해한 것이 곧 효도입니다."

《조선왕조실록》 태조 편 총서에 실린 이 대화는 이성계가 명분을 중시하면서 행동이 신중한 반면, 이방원은 매우 현실적이고 급한 성격의 소유자임을 알려주고 있다. 사실 당시 상황에서 정몽주를 쳐야 한다는 점에선 이성계나 이방원의 의견에 차이가 없었지만, 제거 방법에 있어선 의견이 달랐다. 이성계는 정몽주를 제거하더라도 조정을 통하여 명분을 얻는 과정이 필요하다고 보았고, 이방원은 정몽주를 일단 죽여야만 조정을 장악할 수 있다고 생각했다.

당시 상황을 헤아려보자면 조정엔 이성계가 마땅히 움직일 만한 인물이 없었고, 공양왕 또한 정몽주를 편들고 있었다. 따라서 이성계의 방법은 통하지 않는 상태였다. 말하자면 이방원의 판단이 더 주효했다는 뜻이다.

그런데 꼭 정몽주를 죽이기까지 했어야만 했을까? 수하들로 하여금 사로잡게 하고, 정몽주를 살려둔 채 조정을 장악할 순 없었던 것일까? 어차피 고려의 무장 세력은 모두 이성계 휘하에 있었다. 따라서 군대를 움직인다면 조정을 장악하는 것이 크게 어려운 일도 아니었다. 이성계는 말로 해결되지 않을 때는 무력을 움직였을 가능성이 크다. 그것은 정몽주를 죽인 직후에 바로 조정을 장악하고, 공양왕을 무너뜨린 사실만 봐도 확인된다.

하지만 이방원은 정몽주를 무참하게 살해했다. 왜 그랬을까? 그것은 이방원의 타고난 성향이라고 봐야 한다. 이방원은 자신에게 위협이 되는 자는 반드시 죽인다. 그것이 이방원의 방식인 셈이다. 따라서 정몽주를 무참히 살해한 이방원의 행동은 그의 권력투쟁의 방식이라 할 수 있다. 자신에게 적이라고 판단되면 그 대상이 누구든 가차 없이 목숨을 끊어버리는 것, 그것만이 자신을 살리는 길이라고 믿는 것이다.

이방원의 최대 난적
신덕왕후 강씨

이방원이 정몽주를 죽인 뒤로 역성혁명은 일사천리로 진행됐다. 그리고 1392년 7월 17일, 드디어 이성계는 왕위에 올랐다. 이성계는 조선의 국조가 되었고, 그의 둘째부인 강씨는 조선의 첫 국모가 되어 현비로 불리게 되었다. 이미 이성계의 첫째부인 한씨는 1391년에 죽었으므로 강씨가 왕비가 되는 것도 당연했다. 하지만 세자 책봉에서 한씨소생들은 배제되었다. 이성계는 한씨 소생 아들들인 여섯 형제를 제치고 강씨 소생인 막내 방석을 세자로 삼았다. 물론 왕비 강씨의 영향력에 의한 것이었다.

세자 책봉 과정에서 이성계는 처음에 강씨 소생 중에 첫째인 방번을 세우려 했다. 하지만 신하들은 이렇게 쑥덕거렸다.

"만약에 강씨가 낳은 아들을 세우려 한다면 막내아들이 조금 낫겠다."

실록은 그 이유를 방번이 광망하고 경솔하여 볼품이 없었기 때문이라고 기록하고 있다. 이성계가 그들 신하들의 뜻을 받아들여 8남 방석을 세자로 세운 것이다.

방석을 세자로 세운 때가 1392년 8월 20일이니, 건국일로부터 한달이 갓 지난 시기였다. 방석이 1382년 태생이니 당시 방석의 나이는 불과 11세였다.

세자 책봉에 있어 이성계의 장남 방우가 제1 순위가 되었어야 했지만, 당시 이방우는 개성에 있지 않았다. 그는 1388년에 이성계가 위화도에서 회군하자, 가족들을 이끌고 철원으로 은거하였다. 말하자면 이성계의 회군을 반역이라 여기고 벼슬을 버린 채 초야에 묻혀버린 것이다. 또한 이성계가 조선을 세우고 왕위에 오르자, 고향인 함흥으로 들어가 살았다. 조선 개국 이후 그는 매일같이 술독에 빠져 지내다가 이듬해인 1393년 12월에 마흔 살의 나이에 술병으로 사망했다.

장남 이방우가 정치에 뜻이 없고, 아버지의 혁명을 반역으로 보았던 까닭에 이성계는 애초에 그를 세자로 책봉하려는 뜻이 없었다. 그렇다면 둘째인 방과가 세자가 되었어야 했으나 왕비 강씨의 영향력이 컸던 만큼 그녀 소생인 8남 방석이 세자로 책봉된 것이다.

이를 두고 훗날 왕자의 난에 성공한 후 이방원은 방석을 세자로 세운 것 자체가 잘못된 것이라고 주장한다. 그리고 왕비 강씨를 서모라고 칭하고, 방번과 방석을 서자로 칭하게 하는데, 이는 잘못이다. 고려 말엽엔 중처 제도라는 것이 있었는데, 이는 정식 부인을 둘 이상 둘 수 있는 제도였다. 신덕왕후 강씨는 중처 제도에 따라 정식으로 이성계와 결혼하여 시집온 여자였기에 첩은 아니었다. 따라서 강씨는 이방원의 계모이지 서모는 아니며, 방번과 방석 또한 서자는 아닌 것이었다. 그럼에도 태종은 실록에 강씨를 서모로, 방번과 방석을 서자로 칭하도록 하였다.

또한 이방원은 부왕 이성계가 첫째부인의 여러 아들들을 제치고 둘째부인 강씨의 아들을 세자로 삼은 것을 잘못이라 지적하게 되는데, 강씨가 둘째부인이긴 하나 이미 첫째부인 한씨가 사망한 상대였고, 강씨가 조선의 첫 왕비이기 때문에 왕비의 아들이 세자로 책봉되는 것이 예법에 어긋나는 것도 아니었다. 그리고 세자를 책봉하는 것은 왕의 의지에 의한 것이므로 반드시 장남을 세자로 삼아야 한다는 법은 없다. 그러므로 이성계가 방석을 세자로 세운 행위는 문제가 될 것이 없는 일이었다.

하지만 어찌 되었든 이방원은 방석의 세자 책봉을 못마땅하게 여겼다. 아니, 자신이 세자로 책봉되지 못한 것을 불만스러워했다는 말이 옳을 것이다.

어떤 이는 만약 이성계가 장남 방우나 차남 방과를 세자로 세웠다면 왕자의 난 같은 것은 일어나지 않았을 것이라고 주장한다. 하지만 꼭 그렇지 않을 수도 있다. 당나라 태종은 아버지 이연이 자신의 큰형이자 장남을 황태자로 책봉한 것에 불만을 품고 난을 일으켜 형을 죽이고 아버지의 황위를 빼앗지 않았는가? 그렇다면 이방원 또한 당태종 이세민과 같은 행동을 하지 말란 법이 없지 않은가?

그만큼 이방원의 야심은 컸다. 그는 어떻게 해서든 왕위를 차지하려 했을 것이다. 하지만 현비(신덕왕후) 강씨가 버티고 있는 한 쉬운 일은 아니었다. 건국 이후 왕실의 실권을 차지한 인물은 바로 현비 강씨였다. 그녀 역시 이방원 못지않은 야심만만한 인물이었다.

이방원이 정몽주를 죽였다는 사실을 알고 이성계가 무섭게 화를 냈을 때, 이방원을 거들고 나선 사람이 바로 강씨였다. 이성계가 정몽주를 죽인 이방원을 몰아세우자 방원은 강씨를 향해 이렇게 말한다.

"어머니께서는 어찌 변명해주지 않습니까?"

그러자 강씨는 방원을 편들며 도리어 화난 얼굴로 이성계를 몰아세운다.

"공은 항상 대장군으로 자처하시면서 어찌 놀라고 두려워함이 이같은 지경에 이릅니까?"

강씨의 그 한마디에 이성계는 화를 누그러뜨리며 이방원의 계획을 묵인하였다.

이렇듯 강씨는 대담한 여자였다. 이성계조차도 그녀의 말이라면 끔

빡 죽는 상황이었다. 때문에 방석을 세자에 책봉한 것 역시 그녀의 의지라고 할 수 있었다. 또한 정도전이나 남은, 조준, 배극렴 등의 개국공신들도 그녀의 눈치를 보아야만 했다.

그런 강씨가 버티고 있는 한, 이방원은 함부로 야심을 드러낼 수 없었다. 만약 강씨에게 야심이 들키는 날엔 제아무리 천하의 이방원이라고 해도 무사할 수 없을 터였다.

조선 개국 당시 신덕왕후 강씨의 나이는 37세였고, 이방원의 나이는 그녀보다 열한 살 어린 26세였다. 강씨가 방원의 큰형 방우보다 두 살 어렸지만 방원은 그녀에게 꼬박꼬박 어머니라고 불렀다. 사실 방원은 소년 시절 이후 개성에서 지냈는데, 그 시절 방원을 보살핀 사람이 바로 강씨였다. 또한 강씨는 방원을 매우 영특하게 여기며 총애했기 때문에 둘의 관계는 매우 돈독한 편이었다.

그러나 두 사람의 관계는 조선 개국 이후 급격히 악화되었다. 그 원인은 당연히 세자 책봉 문제 때문이었다. 방원은 자신이 개국에 공이 많고 강씨와 관계도 좋았으므로 은근히 세자에 책봉될 것으로 기대했는지도 모른다. 하지만 세자 자리는 강씨의 아들 방석에게 돌아갔고, 방원은 찬밥 신세가 되었다. 그럼에도 방원은 자신의 서운한 속내를 드러내지 않았다. 강씨에게 그 내면을 들키면 야심을 드러내기도 전에 제거될 수 있다는 두려움 때문이었다.

방원은 오히려 조정에 철저히 협조하는 태도를 취했다. 심지어 명나라 황제 수원장이 이성계의 친아들을 입조시키라고 했을 때, 방원은 주저하지 않고 명나라로 떠났다. 당시 명나라를 다녀오는 일은 몹시 고날프고 힘든 일이었다. 혹 성질 사납고 무식한 주원장의 심기를 잘못 건드리면 볼모로 붙잡히거나 곤욕을 치를 수도 있는 그런 길이었다. 그럼에도 방원은 거부하지 않았다. 그러자 이성계는 눈물을 글썽이며 이런 말을 하였다.

"너의 체질이 파리하고 허약해서 만 리의 먼 길을 탈 없이 다녀올 수 있겠느냐?"

이방원이 명나라에 입조하기 위해 떠난 것은 1394년 6월 7일이었다. 그리고 돌아온 것은 5개월 뒤인 11월 19일이었다. 음력 6월 초면 아직 더운 여름이었고, 음력 11월이면 겨울이었다. 여름에 떠나 가을을 넘기고 겨울에 이르러 5개월 12일 동안의 긴 여정을 견디고 돌아온 것이다.

사실 이방원이 명나라로 떠날 무렵, 현비 강씨는 자주 앓아누웠다. 강씨가 처음으로 병이 들어 누운 때는 1393년 2월이었다. 그리고 또다시 이 병이 도진 것은 1395년 7월이었다. 말하자면 방원이 명나라에서 돌아온 이듬해에 다시 발병한 셈인데, 이번에는 병증이 제법 깊었다. 강씨의 병은 조금씩 깊어져서 1396년 6월에 이르면 거동하기 힘든 상태가 된다. 그래서 의원들로 하여금 치료에 전념하게 하는 한편, 승려들이 궁궐로 들어와 현비의 건강을 위해 기도를 올리는 일이 잦아졌고, 소격전에서도 초제를 거행하고, 옥에 갇힌 죄수들을 석방하기도 했다. 하지만 현비의 병은 점점 깊어져 더 이상 궁궐에서 지낼 수도 없는 상황이 되었다. 그래서 내시부 판사 이덕분의 집으로 거처를 옮겨 병구완을 했지만, 그녀는 일어나지 못하고 그해 8월 13일에 생을 마감했다.

현비 강씨의 죽음은 이방원이 야심을 펼치는 데 큰 장애물이 하나 없어진 것과 진배없었다. 세자 방석은 아직까지 정치를 펼치기엔 어린 열여섯 살에 불과했고, 방번 또한 열일곱 살이었다. 그렇듯 아직은 소년에 불과한 그들에게 현비라는 든든한 배경이 사라진 것이다. 그런 그들에 비하면 방원은 서른한 살의 장년이었고, 나름 산전수전 다 겪은 야심가였다. 더구나 부왕 이성계도 환갑이 넘은 노인이었고, 현비의 죽음에 대한 충격으로 곧잘 앓아눕는 처지였다. 용상을 탐내고 있던 이방원이 기회를 엿보기에 좋은 조건이 무르익고 있었던 것이다.

사병 혁파로
이방원을 위협하는 정도전

신덕왕후 강씨 외에 이방원에게 가장 위협적인 인물은 정도전이었다. 정도전은 역성혁명을 처음으로 계획하고 설계하여 이성계의 조선 건국을 가능케 한 인물이었다. 또한 개국 후에는 1등공신에 올라 권력의 핵심이자 국가 재정을 관할하는 삼사의 판사를 맡는 한편, 군부를 통괄하는 의흥삼군부 판사도 거쳤다. 이렇듯 군권과 재정을 관할하며 조선 조정의 중추 역할을 하던 그는 1396년에 이르러서는 병권 집중화 운동을 펼쳤다. 정도전의 병권 집중화 운동이란 곧 개인이 가진 사병을 혁파하는 것을 골자로 하는 것이었고, 그 명분으로 삼은 것은 요동정벌이었다.

정도전이 요동정벌론을 주장한 배경에는 명나라에 올린 表전와 전箋의 문장에 대해 명나라에서 시비를 걸어온 사건이 있었다. 표전은 중국에 보내는 사대문서인데, 1395년 10월에 유구와 정신의가 명나라에 가지고 간 표전문 속에 중국을 희롱하는 말들이 들어 있다고 하여 사신들이 억류되었다. 이때 명나라는 표문을 작성한 정도전을 명나라로 보내도록 요구했는데, 조선에서는 정도전이 표문을 작성한 당사자도 아니며, 병을 앓고 있는 상태라 보내지 못한다고 하였다.

이후 정도전은 남은과 함께 요동 정벌을 주장했다. 정도전과 남은은 거의 매일같이 태조에게 요동 정벌의 당위성을 역설하였고, 태조 또한 긍정적인 태도를 보였다. 정도전은 요동을 정벌해야만 명나라의 내정 간섭으로부터 벗어날 수 있다고 보았고, 태조 역시 그 점에는 동의했던 것이다. 하지만 그들과 함께 역성혁명의 중추를 맡았던 조준의 강력한 반대에 부딪혀 쉽게 관철하지 못했다. 그리고 조준이 휴가를 내고 등청하지 않은 날, 두 사람이 또 태조에게 강력하게 요동 정벌을 요청하였고, 거의 승낙을 얻어내게 되었다. 그래서 두 사람은 조준의 집에 찾아가 이렇게 말했다.

"요동을 공격하는 일은 지금 이미 결정되었으니 공은 다시 말하지 마십시오."

그러자 조준이 이렇게 대꾸했다.

"만일에 내가 공과 더불어 여러 도의 백성을 거느리고 요동을 정벌한다면, 그 백성들이 우리를 흘겨본 지 이미 오래인데, 어찌 백성들이 즐거이 따르겠습니까? 나는 스스로 망하고 나라까지 패망되는 일이 요동에 도착하기도 전에 일어날까 염려됩니다. 임금의 병세가 한창 성하여 일을 시작할 수 없으니, 원컨대 여러분들은 내 말로써 임금에게 복명하기 바랍니다. 임금의 병환이 나으면 내가 마땅히 친히 아뢰겠습니다."

이후 조준은 태조를 찾아가 요동 공략의 부당함을 강력하게 주장하여 태조의 동의를 얻어냈다.

하지만 정도전과 남은의 요동 정벌에 대한 야망은 쉽게 꺾이지 않았다. 사실 그들은 개국 초부터 요동 정벌 계획을 세우고 있었다. 또한 이를 위해 병권을 집중시키고 있었다. 개국 당시 조선의 군대는 하나로 결집되어 있지 못했고, 각 절제사들이 시위패를 거느리는 형태로 이뤄져 있었다. 원래 시위패는 공민왕 때 궁궐을 지키고 국방을 안정시키기 위해 마련된 조직인데, 조선 건국 무렵에는 그 시위패들을 절제사들이 사병처럼 활용하고 있었다. 당시 절제사들은 국가의 명령 없이도 시위패를 지휘할 수 있었기 때문에 사병이나 마찬가지였던 것이다. 이런 사병을 거느리고 있는 세력은 정안군 이방원을 비롯한 왕자들과 개국공신 세력들이었다. 정도전은 개국 직후에는 의흥삼군부 판사로 있으면서 각 절제사들을 의흥삼군부에 예속시키고, 의흥삼군부의 지휘 아래 시위패를 움직이도록 조치했다. 덕분에 시위패를 개인적으로 움직이는 일은 다소 줄어들었다. 하지만 여전히 병권이 절제사들의 손에 있었기 때문에 왕권을 위협하는 요소로 남아 있었다.

정도전은 의흥삼군부를 통해 진법 훈련이라는 명목으로 시위패를 하나의 조직으로 묶어내는 데는 성공했지만, 사병을 혁파하고 조선의 군대를 하나로 뭉치게 하는 데엔 실패했다. 하지만 정도전은 사병을 혁파하지 않으면 요동 정벌도 불가능하다고 판단했고, 그 때문에 사병 혁파에 더욱 몰두하였다. 정도전의 사병 혁파 운동엔 세자 방석도 동참했다.

정도전과 세자 방석의 사병 혁파 방도는 시위패에 대한 영향력이 큰 자들의 절제사 직위를 폐지하는 형태였다. 개국 이후 왕조는 점차 안정되어갔고, 따라서 사적으로 군대를 동원할 일이 거의 사라진 상황이었기에 왕자들과 유력자들의 절제사직 폐지는 당연한 수순이었던 것이다. 그래야만 조선의 모든 병권을 삼군부에 집중시켜 국력을 배가시킬 수 있었다.

정도전, 남은, 심효생 등은 이 일을 위해 여러 차례 왕자들의 병권을 빼앗아야 한다는 상소를 올렸다. 태조는 쉽게 승낙하지 않았다. 그렇다고 쉽게 물러날 정도전이 아니었다. 더구나 세자 방석과 방석의 장인 심효생까지 합세한 상태여서 태조도 계속 거부할 수 없었다. 결국, 1398년 8월 중순에 왕명에 의해 왕자들의 시위패가 폐지되었다. 다만 세자의 친형 방번이 거느린 시위패만 유지시켰다.

정도전과 방석의 병권 집중화 운동은 이렇듯 이방원을 비롯한 여러 왕자들과 사병을 거느리고 있던 유력한 신하들에겐 크나큰 위협이 아닐 수 없었다. 사병이 혁파되고 병권이 오로지 삼군부에만 귀속되면 혹 자신들이 일거에 제거되지 않을까 하는 두려움이 있었던 것이다. 더구나 방번의 군대만이 유지되고 있었기에 한씨 소생 왕자들의 불안은 더욱 가중되었다. 때문에 이방원을 비롯한 왕자들과 사병 세력은 병권 집중화에 주력하고 있던 정도전 세력을 제거할 기회를 엿보게 되었다.

허를 찔려 목숨을 잃는
정도전과 남은

1398년 8월 26일, 왕자와 종친들이 모두 걱정스러운 얼굴로 경복궁 근정문 밖 서쪽 행랑에 모여 있었다. 이성계의 병세가 심상치 않았던 까닭이다. 물론 이방원도 그 무리 속에 끼어 있었다. 그런데 오후 4시쯤 방원의 사가에서 종 소근이 대궐로 찾아왔다. 방원을 만난 소근은 여러 종친들이 듣는 자리에서 다급한 얼굴로 말했다.

"군부인께서 갑자기 가슴과 배가 몹시 아프다며 쓰러지셨습니다."

"뭐라? 이게 갑자기 무슨 일이란 말이냐?"

그러자 그 말을 옆에서 듣고 있던 의안군 이화가 청심환과 소합환을 내밀며 어서 집으로 가볼 것을 권했다.

"이 약으로 빨리 가서 치료하게나."

그 길로 방원은 말을 타고 집으로 내달렸다. 그의 집에선 처남 민무구와 부인 민씨가 기다리고 있었다. 민씨가 꾀병을 부려 이방원을 대궐에서 불러낸 것은 이미 계획된 일이었던 모양이다. 세 사람은 날이 어두워질 때까지 이야기를 나누다가 어둠이 내리자, 이방원과 민무구가 집을 나섰다. 지게문으로 몰래 나서는 이방원과 동생 민무구에게 민씨는 여러 차례 조심할 것을 당부했다. 그녀는 시위패가 폐지될 때, 집 안에 있던 병장기를 몰래 숨겨놓았었다.

집을 빠져나온 이방원이 처음 만난 사람은 이무와 민무질이었다. 민무질 또한 이방원의 처남이었고, 이무는 민무질과 인척 관계였다.

"그들은 어디에 있소?"

이방원의 그 물음에 이무가 대답했다.

"송현에 있는 남은의 첩 집에 있습니다."

"그쪽에 누가 있소?"

"박포가 그쪽을 살피고 있습니다."

"알았소. 어서 가보시오."

이무를 보낸 이방원은 민무구에게 일렀다.

"처남은 이숙번과 함께 군대를 이끌고 우리 집 앞 신극례의 집에서 기다리고 있게나."

그런 지시를 내린 이방원은 다시 대궐로 돌아갔다. 그때 모든 왕자들은 말을 모두 집으로 보낸 상태였으나 이방원만은 종 소근을 시켜 서쪽 행랑 뒤쪽에서 말을 먹이게 했다. 그리고 방번이 눈에 띄자 그를 불렀다. 하지만 방번은 힐긋 돌아보며 머리만 긁적거릴 뿐 대답 없이 들어가버렸다.

그리고 저녁 7시쯤, 강녕전 안쪽에서 급히 왕자들을 불러들였다.

"임금께서 병이 위급하니, 여러 왕자들은 빨리 안으로 들어오시오. 그리고 종자들은 들어오지 못하오."

그 말을 듣고 이화, 심종, 이제, 이백경, 이방간, 이방의 등이 모두 안으로 들어가려 했는데, 이방원은 갑자기 배가 아프다면서 서쪽 행랑 문 밖으로 나가 뒷간으로 들어갔다. 그러자 익안군 이방의와 회안군 이방간이 따라와 이방원을 불러댔다. 이에 이방원이 작은 소리로 말했다.

"형님들은 왜 소리를 지르고 그러시오."

그러면서 뒷간에서 나와 소매를 치면서 말했다.

"형세를 모르겠소? 어쩔 수 없게 되었단 말이오. 궁문에 등불이 없는 것을 보고도 모르겠소. 정도전과 방석이 우릴 모두 죽이려는 것이오."

하지만 사실, 이방원의 말은 앞뒤가 맞지 않는 것이었다. 그들이 머물고 있던 곳은 근정문에 딸린 행랑이었다. 근정문은 대궐 안에 있는 문이다. 만약 이방원 말대로 정도전 무리와 방석이 그들을 해칠 요량이었다면 그들이 근정문 행랑에 있는 동안에 궁성 군대를 동원하여 해칠 수도 있었다. 굳이 근정전 안으로 끌어들일 이유가 없었던 것이다.

어쨌든 방원의 말을 듣고 방의와 방간은 혼비백산이 되어 달아났다. 그때 이방원은 마천목을 시켜 방번을 불러내게 했다.

"나와서 나를 따르기를 바란다. 나중에는 너도 무사하지 못할 것이야."

하지만 방번은 다시 방 안으로 들어가 누울 뿐 방원을 따르지는 않았다. 이방원이 방번에게 함께하자고 한 것은 당시 방번이 방석의 세자 자리를 노리고 있었던 까닭이다. 또한 방번이 거느린 군대가 있으므로 혹 군대를 동원하여 자신에게 맞설까 염려하여 먼저 그 마음을 떠본 것이었다.

방번이 거사에 참여할 의사가 없음을 안 이방원은 곧장 말을 타고 자신의 집으로 돌아가 군대를 집결시켰다. 셋째형 방의, 넷째형 방간을 비롯하여 이숙번, 이거이, 조영무, 신극례, 서익, 문빈, 심귀령 등이 모두 사병을 이끌고 와서 대기하고 있었다.

이방원은 군호를 '산성'으로 내리고 이숙번에게 물었다.

"어찌하는 것이 좋겠는가?"

"간당이 모인 곳에 이르러 군사로써 불을 질러 밖으로 나오는 사람은 모두 죽이는 것이 좋겠습니다."

이방원은 이숙번의 안내로 곧장 병력을 송현의 소동에 있는 남은의 첩 집으로 몰아갔다. 그들이 소동에 도착한 때는 밤 10시경이었다. 도착하자마자 이방원은 그곳을 포위하고, 주변 초가 몇 곳에 불을 지르게 했다. 불이 났다는 소리를 듣고 심효생과 이근, 장지화가 뛰쳐나오다가 숨어 있던 병사들의 창에 목숨이 달아났다.

그때 정도전은 몸을 피하여 옆집인 진 판사 민부의 집으로 숨어들었다. 이방원이 수하들을 시켜 주변 집들을 수색도록 하니, 민부가 겁에 질려 나와 말했다.

"배가 불룩한 사람이 내 집에 들어왔습니다."

정도전을 지칭하는 말이었다. 당시 정도전은 각기병을 앓고 있으면서 또 배가 자꾸 불러오는 복창까지 앓고 있는 중이었다.

잠시 후, 이방원의 종 소근이 정도전을 끌고 나왔다. 그러자 이방원이 그 자리에서 그의 목을 베게 하였다. 이렇듯 정도전이 허망하게 죽은 것은, 이방원이나 왕자의 무리들, 또는 정적들을 그날 밤에 제거하고자 하는 계략을 꾸미지 않았다는 반증이기도 하다. 정도전과 남은, 심효생, 장지화 등은 그날 모여서 술잔을 돌리며 한바탕 놀고 있었을 따름이었다. 물론 뜻을 같이하는 무리들이 모였으니, 정치 사안들을 논의했을 것은 분명했지만, 그날 밤에 왕자들을 대궐로 끌어들여 죽일 계획은 없었다는 것이다.

정도전을 죽인 이방원은 수하들을 시켜 남은을 찾으라고 했지만 이미 몸을 숨기고 없었다. 그러자 이방원은 군대를 정도전의 집으로 몰고 갔다. 정도전의 집은 광화문 앞 육조 거리에서 멀지 않은 곳에 있었다. 그곳을 들이친 군사들은 정도전의 가솔들을 살해하였고, 또 다른 군사들은 정도전의 아들 정유와 정영의 집을 들이쳐 그들도 죽였다. 그리고 다른 아들인 정담은 스스로 목을 찔러 죽었다. 네 명의 아들 중에 세 명이 살해된 것이다.

한편, 야음을 틈타 달아났던 남은은 도성의 수문을 나가서 성 밖에 숨어 있다가 스스로 순군부에 가서 자수를 하였는데, 역시 순군문 앞에서 참형을 당했다. 남은은 순군부로 가면서 수하들에게 이렇게 말했다고 한다.

"정도전은 남에게 미움을 받았던 까닭으로 참형을 당했지만, 나는 미워하는 사람이 없다."

남은이 그 말을 남기고 죽고, 그의 동생 남지 또한 목이 달아났다. 하지만 남은의 형 남재는 이방원과 가까웠던 덕에 목숨을 부지하고 유배형에 처해졌다.

불귀의 객이 된
방석과 방번

그 시간 궁궐에서도 변고가 난 것을 알고 세자 방석이 군대를 이끌고 광화문으로 나아갔다. 광화문 앞을 지키던 금군이 불길을 보고 북을 치고 피리를 불어댔던 것이다. 그 소리를 듣고 뛰쳐나온 세자 방석이 병사에게 적군이 얼마나 되느냐고 물으니, 광화문 위에 올라간 병사가 광화문에서 남산까지 정예 기병이 가득 찼다고 대답했다. 이에 방석이 겁을 먹고 군대를 움직이지 않았다.

그 무렵, 이방원은 박포와 민무질을 시켜 좌정승 조준을 데리고 오라고 했다. 박포와 민무질을 만난 조준은 쉽게 응하지 않았다. 조준은 점치는 자로 하여금 자신의 거취를 점치게 하느라 꾸물거렸다. 그러자 이번에는 이숙번이 가서 조준에게 빨리 나오라고 재촉했다. 이숙번의 협박을 이기지 못한 조준이 옷을 갖춰 입고 우정승 김사형을 불러내 함께 이방원에게 향했다. 그때 두 정승 뒤에는 갑옷을 입은 수하들 수십 명이 따라붙었다. 두 정승이 가회방 입구에 이르니, 군사들이 그들을 막으며 말했다.

"두 정승만 들어가시오."

조준과 김사형을 만난 이방원은 이렇게 말했다.

"정도전과 남은 등이 어린 서자를 세자로 꼭 세우려고 하여 나의 동모 형제들을 제거하고자 하므로 내가 이 때문에 선수를 쓴 것이오."

이에 조준이 대답했다.

"저들이 하는 짓을 우리들은 알지 못했습니다."

"그렇다면 공들도 우리와 합좌해야 할 것이오."

이렇게 두 정승을 합류시킨 이방원은 운종가에 군대를 집결시키고 예조에 명령하여 백관들을 모이게 했다. 그리고 광화문을 열게 할 생각으로 궁문을 지키고 있는 자가 누군지 알아보게 하였다. 그러자 박위와 조온이 숙직하고 있다는 말을 전해 듣고 사람을 시켜 조온과 박위를 불러냈다. 이방원이 말을 타고 갑옷을 입은 채 칼을 들고 있는 것을 보고 조온은 즉시 자신의 수하들을 거느리고 나와서 머리를 숙였다. 하지만 박위는 이방원의 군대가 얼마 되지 않음을 보고 말했다.

"모든 처분은 날이 밝기를 기다려 하겠습니다."

날이 밝으면 이방원의 군대가 약세임을 알고 사람들이 따르지 않을 것이라고 판단했던 것이다. 이를 눈치챈 이방원이 박위에게 도당에 가서 기다리라고 했다. 박위가 도당으로 향하자, 이방간이 군대를 이끌고 가서 그를 죽였다.

이후 광화문 안으로 들어간 이방원은 근정전 남쪽에 있는 갑사들을 모두 불러내어 집으로 돌아가게 했다.

이렇게 대궐을 장악한 이방원은 좌부승지 노석주를 시켜 교서의 초안을 짓게 하였다.

교서의 초안은 정도전과 남은 등이 왕자와 종친들을 모두 죽이려고 모의했으나 그 계획이 누설되어 살육되었으니, 그들의 협박으로 당여가 된 자들은 죄를 다스리지 않을 것이라는 내용이었다.

그 내용을 우부승지 변중량이 다시 써서 올리니 이성계는 시녀들의 부축을 받고 겨우 일어나 옥새를 찍었다.

교서에 옥새가 찍히자, 노석주와 변중량은 정도전의 무리로 지목되어 목이 달아났다. 이후 이방원은 강녕전에 숨어 있던 방번과 방석을 불러냈다. 또 그들의 매형 이제도 불러냈다. 세자 방석이 나오자, 지방으로 안치시키겠다고 거짓으로 말하고, 궁성 서문을 빠져나가자 곧 자객을 시켜 죽여버렸다. 방석에 이어 방번을 불러냈는데, 방번이 죽을까 두려워서 울면서 나가지 않자, 이성계가 이렇게 타일렀다.

"세자는 끝났겠지만, 너는 그저 먼 지방에 안치하는 데 불과할 것이니, 겁먹지 말고 나가도록 하여라."

하지만 방번 또한 지방에 안치하겠다는 거짓말을 하여 궁성을 내보낸 다음 한강을 막 건너자 자객을 보내 죽였으며, 방번과 방석의 매형 이제 역시 목이 달아났다.

허수아비 왕이 된
방과

정도전과 세자 방석 그리고 그들과 뜻을 같이한 정적들을 제거했지만, 이방원은 명분 때문에 세자 자리에 오르진 못했다.

세자를 세운 것은 거사 다음 날이었다. 이방원이 거사에 성공하자, 조준을 비롯한 조정 백관들이 이성계에게 정안군 이방원을 세자로 삼아야 한다고 주청했다. 하지만 이방원은 이를 사양하며 둘째형 영안군 방과를 세자로 삼아야 한다고 주청했다. 그 말을 듣고 방과가 방원에게 말했다.

"당초부터 의리를 수립하여 나라를 세워서 오늘날의 일까지 이르게 된 것은 정안군의 공로이니, 내가 세자가 될 수는 없다."

그러나 방원은 방과를 설득하며 다시 말했다.

"국본을 정하고자 한다면 마땅히 적장자가 되어야 합니다."

적자 중 장자가 세자에 오르는 것이 법도에 맞음에도 서자인 방석이 세자가 된 것이 잘못이라는 논리로 방석을 내쫓아 죽였는데, 방원 자신이 세자 자리를 차지하면 명분이 서지 않는 일이었다. 때문에 당시로선 형제들 중에 가장 어른인 영안군 방과를 세자로 세워 왕위를 잇도록 할 수밖에 없었던 것이다.

이성계는 이런 정안군의 결정을 병상에서 들어야 했고, 그래서 세자 책봉 교지를 내렸다. 당시 내린 교지의 내용은 이렇다.

적자를 세우되 장자로 하는 것은 만세의 상도이며, 맏아들은 성곽과 같으니 과인의 기대이다. 다만 그대의 아버지인 내가 일찍이 나라를 세운 후에 장자를 버리고 어린 아들을 세워 이에 방석으로써 세자로 삼았으니, 이 일은 다만 내가 사랑에 빠져 의리에 밝지 못한 허물일 뿐만 아니라, 정도전과 남은 등도 그 책임을 피할 수 없을 것이다.

그때에 만약 초나라에서 작은 아들을 사랑했던 경계로써 상도에 의거하여 조정에서 간언했더라면 내가 감히 따르지 않을 수 있었겠는가? 정도전 같은 무리는 다만 간언하지 않을 뿐만 아니라, 오히려 그 세자로 세우지 못할까를 두려워하였다. 요전에 정도전, 남은, 심효생, 장지화 등이 몰래 반역을 도모하여 국가의 근본을 요란시켰는데, 다행히 천지와 종사의 도움에 힘입어 죄인이 형벌에 복종하여 참형을 당하고 왕실이 다시 편안하게 되었다. 방석은 화근이니 국도에 남겨둘 수가 없으므로 동쪽 변방으로 내쫓게 하였다. 내가 이미 전일의 과실을 뉘우치고, 또 백관들의 청으로 인하여 너를 세워 왕세자로 삼으니, 그 덕을 능히 밝혀서 너를 낳은 분에게 욕되게 함이 없도록 하고, 그 마음을 다하여 우리의 사직을 진무하라.

이 교지의 내용을 요약하자면 방석을 세자로 세운 것이 모두 잘못되었고, 방석을 세자로 세우는 데 찬성한 정도전의 무리가 잘못한 일이며, 그 무리가 또한 나라를 혼란스럽게 하려다 죽었다는 것이다. 교지라기보다는 사실, 이성계의 반성문이나 자아비판문을 읽는 느낌이다. 이성계는 과연 이 교지의 내용을 읽어보기나 했을까? 당시 이성계의 상태로 봐서는 읽기는커녕 옥새조차도 자신이 직접 찍지 못했을 것이다. 방석을 세자로 세운 것이 신덕왕후 강씨에 대한 사랑에 빠져서 사리분별도 못 하고 한 일이라고 쓰고 있지 않은가? 이성계 스스로 이런 내용을 읽고 옥새를 찍었을 리 만무하다.

그렇다면 이 교지는 누가 작성했을까? 처음에 정도전이 변고를 일으키려다 실패하여 죽게 되었다는 교서를 작성한 사람은 노석주였다.

노석주는 이 교지를 봉하여 도승지 이문화에게 전하면서 서명하라고 하자, 이문화는 받지 않았다. 그러자 노석주는 의안대군 이화에게 서명하라고 하였으나 이화 역시 서명에 응하지 않았다. 노석주가 여러 정승들에게 돌아가면서 서명을 요구했으나 아무도 교지를 받지 않았다. 아무도 책임지고자 하지 않는 것이었다.

그러자 이문화가 노석주에게 이렇게 말했다.

"그대가 지은 글을 어찌 자기가 서명하지 않는가?"

그 말에 결국 노석주가 스스로 서명하고 이성계에게 명령을 받아 나왔다. 하지만 노석주와 변중량은 옥새를 받아 나오자마자 이방원의 칼날에 목이 달아났다. 정도전과 한패라는 이유였다.

이방과가 세자로 책봉된 날로부터 7일 뒤인 9월 5일에 도승지 이문화는 이성계의 명을 받아 이조전서 이첨에게 선위 교서를 지어 바치게 하고, 그날 왕위를 넘겨주었다. 그 선위 교서의 내용을 옮기자면 이렇다.

왕은 말하노라. 내가 덕이 없는 사람으로 조종의 음덕을 계승하고 천자의 존엄을 받들어 국가를 처음 세워 신민을 통치한 지가 지금 7년이나 되었는데, 군대의 여정에 오래 있음으로 인하여 서리와 이슬을 범하므로 지금에 와서는 나이 많고 병이 발생하여 아침저녁으로 정사에 부지런하기가 어렵게 되었다. 그러므로 여러 가지 사무의 많고 번잡한 것을 빠뜨린 것이 많을까 염려된다. 다만 너 왕세자 방과는 자신이 적장자의 지위에 있고 일찍부터 인덕과 효도를 나타냈으며, 또한 개국의 초기에 나를 보좌한 일이 많은 것은 온 나라 신민들이 모두 알고 있다. 그런 까닭으로 홍무 31년(1398년) 9월 초5일에 종묘에 고하고 왕위에 오르기를 명하니, 너는 경전의 문장을 따라 행하여 군자를 친근히 하고 소인을 멀리하며, 보고 듣는 것은 자기 한 사람의 치우친 사견을 없게 하고, 좋아하고 미워하는 것은 나라 사람들의 공론에 따라 감히 혹 폐기하지도 말며, 감히 혹 태만하지도 말아서, 그 지위를 영구히 편안하게 후사를 번성하게 하라. 아아! 네 아버지는 덕이 적은 사람이므로 비록 복 받지 못할 것이지만, 선성先聖의 도가 서간과 책에 실려 있으니, 새벽에 일어나고 밤늦게 자서 너는 항상 공경할 것이다.

이렇게 이날 정종은 왕위에 올랐다. 어느 신하도 이성계의 선위 교지를 만류하는 자는 없었다. 또한 왕위를 받는 정종조차도 전혀 마다함이 없었다. 정종은 선위 교서를 받아 품속에 넣기 바빴다. 말이 선위지 쫓겨나는 것이었다. 그나마 이성계가 다행스럽게 여긴 것은 방원이 아니라 방과가 왕위를 이었다는 사실뿐이었다. 하지만 그 모든 것이방원의 계략에 따른 왕위 찬탈의 수순이었음을 이성계는 제대로 알지 못했다.

원자로 책봉된 불노, 당황하는 방원

상왕으로 물러난 이성계는 그즈음 해서 겨우 병상에서 일어날 수 있었다. 아직까지는 궁녀들의 부축을 받아야만 움직일 수 있는 처지였지만, 그는 수라상에 육류를 올리지 말라고 했다. 죽은 방석과 방번을 생각하니 고기반찬을 먹고 앉아 있을 수 없는 일이었다. 도당에서는 육선을 올려야 한다고 아우성이었으나 이성계는 거부했다.

이성계가 그렇듯 두 아들의 죽음을 애도하며 병상 투쟁을 하고 있는 동안, 대궐에 있던 신덕왕후 강씨의 영정은 정릉으로 옮겨졌고, 대신 이성계의 첫째부인 한씨는 신의왕후로 추존되었다. 또 이성계의 수족이었던 환관 김사행과 조순이 처형되었다. 이성계가 도당과 궁궐의 돌아가는 상황을 알지 못하게 하기 위함이었다.

그 모든 것을 뒤에서 조종하고 있는 이는 당연히 이방원이었다. 그런데 모든 것이 자신의 뜻대로 돌아갈 것으로 여긴 이방원에게 예상치 못한 사태가 벌어졌다.

정종을 왕위에 앉힌 지 두 달쯤 지난 11월 7일, 정종이 갑자기 원자를 세웠다. 그 말을 듣고 이방원은 몹시 당황스러워하며 대책을 마련하기 위해 분주히 움직였다.

정종이 원자로 삼은 이는 불노라는 이름을 가진 아들이었다. 정종은 왕이 되기 전에 유씨 성을 쓰는 첩을 둔 적이 있는데, 그 유씨가 낳은 아들이 불노였다. 정종은 정비 정안왕후 김씨에게서는 자식을 얻지 못했기 때문에 불노는 정종의 장남인 셈이었다. 그러나 정종이 왕위에 오를 당시엔 궁궐로 데리고 오지 못했는데, 대사헌 조박이 유씨와 불노를 궁궐로 데리고 온 것이다. 유씨는 조박의 친척 여동생이었는데, 당연히 정종의 장남을 낳았으므로 궁궐로 들어와야 한다고 생각했던 것이다. 그리고 불노는 정종의 장남이니 왕위를 계승해야 한다고 여겼다. 그리고 정종 또한 그렇게 생각하고 유씨를 가의옹주로 책봉하고, 불노를 원자라 부르라고 했다.

이 소식을 듣고 이방원은 화도 나고 당혹스럽기도 했다. 사실, 조박은 이방원의 손위 동서이기도 했다. 이방원은 어쨌든 불노를 궁궐에서 내쫓아야 한다는 생각에 이숙번을 불렀다.

이숙번이 자신을 부른 이방원의 속내를 알고 앉자마자 이렇게 말했다.

"사직을 안정시킨 지가 지금 몇 달 되지도 않았는데, 조박이 공의 가까운 인척임에도 그 마음이 조금 변했으니, 다른 사람들의 마음도 알 수가 없는 것입니다. 그러니 공께서는 해결책을 생각하시고, 또 군대를 준비하는 일 또한 해이하게 해서는 안 될 것입니다."

이숙번의 말을 듣고 이방원이 화가 나서 소리쳤다.

"그대들은 부귀가 부족하여 이런 말을 하는 것인가?"

"부귀가 부족한 것은 아닙니다. 우리들이 목숨을 돌아보지 않고 창졸간에 사직을 안정시킨 것은 공을 추대하여 임금으로 삼고자 한 것입니다. 그런데 지금 원자라 일컫는 사람이 궁중에 들어와 있습니다. 그래서 공께서는 제 말을 듣지 않으시면 반드시 후회하실 거란 말입니다. 저는 그저 필부에 지나지 않아 도망가면 그만이지만, 공은 매우 귀중한 몸이니, 장차 어떻게 처리될지 어떻게 알겠습니까?"

숙번의 말인즉, 정종을 비롯한 사람들이 거사 당시에는 이방원을 왕으로 세우려고 했으나 막상 정종이 왕위에 오르자 생각이 달라졌을 수 있다는 뜻이었다. 또한 원자까지 버젓이 세웠으니, 자칫하면 정종이 방원을 부담스럽게 여겨 무슨 조치를 취할 수도 있으니 군대를 잘 지켜두라는 것이다.

이숙번의 그 말에 이방원은 아무 대답도 하지 못했다. 틀린 말이 아니었기 때문이었다. 자칫하면 죽 쒀서 개 주는 꼴을 넘어 목숨마저 위태롭게 될 수도 있었다. 잠시 둘째형에게 왕위를 맡겼다가 다시 자신이 찾아오면 된다는 생각이었는데, 느닷없이 원자가 지목되었으니, 발등에 불이 떨어진 셈이었다.

이방원은 즉시 측근들을 이용하여 정종이 불노를 원자로 삼은 일로 자신이 몹시 분노해 있다는 사실을 정종의 귀에 들어가도록 했다.

그 소식을 들은 정종은 갑자기 불노가 자기 자식이 아니라며 궁궐에서 쫓아내버렸다. 정종이 불노가 자신의 자식이 아니라는 논리는 이러했다. 처음에 가의궁주 유씨는 우왕의 총신이었던 임견미의 사위 반복해의 후실로 들어갔는데, 반복해가 임견미와 함께 죽자, 이방과의 첩으로 들어왔다고 했다. 그리고 그때 이미 유씨가 아이를 잉태하고 있었으므로 불노는 자신의 아들이 아니라 반복해의 아들이라는 것이었다. 하지만 남의 아이를 잉태한 여자를 후실로 들였을 리는 만무했고, 실상은 아들 불노를 살리기 위한 고육책이었던 셈이다.

어쨌든 그 길로 불노는 쫓겨났다. (훗날 태종이 즉위한 후에 불노는 자신이 정종의 아들이라고 떠벌리고 다니다가 붙잡혀 유배되었다가 승려로 생을 마감했다.)

마침내 반역의 종지부를 찍고
용상을 차지하다

하지만 불노를 내쫓은 것으로 일이 끝난 것은 아니었다. 방원 자신은 당연히 자신이 정종을 이어 왕위를 승계하는 게 순리라고 생각했지만, 그의 넷째형 방간의 생각은 달랐다. 불노가 쫓겨나자, 조정의 분위기는 자연스럽게 방원이 왕위를 이어받는 것이 맞다는 기류가 형성되었다. 또 조정 핵심 세력 대다수가 방원의 세력이었기 때문에 그들은 정종에게 은근히 방원을 왕위 계승권자로 확정해야 한다는 압박을 가하고 있었다.

그러나 아직 정종이 젊은 만큼 대놓고 그런 말을 할 상황은 아니었다. 더구나 상왕 이성계의 건강이 점차 회복되고 있어, 그의 눈을 의식하지 않을 수도 없었다. 그런 가운데 조정에서는 세자를 세워야 한다는 말들이 돌았고, 대다수 신료들은 방원을 점찍은 상태였다. 그런데 방원의 넷째형 방간은 그 점을 몹시 불만스럽게 여겼다. 그는 당연히 왕위는 자신이 계승해야 한다고 생각했다.

'주상에겐 적자가 없고, 따라서 동생 중에 왕위를 잇는 것은 당연한 일이 아니겠는가? 그런데 셋째형(방의)은 건강도 나쁘고 왕위에 관심이 없으니, 당연히 다음은 내 차례지. 어째서 방원이 차례란 말인가?'

방간이 속으로 그렇게 생각하고 있는데, 박포란 자가 찾아와 그의 시기심에 불을 질렀다. 박포는 정도전을 제거할 때 길잡이 역할을 하며 나름대로 자신의 공이 컸다고 생각하는 인물이었다. 그런데 막상 논공행상에서 2등공신밖에 되지 않자, 불만을 늘어놓고 다녔고, 결국 그 때문에 유배까지 다녀왔다. 때문에 속으로 이방원에게 불만이 많았던 터에 방간을 찾아가 이렇게 말한 것이다.

"정안공이 공을 보는 눈초리가 이상하니 장차 정변이 날 것이오."

그 말을 듣고 방간은 '내가 방원이 놈한테 죽을 수는 없지. 죽지 않으려면 방원이를 먼저 죽일 수밖에' 하는 생각으로 나름대로 모략을 꾸몄다. 그리고 판교서 감사를 맡고 있던 이내에게 이런 말을 하였다.

"방원이가 나를 시기하고 있으니, 내가 어찌 필부처럼 남의 손에 죽겠는가? 내가 먼저 방원이를 쳐서 목숨을 보전하고 사직도 지키리라."

그렇듯 방간은 이내를 믿고 자신의 거사 계획을 자세하게 말했다. 그 말을 듣고 이내는 자기 스승인 우현보를 찾아가 이렇게 알렸다.

"회안공이 정안공을 해치려 합니다. 이달 그믐날에 거사를 하겠다고 했습니다. 그러니 정안공에게 알려야 하지 않겠습니까? 정안공도 스승님의 문생 아닙니까? 빨리 비밀리에 알려야 합니다."

그러자 우현보는 곧 아들 홍부를 불러 방간의 모의를 알려주라고 했다. 그 말을 듣고 이방원은 하륜과 이무를 불러 대책을 의논했다. 그런 상황에서 방간이 종을 시켜 방원을 집으로 초청하였다. 방원은 간다고 했다가 당일이 되자, 몸이 아파 가지 못한다고 전했다. 그리고 며칠 뒤, 방원이 사냥을 나간다고 하자, 방간의 아들 맹종이 와서 어디로 사냥을 가는지 물었다. 그리고 자기의 아버지도 사냥을 나간다고 말했다.

맹종의 말을 듣고 방원이 사람을 놓아 방간의 집을 염탐했더니, 방간의 군사들이 모두 갑옷을 챙겨 입고 있었다. 방원은 형과 일전을 불사할 요량으로 이화, 이천우 등의 집안사람들을 모아놓고 의논했다. 그러자 숙부 이화가 군사를 일으켜 대응해야 한다고 했으나 방원은 골육 간에 그럴 수 없다며 거절하고, 방간에게 사람을 보내서 서로 만나 감정을 풀자고 제의했다. 하지만 방간은 자신의 뜻이 이미 정해졌으니 돌이킬 수 없다고 대답해왔다.

　방원과 방간이 서로 군대를 일으켜 싸우려 한다는 말은 곧 궁궐에 전해졌다. 하지만 정종은 믿지 않았는데, 방간이 휘하 상장군 오용권을 시켜 정종에게 이렇게 말했다.

　"방원이가 나를 해치려 하므로 내가 부득이 군사를 일으켜 공격합니다. 주상은 놀라지 마십시오."

　이 소리에 정종이 크게 노하여 도승지 이문화를 시켜 방간에게 이렇게 말했다.

　"네가 흘러 다니는 말을 듣고 혹하여 동기를 해치고자 하니, 미치고 패악하기가 심하구나. 네가 군사를 버리고 단기로 대궐로 나오면 내가 장차 보전해주겠다."

　하지만 방간은 정종의 말을 듣지 않았다. 방간은 오히려 이성계에게도 사람을 보내 이렇게 전하게 했다.

　"방원이가 장차 저를 해치려 하니, 제가 속절없이 죽을 수는 없습니다. 그래서 군사를 일으켜 응변하려 합니다."

　이성계가 그 소리에 화를 내며 사람을 시켜 자신의 말을 전하게 했다.

　"네가 방원이와 아비가 다르냐? 어미가 다르냐? 이 소 같은 놈아, 어쩌다 이 지경이 되었느냐?"

　그러나 그때 이미 방간의 군대는 개성의 동대문을 향하고 있었다. 그러자 정종이 황급히 도승지 이문화를 보내 방간에게 교지로써 군사 행동을 멈추고 궁궐로 들어오라고 했다. 하지만 방간은 듣지 않고 진군했다. 그때 이방원 역시 대응하기 위해 군대를 집결시켜두고 있었다.

　두 형제의 군대는 선죽교에서 멀지 않은 가조가에서 교전하였다. 그러나 교전은 오래가지 않았다. 양쪽 군대는 잠시 어우러지는 듯하더니 이내 방간의 군대가 무너지기 시작했다. 그도 그럴 것이 방간의 병력은 방원의 병력에 한참 미치지 못하였다. 방간의 군대가 뭉그러져 달아나자, 방원은 수하들에게 이렇게 소리쳤다.

"만약 우리 형을 보거든 절대 화살을 쏘지 말라. 어기는 자는 목을 베겠다."

결국, 군세가 약한 방간은 패배하여 붙잡히고 말았다. 그리고 곧 정종의 왕명이 떨어졌다.

"너는 백주에 서울에서 군사를 움직였으니, 죄를 용서할 수 없다. 그러나 골육지정으로 차마 주살을 가하지 못하니, 너의 소원에 따라서 외방에 안치하겠다."

그 말을 듣고 방간이 토산에 가길 원하니, 그를 토산으로 안치하게 했다. 방간이 1400년 2월, 아직까지도 가시지 않은 겨울바람을 맞으며 토산으로 쫓겨나자, 방원의 책사 하륜이 정종에게 방원을 세자로 세울 것을 주청했다. 그 말을 듣고 정종이 방원을 세자로 삼을 것을 결심하고 태상전을 찾아 이성계에게 그 사실을 고하니, 이성계가 이렇게 말했다.

"장구한 계책은 집정 대신과 모의하는 것이 가하다."

말하자면 자신에겐 묻거나 알리지 말라는 것인데, 정종이 그 뜻을 쉽게 헤아리지 못했다. 그리고 방원을 왕세자로 삼아 국정을 모두 맡겼다. 이제 그로서는 왕위를 내주는 일만 남은 셈이었다.

이후로 모든 정사는 세자 이방원이 대부분 처리하였다. 이방원은 이때부터 본격적으로 사병을 혁파하기 시작했다. 정도전의 사병 혁파를 비난하였던 그 입으로 사병 혁파를 부르짖었던 것이다. 비록 정도전이 주장한 내용이었지만, 국가를 위해선 반드시 사병이 혁파되어야 한다는 것은 그도 뜻이 같았다. 하지만 사병 혁파에 대해 불만을 품는 인사들이 늘어났다. 그들은 한결같이 자신과 뜻을 같이했던 인물들이었다. 이방원은 이천우, 조영무, 조온, 이거이 등 자신의 측근이었던 그들의 군대를 빼앗고 그들을 과감하게 유배 보내버렸다.

그렇듯 사병 혁파에 성공하자, 1400년 11월 11일 정종은 마침내 왕세자에게 선위한다는 교서를 내렸다. 판삼군부사 이무가 권근이 지은 교서를 받들고 도승지 박석명이 국보를 받들고 방원에게 내리니, 방원이 울면서 받지 않았다. 물론 모두 각본에 있는 행동들이었다. 그렇듯 세 번에 걸쳐 선위를 사양하다 각본대로 받으니, 이날로 방원이 용상을 차지하였다.

1398년 8월 26일 밤에 반역을 도모하여 세자를 죽이고, 세자의 형과 이성계의 부마를 죽였으며, 역성혁명의 주역이자 조선의 설계자 정도전과 그와 뜻을 같이했던 남은과 심효생을 죽였다. 또한 정도전이나 남은과 친밀한 자들을 모두 도륙하였고, 자신의 친형과 시가전을 벌여 이긴 덕으로 세자의 자리를 차지하였으며, 마침내 왕위를 맡겨뒀던 둘째형을 압박하여 용상을 차지함으로써 반역에 종지부를 찍었다. 거사일로부터 무려 2년 3개월 만에 성공을 거둔 셈이었다.

하지만 그것으로 끝은 아니었다. 왕위를 찬탈한 방원을 분노 어린 눈으로 바라보는 이성계가 여전히 살아 있었던 까닭이다. 반역으로 용상을 차지한 그는 이제 반역으로 용상을 되찾으려는 아비를 상대로 다시 한번 피비린내 나는 일전을 벌여야 했으니 말이다.

-3-

이성계 복위 전쟁에 나선 조사의

동북면을 기반으로
복위를 꿈꾸는 이성계

1402년 11월 5일, 안변 부사 조사의가 군사를 일으켜 태조를 복위시키고 세자 방석과 신덕왕후의 원수를 갚겠다고 천명했다. 안변은 고려 때는 등주라고 하였고, 태종 당시에는 등주안변도호부였으며, 함주(함흥)와 함께 함경도의 요충지였다. 군사를 일으킨 조사의는 신덕왕후 강씨의 족속이었으며, 조사의와 함께 난을 일으킨 핵심 인물인 강현 역시 신덕왕후 강씨의 친족이었다.

반역을 주도한 조사의는 1393년에는 형조의 정5품 의랑 벼슬에 있었고, 1397년에는 첨절제사를 지내다 물러났다. 그리고 1398년에 정도전과 방석 일파가 제거될 때 유배 길에 올랐다가 서인으로 전락하여 전라도 수군에 예속된 채 노역을 해야 했다. 그러다 이성계의 요청에 의해 풀려나 안변 부사로 재직하고 있었다.

겉으로는 난을 주도한 인물이 조사의인 것처럼 보였지만 실상 조사의를 움직이고 있었던 것은 이성계였다. 조사의가 군대를 일으킬 당시 이성계는 고향 함주에 머물고 있었다. 함주에 머물기 전에는 안변에 머물렀는데, 조사의가 안변 부사가 된 것은 아마도 이성계가 안변에 머물기 몇 달 전으로 보인다. 조사의를 안변 부사로 삼게 한 것은 자신의 복위를 위한 포석이었다. 이는 왕위에서 물러나고 건강을 회복한 뒤에 이성계의 행보를 살펴보면 확인된다.

이성계가 병상에서 일어나 제대로 움직이기 시작한 것은 이방원의 난으로부터 4개월 뒤인 1398년 12월 말부터였다. 이때부터 이성계는 후원을 거닐기도 하고, 신하들에게 잔치를 베풀기도 했다. 그리고 이듬해인 1399년 1월 19일엔 궁궐에서 나가 방번의 옛집에서 살게 해 줄 것을 요청했으나 거절당했다. 그러나 이성계는 궁궐에서 나가게 해 줄 것을 집요하게 요청했고, 결국 그해 3월 13일에 비어 있던 시중 윤환의 옛집으로 옮겨갔다. 그날 이성계는 금강산 유점사에서 보살재를 베풀게 해달라고 했으나 거절당하자, 화가 나서 궁문을 호위하는 군사들을 모두 물러가게 한 뒤에 급작스럽게 새벽에 거처를 옮겨버린 것이었다. 그리고 이렇게 말했다.

"내가 한양에 천도하여 아내와 아들을 잃고 오늘날 환도하였으니, 실로 도성 사람들에게 부끄럽기 그지없다. 그러니 출입을 밝지 않은 때에 해서 사람들로 하여금 보지 못하게 하여야겠다."

그런 말을 하고는 개성 근처의 굉음굴에 가서 법석을 열었다. 그리고 곧장 또 평주 온천으로 가려 하는데 정종이 내관 박영문을 보내 이런 말을 전하며 길을 막았다.

"부왕께서 미리 가실 곳을 명령하지 않으시고 갑자기 온천에 가시면 신하들이 가신 곳을 알지 못하여 놀라고 두려워서 실망할 것입니다. 빌건대, 환궁하셔서 날을 가리어 행차하소서."

말인즉, 마음대로 다니지 말고 자신들이 행선지를 알 수 있도록 해 달라는 것이었다. 이성계는 별수 없이 발길을 돌려야 했다. 그리고 돌아오는 길에 승려 신강을 만나자, 눈물을 흘리며 이렇게 하소연했다.

"방번과 방석이 모두 죽었다. 내가 비록 잊고자 하나 잊을 수가 없다."

아마도 이성계는 이때부터 복위를 계획했는지도 모른다. 어쨌든 이 사건 이후로 이성계는 줄기차게 평주 온천을 다녀오게 해줄 것을 요청하여 마침내 4월 1일에 평주 온천으로 떠날 수 있게 되었다. 정종이나 방원이나 그 정도 요청까지 거부할 명분이 없었던 것이다. 이성계는 이후로 평주에서 보름간 머물다 돌아왔다.

이후로 이성계의 행보는 더욱 바빠졌다. 그해 8월 12일에는 신덕왕후 강씨의 기일재를 한양 근처 흥천사에서 베풀었는데, 이성계는 별도로 광명사에 가서 기일재를 올렸다. 그리고 이번에는 낙산사까지 가서 능엄법회를 베풀었다. 낙산사에 간 것이 8월 26일이니, 광명사에서 강씨의 기일재를 올린 뒤 곧바로 강원도로 떠났음을 알 수 있다.

이성계는 낙산사에서 돌아와 9월 10일에 방원의 난 이후 처음으로 경순공주를 만났다. 경순공주는 방번과 방석의 친누나로 신덕왕후 소생이었다. 그녀의 남편 이제는 방원의 난이 있던 날 밤에 살해되었다. 딸을 만난 이성계는 그녀에게 여승이 되라고 했다. 그리고 이날 머리를 깎았는데, 그 모습을 보고 하염없이 눈물을 흘렸다.

한 달 뒤인 10월 19일엔 흥천사의 사리전 낙성식에 가기 위해 한양 땅을 밟았다. 그리고 한 달가량 머물다가 11월에 돌아왔는데, 그로부터 3개월 뒤인 1400년 2월에 2차 왕자의 난이 일어나고 방간이 토산으로 쫓겨갔다. 또한 방원이 세자에 책봉되었고, 대부분의 정무를 방원이 관장하게 되었다. 이를 못마땅하게 여긴 이성계는 그해 10월 24일에 한양에 있는 신덕왕후 강씨의 정릉을 찾아 정근 법석을 베푼 뒤, 오대산과 낙산사로 갈 계획을 세웠다. 그리고 가마를 오대산으로 행하게 하자, 이 소식을 듣고 정종과 이방원이 가마를 돌릴 것을 청했으나 이성계는 굳이 오대산으로 떠났다. 이후로 이성계가 줄곧 오대산에서 머물고 있을 때, 정종이 상왕으로 물러나고 태종이 즉위했다. 그 소식을 듣고 이성계는 급히 개성으로 돌아왔지만 이미 선위는 이뤄졌고, 왕위는 방원이 차지한 뒤였다.

이후로 이성계는 속내를 숨기고 조용히 지냈다. 오히려 이방원을 안심시킬 요량으로 1401년 2월에 조선에 온 명나라 사신 일행을 위해 태평관에서 잔치를 베풀기도 했고, 태상왕의 궁전인 덕수궁으로 사신들을 초대하여 연회를 열기도 했다.

그렇게 이방원을 안심시킨 이성계는 3월 17일 야밤에 연천의 보개산으로 떠났다. 태종이 그 소식을 듣고 갑사 한 명과 헌관 한 명만 데리고 뒤를 쫓아갔다. 그리고 마이천에서 만나 전송하고 돌아왔다. 이성계는 보개산에서 5일을 머무른 뒤 개성으로 돌아왔다.

그런데 이번에는 흥천사에서 대장 불사가 있다며 떠났다. 야밤에 떠나버린 탓으로 태종이 막을 겨를도 없었다. 하지만 한양에 잠시 머문 뒤, 이성계는 흥천사로 가지 않고 곧장 금강산으로 가버렸다. 이때가 1401년 윤3월 11일이었다. 이후 대종이 급히 신하를 금강산에 보냈더니, 이성계는 안변으로 떠나고 없었다.

안변과 함흥은 모두 이성계의 세력권이었다. 복위를 꾀하기는 그곳만큼 좋은 곳도 없었다. 하지만 섣불리 속내를 드러낼 수는 없었다. 이성계는 우선 안변에 머물면서 그곳 민심을 살피는 데 주력했다.

20개월의 준비 끝에 시작된
조사의의 난

이성계가 안변에 머물고 있다는 소식을 들은 방원은 몹시 불안했다. 그래서 1401년 4월 10일 도승지 박석명을 보내 안변의 동태를 살피게 하였다. 박석명을 만난 이성계는 그를 태연하게 대하며 술까지 내린 뒤 돌려보냈다.

돌아온 박석명을 붙잡고 태종이 물었다.

"그래, 태상왕께서 어찌하신다고 하던가?"

석명이 대답했다.

"태상왕께서 제게 이르기를 환왕(이자춘, 이성계의 아버지)의 기신(기제사)을 지내고 돌아오시겠다고 하셨습니다. 하지만 안변과 함주 등지에 여러 정자를 지으라고 하신 것으로 봐서 오래 머무르실 뜻이 있으신가 합니다."

이방원은 태조가 안변에 오래 있으면, 그곳 민심이 흉흉해져 무슨 일이 일어날지 모른다는 생각에 이번에는 이성계와 오랜 친분이 있는 성석린을 보내기로 했다. 그래서 도승지 박석명을 성석린에게 보내 이렇게 전하게 했다. 당시 성석린은 모친상을 당하여 상복을 입고 있는 처지였다.

"부왕께서 오래도록 동북에 머무르시니, 부왕을 연모하는 마음이 일어 견딜 수 없습니다. 부왕께서 믿고 중히 여기는 사람 중에 경 같은 사람이 없으니, 부디 복을 벗고 궁온(술)을 싸가지고 가서 모시고 돌아오시오."

성석린이 태종의 부탁을 받고 그해 4월 17일에 안변으로 간다고 하자, 태종이 그를 만나 이렇게 일렀다.

"태상왕께서 본래 경을 중하게 여기시니, 경의 말은 반드시 따르실 것입니다. 바라건대 문안드린 끝에 은근한 말로 잘 아뢰어서 돌아오시게 해주시오."

안변에 도착한 성석린이 이성계를 만나 인륜의 도리와 부모와 자식의 관계에 대해 극진히 말하면서 돌아갈 것을 권유하자, 의외로 이성계는 성석린의 말을 받아들이며 돌아가겠다고 약조했다. 그리고 4월 28일에 마침내 개성으로 돌아왔다.

그 뒤, 한동안 조용히 있던 이성계는 6월 4일에 귀양지에 있던 방간을 소환하라고 했다. 하지만 백관들이 모두 나서서 반대했다. 태종은 방간을 소환하려는 이성계의 속내를 알지 못했지만, 겉으로는 소환에 찬성하는 모양새를 취했다. 하지만 하륜, 김사형, 이서 등 삼정승과 모든 고위직 신하들이 반대 상소를 올리며 극력으로 불가함을 역설했다. 그래서 결국, 회안군 방간의 소환은 좌절되었다.

당시 이성계가 방간을 소환하려 한 것은 방간을 자신의 복위 계획에 참여시키려는 의도였을 것으로 보인다. 뜻을 이루지 못한 이성계는 그 해 8월에 다시 금강산을 거쳐 동북면으로 가려 했다. 하지만 명나라 사신이 온다는 말을 듣고 계획을 미뤘다. 그리고 9월에 사신을 영접한 뒤에 11월 26일 밤에 느닷없이 소요산으로 떠나버렸다. 밤중에 떠나버린 탓에 태종이 말릴 틈도 없었다. 하지만 아직 명나라 사신이 태평관에 머물러 있는 터라 태종은 소요산에 가볼 수도 없는 처지였다. 그래서 승녕부 판사 정용수와 승녕부윤 유창을 소요산에 보내 이성계를 문안하게 했다. 12월 17일에 소요산에서 돌아온 정용수와 유창은 태상왕이 강원도와 충청도 백성들을 징발하여 행궁을 짓고 있더라고 보고

했다.

그 말을 듣고 태종이 좌정승 김사형을 소요산에 보내 태상왕을 문안하라고 했다. 그렇게 해를 넘긴 뒤에 1402년이 되자, 태종은 다시 차사들을 보내 이성계의 환궁을 요청했다. 우선 1월 8일에 박석명을 보내 문안한 뒤, 1월 28일엔 자신이 직접 소요산으로 갔다. 그리고 함께 갔던 성석린이 환궁을 강하게 요청하며 말했다.

"염불하고 불경을 읽음에 어찌 꼭 소요산이라야만 되겠습니까?"

그러자 이성계가 이렇게 말하였다.

"그대들의 뜻은 이미 내가 알고 있다. 내가 부처를 좋아하는 것은 다른 것이 아니라 다만 두 아들과 한 사람의 사위를 위함이다."

말인즉, 방번과 방석 그리고 이제의 명복을 빌기 위함이라는 뜻이었다. 그러면서 큰 소리로 말하였다.

"우리들도 이미 서방정토로 향하여 있다!"

그런 말만 할 뿐 이성계는 환궁하지 않았다. 그래서 별수 없이 태종이 3월 19일에 다시 소요산으로 갔다. 하지만 이성계는 여전히 요지부동이었다.

그런데 4월 21일에 동북면 도순문사 박만이 동북면으로 가는 길에 소요산으로 찾아왔다. 물론 태종이 보낸 것이었다. 박만이 동북면으로 떠나면서 하직 인사차 들렀다고 하자, 이성계가 말했다.

"동북면의 백성들은 모두 내 형제들이다. 지난번에 순문사 윤사덕이 매우 시끄럽게 굴었다. 경이 편안하게 어루만져줬으면 하네."

박만이 머리를 조아리며 대답했다.

"신이 마땅히 마음을 다하겠습니다."

그 말을 듣고 이성계가 웃자, 박만이 울면서 말을 이었다.

"지금 도망 온 군대가 양계에 많아 나라에서 어찌할 바를 모르고 있습니다. 모두가 전하의 환궁을 바라고 있사온데, 전하께서는 어찌하여 속히 환궁하지 않으십니까? 온 나라 사람들이 모두 전하께서 나랏일을 염려하지 않는다고 여기옵니다."

이에 이성계는 장차 돌아가겠다고 약조했다. 하지만 이성계는 한양 흥천사에 가서 아버지 이자춘의 기신(기제사) 법회만 열고 소요산으로 돌아왔다. 그리고 5월 8일에는 오히려 소요산 궁궐로 아무도 오지 못하게 하라는 엄명을 내렸다. 그 때문에 태종도 찾아가지 못했다.

이후 이성계는 6월 9일에 거처를 강원도 회암사로 옮겼다. 또한 그곳에 궁실을 짓고 살 것이라 하였다. 그런 이성계의 의중을 알 길이 없던 태종은 장정 150명을 보내 부역을 하게 하고 궁실을 짓게 하였다. 그리고 자신이 직접 8월 2일에 회암사로 가서 이성계를 만났다. 하지만 왕궁으로 돌아오게 하는 데엔 실패했다. 10월 1일에는 박석명을 보내 명나라 사신이 왔다면서 환궁할 것을 요청했지만 역시 실패했다. 그러자 10월 19일에 사신 온전 일행과 세자 양녕이 회암사로 찾아왔다. 온전은 금강산 구경을 하기 위해 온 것이었다. 이성계는 사신 일행에게 금강산을 보여주고, 잔치도 베풀어주었으나 개성으로 돌아가지는 않았다.

사신 일행이 돌아가자, 11월 1일에 이성계는 동북면으로 향했다. 그리고 안변을 거쳐 선조의 능을 참배한다는 핑계로 고향 함주로 들어갔다. 이성계가 함주로 향한 11월 5일 마침내 조사의가 군사를 일으켰다. 이른바 조사의의 난이 일어난 것이다. 이성계가 조사의를 앞세워 태종 이방원을 응징하고자 했던 것이다.

이렇게 볼 때 이성계의 방원에 대한 응징 계획은 약 20개월간 지속된 것임을 알 수 있다. 1401년 윤3월 11일에 안변에 들어갔다가 다시 성석린의 요청을 받아들여 개성으로 돌아갔다. 이내 소요산에 들어간 뒤, 다시 회암사로 자리를 옮겨 한동안 머물다, 조사의가 반역 준비를 마치자, 1402년 11월에 곧장 안변으로 들어간 것이다.

함경도와 평안도가 조사의의 손안에 떨어지다

조사의가 군대를 일으켰다는 소식을 듣고 태종은 어떻게 해서든 이성계를 환궁시켜야 한다는 생각에 자원자를 받아 승추부 판사 박순을 함주로 파견했다. 하지만 박순은 조사의의 수하들에게 살해되었다.

이와 관련하여 야담집 《노봉집시장》에는 박순이 함흥으로 가면서 새끼 딸린 어미 말을 데리고 갔다고 한다. 그리고 이성계의 거처에 도착하자, 근처에 새끼 말을 묶어놓고 어미 말만 끌고 가서 이성계를 만났다. 새끼 말이 울어대는 소리가 들리자, 박순은 어미를 따르는 말도 저렇듯 어미를 애타게 찾는데, 인간의 부모에 대한 정은 얼마나 깊겠느냐는 말로 이성계의 환궁을 설득하였다. 그리고 며칠이 지나 박순과 이성계가 장기를 두고 있는데, 쥐가 새끼를 안고 천장에서 떨어져 죽을 지경이 되었는데, 어미가 새끼를 물고 놓지 않은 것을 보고 박순이 다시 눈물을 흘리며 이성계를 설득했다. 그 말에 감동한 이성계가 돌아가겠다는 약조를 하자, 박순이 다시 돌아갔다. 하지만 주변 사람들이 함주와 안변의 상황이 알려질까 염려하여 박순을 죽여야 한다고 주장했다. 이에 이성계는 박순이 만약 용흥강을 건넜으면 뒤쫓지 말라고 했다. 이성계의 판단으론 이미 박순이 용흥강을 건넜으리라 여겼는데, 박순은 중간에 병이 나서 쉬어 가다가 미처 용흥강을 건너지 못해 뒤쫓아온 병사들에게 죽임을 당했다는 내용이다. 이렇듯 함흥에 갔던 차사들이 죽어나간 사실에서 유래한 말이 '함흥차사'이다.

박순이 죽자, 태종은 이번엔 11월 9일에 왕사 자초(무학대사)를 이성계에게 보내 환궁할 것을 요청했다. 이에 대해 야사집《오산설림》에는 이런 내용이 전한다.

무학이 함흥에 가서 태조를 알현하니 태조가 말했다.

"그대도 나를 달래러 왔구려."

이에 무학이 웃으면서 대답했다.

"전하께서 빈도와 서로 안 지가 수십 년인데, 제 마음을 모르십니까? 저는 특별히 전하를 위로하기 위해 왔을 뿐입니다."

그 뒤로 무학은 함흥 본궁에 머물면서 태조와 자주 환담을 나눴는데, 주로 태종의 단점만 말하였고, 덕분에 태조가 그를 믿게 되었다. 그렇게 수십 일을 있다가 무학이 환궁을 요청하자, 태조가 환궁하겠다고 말한다.

이성계가 무학과 함께 지내고 있는 동안 조사의 반군은 제법 맹위를 떨치고 있었디. 이미 힘경도 시역은 거의 장악한 상태였고, 그 여세를 몰아 평안도로 나아갈 계획이었다. 그 때문에 조정에서는 회안군 이방간을 제주도로 보내야 한다는 상소가 잇따랐다. 혹 방간이 토산에서 군대를 일으켜 반군과 연합할까 두려웠던 것이다. 하지만 태종은 이 제안을 받아들이지 않았다. 동복형제이기 때문에 차마 제주도로 유배할 수 없다는 것이었다.

조사의의 반군에 대한 대책으로 우선 대호군 김계지를 동북면으로 파견하여 조사의가 반란을 일으켰음을 알리도록 했다. 또한 좌군 총제 이귀철을 동북면 도체찰사로 삼고, 대호군 한흥보를 지병사로 삼아 화살과 갑옷을 내리며 반군을 치도록 했다.

그런 가운데 11월 11일에 동북면에 갔던 호군 김옥겸이 도주해 와 이런 보고를 하였다.

"처음에 안변에 이르러 부사 조사의를 만났는데, 조사의가 신을 흘려만 보고 예를 갖추지 않았습니다. 또 사람을 시켜 신의 칼과 마패를 빼앗았습니다. 신이 잠행하여 문주에 이르렀습니다. 그런데 박양이 고을에 들어와서 군사를 조련한다는 말을 듣고서 가보았습니다. 그랬더니 박양이 또한 신을 흘려 보고 더불어 말도 하지 아니하고, 다만 조병첩에 서명만 하고 있었습니다. 영흥부에 이르러 부윤 박만을 보니, 박만이 울면서 말하기를 '내가 처음에 군사를 조련하라는 조사의의 통첩을 보고 사람을 보내어 아뢰었고, 또 갑옷과 무기를 실어 보내라는 통첩을 보고 사람을 보내 아뢰었는데, 그대가 보았는가?' 하였습니다. 제가 보지 못하였다고 하니, 박만이 말하기를 '그 사람들이 반드시 잡힌 것이니, 내가 위태하다'고 했습니다. 박만이 또 말하기를 '내가 처음에는 빠져나갈 수 있었지만, 장수로서 번진을 가볍게 버릴 수가 없으니, 그대는 샛길로 돌아가서 주상께 진달하라. 그대가 만일 잡히면, 그대와 나는 해를 당할 것이다' 하였습니다. 그러고는 칼을 주고 상등마를 주었습니다. 그길로 영풍에 이르렀는데, 한방을 만났습니다. 한방이 잠깐 말을 주고받고 지나갔습니다. 신이 영풍의 촌가에 이르러 자는데, 한방이 사람을 시켜 신의 손을 묶어 방에 가두고 10여 인으로 하여금 지키게 하였습니다. 밤이 깊어 지키는 자가 잠이 들었기에, 도망하여 나왔는데, 지키는 자들이 눈치채고 쫓아와 높은 산에 이르렀습니다. 신이 산으로 기어올라 겨우 도망해 올 수 있었나이다."

김옥겸의 말대로라면 이미 동북면이 반군의 손에 들어갔다는 뜻이었다. 김옥겸과 함께 함주에 파견됐던 호군 송유가 피살되었다는 보고도 올라온 터였다.

사태가 매우 심각하다고 판단한 태종은 11월 13일에 조영무를 도통사로 삼고, 이천우, 김영열, 이귀철 등에게 군대를 안겨 동북면과 서북면으로 향하게 하였다. 또 민무질과 신극례에게도 군사를 내주고 동북면으로 떠나게 했다.

그러자 이성계는 11월 18일에 함주에서 서북면 맹주로 향했다. 동북면의 민심을 얻었다고 판단하고 반군이 서북면까지 장악하게 하기 위함이었다. 그 소식을 듣고 선봉에 선 이천우가 군대를 이끌고 맹주로 들어갔다. 그리고 선봉대로 기마 유격대를 보냈으나 반군에게 오히려 붙잡히는 신세가 되고 말았다. 그때 이미 서북면의 상당 부분도 반군이 장악했던 것이다. 그런 까닭에 급한 마음으로 무턱대고 맹주로 들어갔던 이천우 부대 전체가 반군에 포위되고 말았다. 이천우는 고전을 면치 못하고 아들 이밀과 함께 10여 기의 기마병들만 이끌고 가까스로 포위망을 뚫고 나왔다.

한양에 이천우의 패전 소식이 전해진 것은 6일 후인 11월 25일이었다. 은주 지사 송전이 겨우 도주해 와서 이렇게 알린 것이다.

"이천우가 패전하여 신은 저쪽 군사에게 잡혔었는데, 그곳 도진무 임순례가 신을 시켜 군량을 나누어주게 하며 말하기를 군사의 수가 6,000~7,000명이 되는데, 올량합족이 오면 족히 1만 명은 될 것이라 하였습니다. 신이 몰래 도망하여 오다가 길에서 보니, 그 군사들이 혹은

40명, 혹은 30명, 혹은 20명씩 떼를 지어 도망하는 자가 많았습니다."

자멸한 조사의의 반군, 체념하는 이성계

그로부터 이틀 뒤인 11월 27일엔 조사의의 반군이 평안남도 안주까지 진출해 있었다. 그때 반군은 청천강 인근에 주둔해 있었는데, 그 병력 속에는 포로병인 김천우란 자가 있었다. 반군 병사들이 그에게 진압군의 숫자가 얼마나 되느냐고 물었는데, 김천우가 약 4만 명은 될 것인데, 그대들이 어떻게 당할 수 있느냐고 하자, 반군 내부에 이탈자가 속출했다. 그리고 조화란 자가 군영에서 달아나기 위해 군막에 불을 지르자, 반군들이 놀라서 사방으로 흩어지는 사태가 발생했다.

이렇듯 조사의의 반군은 내부 균열로 인해 무너져버렸다. 그러자 조사의는 수하들을 거느리고 안변으로 돌아갔다. 하지만 그때 조사의 휘하 군사는 기껏 기병 50여 기밖에 남지 않은 상태였다. 그러자 도안무사 김영렬이 군대를 이끌고서 포위한 후 조사의와 아들 조홍 그리고 강현 등을 사로잡았다.

안변에서 조사의가 압송되어 도성에 도착한 때는 12월 7일이었다. 안변과 도성 사이의 거리를 생각할 때, 조사의는 12월 초에 체포되었다는 뜻이다. 군대를 일으킨 것이 11월 5일이었으니 채 한 달이 되지 못해 무너졌고, 압송된 지 11일 만인 12월 18일 처형되었다. 그와 함께 강현, 조홍, 홍순, 김자량, 박양, 이자분, 김승, 임서균, 문중첨, 한정 등 이성계의 복위를 도왔던 장수와 관리들도 모두 목이 달아났다.

조사의 세력의 죽음과 함께 태조 이성계의 복위 계획도 완전히 무산된 셈이었다. 아들 이방원에게 왕위를 뺏기고 아끼던 자식과 사위마저 잃은 그는 다시 왕위를 찾아 방원을 응징하려 했지만 이렇듯 허무하게 실패하고 말았던 것이다. 아버지와 아들의 싸움은 결국, 아들의 완승으로 끝난 셈이다.

조사의를 앞세워 다시 한번 용상에 오르리라 생각했던 이성계는 조사의의 패배 소식을 듣고 맹주에서 평양으로 옮겨갔다. 그리고 조사의가 압송되어 도성에 도착한 다음 날 도성으로 돌아왔다.

이성계가 도성으로 돌아온다는 소식을 듣고 방원이 마중을 나갔는데, 두 부자가 만난 곳은 황해도 금천의 금교역이었다.

이긍익이 쓴 《연려실기술》은 야사 《축수편》을 인용하며 이 만남에 대해 다음과 같은 이야기를 전한다.

태종이 직접 교외로 나가 태조를 맞이하려 하자, 하륜이 말리면서 태상왕의 진노가 아직 다 가라앉지 않았으니 조심해야 한다고 조언하며, 큰 장막을 치되 장막을 떠받치는 굵고 높은 기둥을 많이 세워야 한다고 했다. 그 말을 듣고 태종이 그렇게 하라고 했더니, 정말 하륜의 예상대로 태조가 태종을 보자마자 갑자기 활을 쏘았다. 그래서 태종은 급히 기둥 뒤에 몸을 숨겨 화살을 피하였다. 이에 태조가 탄식하며 "모든 것이 하늘의 뜻이로다"라고 하며 옥새를 태종에게 건넸다. 또 태종이 태조에게 잔을 올리는데, 역시 하륜이 일러준 대로 직접 잔에 따라 올리지 않고 중간에 내시를 통해 잔을 바치게 하자, 태조가 소매 속에서 철퇴를 꺼내 놓으면서 "모두가 하늘의 뜻이로다"라고 했다.

이 야사가 사실인지 아닌지는 확인할 수 없는 일이지만, 당시 일어난 조사의의 난을 실제로 주도한 인물이 이성계였음을 시사하는 것만은 분명하다.

조사의의 난 이후로 이성계는 더 이상 태종과 맞서지 않았다. 결국, 방원의 왕위 계승을 받아들이고, 용서하기로 한 것이다. 이미 세상의 인심이 모두 태종에게 돌아서 있었으니, 제아무리 천하의 이성계라고 할지라도 어쩔 도리가 없었던 것이다. 이성계는 이후로도 6년을 더 살다가 1408년에 생을 마감했다. 또한 이방원은 1418년까지 왕위에 있다가 상왕으로 물러났으며, 이후로 4년을 더 살다 1422년에 죽으니 묘호를 태종이라고 하였다.

중국의 역대 나라에 태종이라는 묘호를 가진 이가 여럿 있는데, 당, 송, 요, 금 등에 있었다. 이 태종들은 모두 건국에 공로가 있었으나 황태자로 책봉되지 못하여 그 자리를 차지한 인물들인데, 그중에서도 당나라 이세민의 행적이 이방원과 가장 닮았다. 이세민은 당고조 이연의 차남으로서 건국 과정에서 많은 공을 세운 인물이었다. 하지만 원래 황태자는 아니었다. 이연은 장남 건성을 태자로 삼았는데, 세민이 태자 건성과 동생 원달을 죽이고 태자 자리를 차지하였고, 이어 황제의 자리까지 차지하였다. 또한 즉위 후에는 당나라의 기반을 닦고 국력을 강화하여 '정관의 치'라는 말로 후대에까지 정치의 모범이 되었다. 이방원 역시 이세민처럼 건국에 공로가 있고, 태자를 내쫓고 형제를 죽였으며, 왕위를 차지하였다. 또 즉위 후에는 조선 왕조의 초석을 다지고 국력을 강화했으니, 이런 정치의 모든 과정들이 이세민과 꼭 닮았다 할 것이다.

-4-

역적으로 몰려
죽은 태종의 처남들

전위 파동을 일으키는
태종

태종 6년(1406년) 8월 18일, 태종은 느닷없이 세자에게 왕위를 물려주
겠다고 공언했다. 양녕의 나이 불과 열세 살 때의 일이었다. 아직까지
조정 돌아가는 형편은 물론이고, 옳고 그름도 제대로 분간하지 못하는
어린 세자에게 왕위는 그야말로 족쇄나 다름없는 버겁고 무서운 자리
였다. 가뜩이나 양녕은 세자 신분에 염증을 내며 늘 궁 밖으로 나갈 일
만 생각하는 철없는 아이였다. 그런 사실을 모르지 않는 태종이건만,
무슨 까닭에선지 세자에게 전위하겠다고 고집을 부렸다.

태종은 이 일을 공포하기 전에 장인인 여흥부원군 민제, 좌정승 하
륜, 우정승 조영무, 안성군 이숙번 등에게 은밀히 속을 내비친 바 있었
다. 그러자 대신들은 한결같이 반대했다. 그러나 태종은 뜻을 굽히지
않고 밀어붙였다.

백관들이 그 소식을 듣고 대궐로 달려왔다. 의안대군 이화, 영의정
부사 성석린 그리고 조정의 원로들이 대거 몰려와서 대전 앞에 열을

갖춰 앉고는 지신사知申事 황희에게 아뢰게 하고, 성석린이 대표로 간했다.

"전하께서 아직 춘추가 한창이고, 세자의 나이는 성년에 이르지 못했는데, 아무 변고도 없는 상황에서 전위코자 하시니 신 등은 그 이유를 알지 못해 황공해하고 있습니다."

태종의 전위 표명, 그것은 조정 대신들로선 보통 곤혹스러운 문제가 아니었다. 전위를 받아들이면 임금에 대한 불충이요, 받아들이지 않으면 차기 임금에 대한 불충이었다. 이래도 불충이고, 저래도 불충이니, 그 처신이 쉽지 않았던 것이다. 더욱이 태종은 갓 불혹에 접어든 때로 연로한 것도 아니요, 나라에 특별한 변고가 생긴 것도 아니었다. 앞뒤를 아무리 재봐도 태종이 왜 전위 소동을 일으키는지 대신들은 도대체 알 수가 없었다. 그래서 일단 태종의 속내를 알아보고 있는 중이었다.

성석린의 말을 전해 들은 태종의 말이 전해졌다.

"내가 아직 늙지 않았고, 세자가 어린 것 또한 알고 있다. 그러나 내 마음이 이미 결정되었으니 바꿀 수 없다. 내가 전위하려는 까닭은 이미 두 정승이 알고 있다."

두 정승이란 하륜과 조영무를 지칭한 것이다. 하지만 그들도 역시 전위를 반대하고 있었다. 그들에게 태종이 무슨 말을 했는지 알 수 없지만, 뭔가 태종의 심사를 긁는 일이 있음이 분명했다. 태종은 그 일을 해결하기 위해 고의로 일을 저지른 것이다.

이조판서 남재가 간곡한 어조로 아뢰었다.

"나라가 창업한 지 오래되지 못하여 마치 물이 처음으로 얼어서 견고하지 못한 것과 같사오니, 나이 어린 임금이 왕위에 오를 때가 아닙니다."

이어 하륜이 가세했다.

"이제 나라가 겨우 안정되긴 했으나, 전 임금이 두 분이나 계시온데, 전하께서 또 전위하시면 전왕이 세 분 계시는 것입니다. 중국에서 듣게 되면 뭐라고 하겠으며, 온 나라 백성들도 무엇이라 하겠습니까?"

사실 하륜은 왜 태종이 그런 일을 벌이고 있는지 정확하게 알고 있었다. 하지만 그 심중을 모르겠다는 듯 시치미를 떼고 있었다.

곧 태종의 말이 전해졌다.

"이미 전왕이 두 분 계시니, 비록 전왕이 셋인들 무엇이 해롭겠는가? 또 주나라의 성왕은 어려서 천하에 군림하였지만 천하가 태평하였다. 내가 사직을 타인에게 선위한다면 여러 신하들이 모두 간해도 좋겠지만, 이제 내 아들에게 전하는 것인데, 어찌 불가하겠는가!"

하륜과 남재가 함께 아뢰었다.

"성왕이 즉위하였던 것은 형세가 부득이했던 것이고, 주공이란 성인이 있어서 왕실을 도왔던 것입니다. 그럼에도 떠도는 말이 많아 종사가 무너질 뻔하였습니다. 세자와 성왕이 어린 점은 같으나 형세로 보면 전혀 다르니, 같은 일로 치부할 수 없습니다. 또한 주공과 같은 신하가 보필하지도 못하는 처지가 아닙니까? 종묘사직이 지중하니 전하께서 능히 유지할 수 있다는 것을 보장할 수 있겠습니까? 또 민심이 불안하게 되면 하늘의 뜻에도 맞지 않는 것입니다. 옛날에 인군人君의 명령이 옳지 않으면 신하가 따르지 않은 적이 있었으니, 신 등은 감히 왕지王旨를 받들지 못하겠습니다. 왕위가 지중한데, 어찌 이와 같은 일을 용납할 수 있겠습니까?"

백관들이 강하게 나오자, 태종은 한 발짝 물러서는 모양새를 취했다.

"오늘 꼭 전위하려는 것은 아니다. 내 다시 생각할 터이니 경 등은 물러가는 것이 좋겠다."

그 말에 백관들은 숨을 돌리고 일단 물러났다가 다음 날 다시 대전으로 몰려왔다. 태종에게 전위 의사를 철회하겠다는 약속을 받아내기 위함이었다.

"전날에 말을 올린 데 대하여 전하의 의향을 듣지 못했습니다. 지시를 내려주시기 바랍니다."

태종은 전날과 같은 말로 대신들을 물리치려 했다.

"내가 아무리 변변치 못한 사람이지만, 이런 큰일을 두고 어찌 두서없이 함부로 하겠는가? 다시 더 생각해보려고 한다."

하지만 대신들은 쉽게 물러나지 않았다. 그러자 태종이 말했다.

"전위하기가 어려운 줄 내 이미 요량하였다."

그 말을 들은 대신들은 전위 의사를 철회한 것으로 믿었다. 그래서 곧 환관 노희봉을 시켜 사은謝恩하기를 청하니, 태종이 그저 싱긋이 웃으면서 대답했다.

"그러려무나."

대신들은 얼굴에 희색이 만연해져서는 정렬하여 네 번 절하고 세 번 천세를 불렀다. 그러나 그것은 태종의 속임수였다.

그날 밤 이경二更에 태종은 노희봉을 시켜 옥새를 세자전에 갖다 주라 하였다. 희봉이 은밀히 세자전에 옥새를 갖다 줬지만, 관원들은 전혀 눈치채지 못했다. 다음 날 아침 그 사실이 알려지자 조정이 발칵 뒤집혔다. 사간원과 사헌부에서 상소가 빗발치고, 원로대신과 종실 인사들이 대거 몰려와 대전 아래 진을 쳤다.

하지만 태종은 요지부동이었다. 성석린이 나서서 임금의 언행이 일치하지 않은 점을 지적하며 실망스럽다면서, 국가의 중대사를 대신과 의논하지 않고 행하는 것은 옳지 않다고 간언했다. 하륜은 명나라에서 납득하지 못할 것이라고 압박하였고, 남재는 임금과 신하의 도리와 관계를 따지며 옥새를 되찾아올 것을 주장했다.

지신사 황희가 그들의 말을 종합하여 태종에게 아뢰자, 태종은 고개를 내저었다.

"일이 이미 이렇게 되었는데 어떻게 물릴 수 있겠는가? 경도 세자궁으로 가게나. 내 이미 그런 지시를 내렸는데, 왜 아직도 안 가고 있는 게야! 빨리 세자궁으로 가서 다시는 돌아오지 말게. 이미 전위가 이뤄졌으니 지신사는 마땅히 신왕을 보필해야 옳지 않은가?"

그 무렵 세자전에서도 한바탕 소동이 일어났다. 갑작스럽게 옥새를 받아 든 어린 세자는 어쩔 줄을 몰라 울먹였고, 세자전의 환관들은 옥새를 대전에 돌려줄 묘안을 짜고 있었다.

"저하, 옥새를 받아서는 절대 아니 되옵니다. 여차하면 불충이고, 또 여차하면 불효가 되옵니다."

비록 어린 소년이었지만, 세자 역시 그 점을 모르지 않았다. 그러나 세자는 도대체 부왕의 속내를 알 수가 없었다. 무슨 심사로 갑자기 그런 파동을 일으켜 자신을 어려운 처지로 내모는지 알 수가 없었던 것이다.

사실, 태종이 전위 파동을 일으킨 것은 세자와 무관하지 않았다. 세자는 어린 시절에 외가에서 자랐는데, 그런 탓에 외삼촌들과 매우 친근했다. 양녕이 세자가 된 뒤, 그들 외숙들은 매우 거만해졌다. 거기다 민무구의 형제들이 세자의 안위를 위해 효령과 충녕 등의 대군들에게 위해를 가할지도 모른다는 말이 태종의 귀에 들렸다. 또한 많은 대신들이 민씨 형제 쪽에 기울어져 있었다. 태종이 전위 파동을 일으킨 것은 바로 그런 위기의식 때문이었다. 민씨 형제의 권력이 강해지면 필시 그 소문들이 현실로 드러날 수 있다고 판단하고 전위 파동을 일으켜 그들을 제거할 명분을 얻고자 했던 것이다.

태종의 예상대로 민씨 형제들은 태종의 전위를 적극적으로 만류하지 않았다. 태종은 그 점을 빌미 삼아 민씨 형제에게 어린 세자를 끼고 정권을 도모하려 했다는 죄를 뒤집어씌울 요량이었다. 하지만 대부분은 태종의 속내를 눈치채지 못했다. 측근인 하륜과 이숙번 정도만 알고 있을 뿐이었다.

하륜과 이숙번은 어쩌면 태종에게 민씨 형제에 대한 경각심을 일깨운 장본인일 수도 있었다. 의심 많고 권력에 대한 집착이 강한 태종의 성정을 이용하여 정적인 민씨 형제들을 제거하려는 술수였는지도 모른다. 어쨌든 태종은 그들을 만난 뒤 파동을 일으켰다.

태종이 민씨 형제들을 제거한다면, 세자는 심대한 타격을 입을 수밖에 없었다. 민씨 형제들은 세자가 믿고 따르는 사람들이었고, 그들 또한 세자의 그런 면을 믿고 권세를 부렸다. 만약 그들이 제거된다면, 세자는 막강한 지지 세력을 상실하는 셈이었다. 하지만 어린 세자의 헤아림이 그런 정치적 계산에까지 닿을 리 없었다.

세자는 그저 한시라도 빨리 소동이 사그라졌으면 하는 마음뿐이었다. 물론 세자전의 환관들도 마찬가지였다. 따라서 세자전의 선택은 오직 한 가지였다.

세자는 직접 옥새를 받들어 정전에 갖다 뒀다. 그리고 대전 환관 노희봉을 시켜 말을 전하게 했다.

"신은 아직 나이가 어리고 아는 것이 없어서 감당해내지 못하겠습니다."

물론 세자의 그런 언사는 세자전의 환관들이 일러준 말일 것이다. 그 점을 짐작한 태종이 노희봉을 시켜 세자전의 시자내관侍者內官인 황도를 무섭게 꾸짖었다.

"네놈이 세자에게 그렇게 가르쳤더냐?"

황도는 혼비백산한 얼굴로 대꾸했다.

"어제저녁에 옥새를 세자궁에 갖다 놓자 세자는 놀라서 울었습니다. 밤이 깊어 서연관을 불러서 묻기를 '내가 도로 가져가려고 하는데 어떻겠소?' 했습니다. 서연관이 대답하기를 '세자의 생각대로 할 뿐입니다' 했습니다. 이렇게 하여 세자가 온 것이지 저야 무엇을 알겠습니까?"

세자가 옥새를 받들어 정전에 갖다 뒀다는 소식을 듣고 대신들은 반색을 하였다. 성석린 이하 대신들이 그 일을 들추며 대전에 고했다.

"신 등이 대궐 문밖에 엎드려 지시를 기다리고 있던 차에 마침 세자가 옥새를 가지고 와서 왕위를 넘겨준다고 하는 지시를 감히 받들 수 없다고 하는 말을 듣고 신 등은 매우 기뻐하였습니다. 전하는 세자가 사양하는 것을 받아들이기 바랍니다."

노희봉이 그 말을 전하자 태종은 화살을 메워 쏘려고 하였다. 희봉이 놀라서 겁에 질린 얼굴로 뛰쳐나갔다. 태종은 이내 궐 안의 노비 수십 명을 소집하여 옥새를 가져오라고 하였다.

그 말을 듣고 성석린과 조영무가 간했다.

"옥새는 천자가 내린 것으로 이보다 소중한 것이 없는데, 어찌 궐 안의 종들에게 가져오라고 하십니까? 매우 옳지 못한 처사입니다. 상서사의 관리들에게 가져오라고 하십시오."

하지만 태종은 명령을 철회하지 않았다. 그 바람에 궐 안의 종들이 사색이 되어 대신들에게 하소연했다.

"전하께서 저희들에게 말씀하시길, 만약 옥새를 가지고 들어오지 못하면 죽을 줄 알라고 하셨습니다. 어찌해야 좋습니까?"

종들은 그 말을 남기고 정전의 옥새를 받들어 내전으로 들어가려 했다. 조영무가 그들 앞을 가로막으며 윽박질렀다.

"너희들이 감히 그렇게 할 수 있더냐?"

그리고 상서사의 관리들을 시켜 옥새를 지키도록 하였다. 태종에게 옥새를 돌려주면 필시 또 내관을 시켜 세자전에 보낼 것이 뻔했기 때문이다.

그날 밤 대신들이 물러가자 태종은 다시 내시를 시켜 옥새를 세자궁에 갖다 두도록 했다. 이튿날 대신들이 다시 몰려와 옥새를 받아 올 것을 청했다. 세자도 다시금 옥새를 정전에 갖다 놓았다. 이쯤 되자 태종도 며칠 만에 못 이긴 척 전위 의지를 철회했고, 신하들도 사배四拜를 행하고 물러났다.

하지만 전위 파동은 한 번으로 끝나지 않았다. 1409년 8월 11일에도 세자에게 전위하는 문제를 검토하라는 고지를 내려 또 한 번 조정이 발칵 뒤집혔다. 1410년 10월 19일에도 전위 소동을 일으켰다.

이 세 번의 전위 파동은 신하들의 내심을 파악하고, 동시에 민씨 형제와 같이 눈에 거슬리는 세력들을 척결하기 위해 태종이 계획적으로 벌인 일이었다. 이는 1409년 9월에 태종이 한 말에서도 확인된다.

"내가 자식을 두어 명 뒀는데, 민무구 등이 해하려고 했기 때문에 지난 병술년에 왕위를 사퇴하여 피하려고 했었다. 그러나 신하들의 저지를 받아 행하지 못했는데, 이 때문에 민무구는 안색에 노기를 드러냈다."

이날 태종은 이천우, 김한로, 이응, 황희, 조용, 김과 등을 불러놓고 내심을 털어놓았고, 전위 파동이 민무구 형제로부터 왕자들을 보호하는 것이 목적이었음을 피력했다. 하지만 태종은 단순히 왕자들을 보호하는 차원을 넘어서서 민무구 형제를 완전히 제거하고자 했다. 그가 무려 세 번에 걸쳐 전위 파동을 일으킨 목적은 바로 민씨 일가의 숙청이었던 것이다.

역적으로 내몰리는
민무구 형제

그 뒤 태종은 곧바로 민무구, 민무질 형제를 제거하는 일에 나섰다. 그들의 죄목은 이른바 '협유집권挾幼執權', 즉 어린 세자를 끼고 권력을 잡으려 했다는 것이었다. 또 이를 위해 세자를 제외한 대군들을 죽이려 했다는 죄목까지 추가되었다. 한마디로 역모죄였다.

그들을 탄핵한 것은 의안대군 이화였다. 이화는 태조의 이복형제로 태종에겐 숙부가 되는 인물이다. 그는 평소 하륜, 이숙번, 성석린 등과 교분이 두터웠는데 태종 7년 7월 4일에 의정부 영사가 되었다. 그가 의정부 영사가 된 뒤 가장 먼저 한 일이 바로 민무구 형제의 탄핵이었다. 이 일을 위해 이화와 하륜 등은 지난 1년 동안 치밀한 준비를 했다. 물론 그들의 행동은 태종의 의중을 반영한 것이다. 태종은 즉위 이후 줄곧 민씨 형제를 제거하려는 뜻을 품고 있었지만, 원경왕후 민씨와 장인 민제 때문에 선뜻 행동으로 옮기지 못했다. 하지만 민씨 일가의 힘이 점점 커지자 위기감을 느낀 태종은 하륜, 이숙번 등의 측근들을 움직여 민무구와 민무질을 제거하는 계획을 구체화했다. 전위 파동은 바로 그 신호탄이었다.

이화 등이 태종의 의중을 대변했다는 것은 민무구 형제를 탄핵한 상소문에서 그대로 드러난다. 의정부 영사가 된 지 엿새 뒤인 7월 10일에 올린 이화의 상소문은 이러했다.

《춘추》의 법에는 신하 된 사람의 죄 가운데 임금을 어떻게 하려는 마음을 먹는 것보다 더 큰 죄는 없다고 하였습니다. 그 죄를 크게 다루는 것은 간악한 마음을 막아 애초에 반란의 근원을 없애기 위함입니다.

여강군 민무구와 여성군 민무질 등은 왕궁에 드나들면서 전하의 은덕을 과분하게 받아 한 집안의 형제들이 모두 높은 벼슬로써 호화로운 생활을 누리고 있습니다. 그럴수록 모든 것에 조심하고 직무에 성실하여 교만하거나 안일하지 말며 은혜를 보답하기 위하여 노력해야 할 것입니다. 허나 그들은 저희들의 처지를 돌아보지 않고 권력을 틀어쥘 것만 꿈꾸면서 임금을 어떻게 해볼까 하는 마음을 먹고, 기어이 일을 내려고 욕심을 부려오고 있습니다.

지난해에 전하가 왕위를 물려주려고 할 때에 온 나라의 신하와 백성이 모두 가슴 아파하였지만, 무구 등은 다행하게 여기며 기쁨을 감추지 아니하였습니다. 전하가 백관의 기대에 순응하여 다시 자리를 지킨 뒤에 온 나라의 신하와 백성은 모두 기뻐하였지만, 무구 등은 도리어 실망했습니다. 그것은 어린 임금을 끼고 권력과 부귀를 마음대로 부려보자는 충성치 못한 심보를 훤히 드러내는 일이었습니다.

또 그때 전하께서 왕실의 자손들을 장구히 안전하게 하기 위한 계책을 세우려고 하자, 무구는 감히 이렇게 말했습니다.

"만일 꾀거나 부추기는 사람이 없다면 그냥 이대로 놔두는 것이 좋겠습니다."

전하가 이 말을 듣고 놀라서 곧 무구에게 말씀하셨습니다.

"예부터 제왕에게는 본처의 맏아들 이외에는 다른 아들이 아주 없어야 좋겠는가?"

안암에 피접 갔을 때, 전하가 또 무구에게 물었습니다.

"임금은 꼭 아들을 하나만 둬야 하는가?"

그러자 무구는 이렇게 대답했습니다.

"일찍이 신이 그렇게 말하지 않았습니까?"

무구의 속마음은 왕실의 자손들은 맏이고 아래고 모두 없애자는 심보입니다. 앞으로 어떤 화가 생길지 알 길이 없습니다.

더구나 무질은 지난번 전하가 임금 자리에 오른 지 얼마 안 됐을 때, 특별한 대우를 받으면서도 정승 이무의 집에 찾아가서 마치 무슨 불만이라도 있는 듯 불평을 하면서, 전하가 나를 종내 그냥 두지 않을 모양인데, 어떻게 하면 좋겠느냐고 했습니다. 이무가 예의를 차려 차근차근 타일러주니, 그제야 잘못 생각했노라고 했습니다. 그때는 애초부터 우려할 문제가 없었는데도 무질이 스스로 의심을 품어 안절부절못했습니다. 그 속마음이 무엇이겠습니까?

듣건대, 무구 등이 전하께 말하기를 "세자 이외에는 영특한 왕자가 없어야 좋습니다"라고 했다고 하는데, 이는 그가 임금을 어떻게 해보려는 마음을 품었다는 것을 명백하게 말해줍니다. 또 지난날 전하 곁에 있으면서 취산군 신극례를 충동질하여 감히 임금의 친아들이 쓴 글씨를 찢어 던지면서 이렇게 말했습니다.

"임금의 아들 중에서 영특한 사람이 많으면 변란이 생긴다."

이것도 왕실의 맏이나 그 아래를 다 없애자는 수작이 아니겠습니까?

전하께서는 충성되지 못한 그의 속내를 환히 알면서도 공로 있는 친척

이라는 점을 고려하여 살려주려는 생각에서 극진한 은혜를 베풀어 용
서했던 것입니다.

무질은 또 구종지의 집에 가서 '전하가 우리를 의심하고 있다'느니 '전하
가 중상하는 말을 잘 믿는다'느니 하면서 불손한 말을 한 것도 한두 번
이 아닙니다. 딴마음을 먹은 죄가 이보다 더 클 수는 없습니다.

바라건대 전하께서는 큰 의리로써 처결하여 무구, 무질, 극례 등을 해당
관청에 넘기고, 그 죄상을 심문하여 변란의 근원을 막아야 할 것입니다.

이화의 상소문을 자세히 살펴보면, 태종과 민무구 두 사람만 알고
있는 일들이 몇 군데 기록되어 있다. 이는 태종이 민무구와 나눈 대화
를 이화와 그 일당에게 발설했다는 뜻이며, 이화가 민무구와 민무질을
탄핵한 사건에 태종이 깊숙이 연루되어 있다는 것을 알려준다. 태종은
민씨 형제들을 제거하려 했고, 이화 등은 태종의 의중을 반영하여 탄
핵 상소문을 올렸던 것이다. 말하자면, 이화가 민무구 형제를 탄핵한
것은 바로 태종의 뜻이었다는 것이다.

하지만 태종은 쉽게 속내를 드러내지 않았다. 오히려 상소문을 깔아
두고 조정에 내려보내지 않았다. 겉으론 민씨 형제를 보호하는 것처럼
보이기 위해서였다.

당시 태종은 장인 민제와 장모, 또 원경왕후 민씨 등을 염두에 두지
않을 수 없는 처지였다. 민제는 장인이기 이전에 국가의 원로였고, 태
종의 스승이었으며, 원경왕후는 그의 조강지처였다. 때문에 상소문이
올라오길 기다렸다는 듯이 즉시 민무구 형제를 벌주면, 그들과의 관계
가 크게 꼬일 게 분명했다.

사실, 당시 원경왕후 민씨와 태종의 관계는 크게 악화되어 있었다.

태종은 즉위 이후 무려 열한 명이나 되는 후비를 받아들였다. 그중에는 민비의 몸종이었던 여인도 포함되어 있었다. 그 일을 두고 민비는 태종을 몹시 비난했고, 부부 사이가 극도로 나빠졌다. 그 바람에 민씨의 동생들인 무구와 무질, 무회, 무휼 등에 대한 태종의 시선도 곱지 않게 되었다. 태종이 민씨 형제들을 제거하려 한 이유에는 민비에 대한 악감정도 한몫을 하고 있었다.

태종은 가급적 천천히 조금씩 민씨 형제들의 목을 조이고자 했다. 너무 빠르게 진행되면 여전히 군부에 영향력을 행사하고 있는 민씨 형제가 변란을 일으킬 수도 있었고, 민비와의 관계 악화로 세자와 대군들을 볼 면목이 없어지는 면도 있었다. 탄핵 상소가 올라오자마자 그들을 제거하면, 지난날의 전위 파동이 민씨 형제를 제거하기 위한 고육책이었다는 사실도 드러날 수밖에 없었다. 그리되면 체면이 땅에 떨어지고, 위신이 크게 실추될 수도 있었다.

어차피 탄핵 상소가 올라왔으니 어떤 형태로든 조치를 취해야 할 것이다. 태종이 상소문을 깔아놓고 조정에 내려보내지 않으면, 대간에서 민씨 형제에 대한 탄핵이 빗발칠 것은 뻔한 일이었다. 그러면 태종은 못 들은 척 계속 상소문을 깔아놓고 시간을 끌다가 어느 순간에 이르러 신하들의 뜻에 밀린 척 일단의 조치를 취하면 될 것이었다.

태종은 그런 마음으로 느긋하게 기다리며 시간을 끌 요량이었다. 그러나 일은 오히려 저절로 풀려가고 있었다. 민무질이 해명할 기회를 달라고 청을 올린 것이다. 태종은 민무질의 청을 받아들여 그에게 변명의 기회를 줬다. 도둑이 제 발 저리는 격으로 민무질이 스스로 죽을 자리를 찾아들었으니, 태종으로선 문제를 쉽게 해결할 기회를 얻은 것이다.

태종은 민무질과 병조판서 윤저, 의정부 참찬 류량, 총제 성발도, 평강군 조희민, 칠원군 윤자당, 이조참의 윤향, 호조참의 구종지 등을 한자리에 불러 모았다. 여섯 대언(왕명 출납을 맡은 비서관으로 훗날의 승지)과 의령군 남재, 칠성군 이원, 사간 최함, 정언 박서생, 집의 이조 등이 신문을 맡았다.

먼저 구종지에게 물었다.

"그대는 무질에게서 무슨 말을 들었는가?"

구종지가 대답했다.

"지난해 8월에 신이 무질의 집에 갔을 때, 무질이 말하길 '상당군(이저, 이거이의 장남)이 쫓겨난 뒤부터 늘 임금이 나를 의심하는 것을 두려워했는데, 이제 군권을 내놓고 나니, 마음이 좀 놓인다'고 했습니다. 신은 이 말을 듣고 성발도에게 알려줬습니다."

지난해 8월이라면 바로 태종이 전위 소동을 일으키던 그때였다. 말하자면 무질은 그때 이미 태종의 화살이 자신들에게 올 것이라는 점을 짐작했던 것이다.

성발도 역시 구종지의 말을 들었다고 하자, 민무질은 크게 화를 내며 소리쳤다.

"내 입으로 그런 말을 한 적이 없는데, 도대체 누가 내 말을 들었단 말이냐?"

하지만 구종지도 지지 않았다.

"지금 죽느냐 사느냐 하는 판에 내가 무슨 거짓말을 하겠는가?"

다음엔 윤향에게 질문했다.

"자넨 무슨 말을 들었는가?"

윤향이 대답했다.

"지난달 7일에 무질이 신의 집에 와서 하는 말이 '듣건대, 전날에 광연루에서 임금이 이숙번에게 지금 가뭄이 계속되는 것은 아래에 불순한 신하가 있기 때문이라고 하니, 숙번은 불순한 신하를 없애야 한다고 대답했다고 한다. 아마도 나를 두고 한 말일 것이다. 그대도 이런 말을 들었는가?'라고 했습니다. 그래서 제가 '그날 나는 사신을 맞는 일로 밖에 나가서 듣지 못했다. 무슨 일이 있기에 그런 의심까지 들게 되었는지 들려줄 수 없겠는가?'라고 물었습니다. 무질이 말하길 '이숙번이 우리들을 해치려고 임금을 충동질하는 것이지, 충심에서 그런 말을 한 것은 아니다'라고 했습니다."

민무질에게 사실 여부를 물었다.

"무질 자네가 정녕 그런 말을 했는가?"

이번엔 민무질도 아무 변명을 하지 못하고 침묵하였다.

그다음에 류량에게 질문을 던지자, 그가 말했다.

"공신들이 한번 모임을 가졌던 날에 윤저가 신에게 하는 말이 '지난 가을에 임금이 자리를 물려주려고 할 때, 민씨네는 벌써 왕궁 안에 상주할 재상들을 비밀리에 짜놓았었다. 조희민도 그중 한 사람이었다'라고 했습니다. 신이 들은 것은 그저 그 말뿐입니다."

그러자 이번엔 윤저에게 확인 질문을 했고, 윤저는 윤자당에게 들었으며, 윤자당은 이간에게 들었다고 했다. 윤자당은 확신하며 말했다.

"신이 분명히 들었습니다. 언젠가 이숙번이 신의 집에 와서 이간을 불러다가 재차 확인했는데, 분명한 사실이었습니다."

그 말을 듣고 민무질이 따지듯이 윤저를 쏘아붙였다.

"그대가 어쩌자고 근거 없는 소리를 하는가?"

또 조희민이 얼굴을 붉히며 윤저를 돌아보며 말했다.

"이 조희민이가 아무리 똑똑하다고 한들 민씨가 그런 처지가 되는가?"

윤저 역시 지지 않고 도리어 조희민을 꾸짖었다.

"만약 자네가 아니라면 민씨가 누구에게 궁중의 일을 맡기려 했겠는가?"

평소 민씨 형제와 조희민이 보통 사이가 아니었으니, 윤저의 말에 다들 고개를 끄덕였다. 민무질은 아무 말도 못 하고 얼굴만 붉게 달아올라 있었다.

그쯤 해서 신문이 끝났다. 신문에 참여한 대간들은 태종에게 보고할 문건을 만들었고, 남재를 비롯한 공신들은 민무질, 민무구, 신극례에게 죄줄 것을 요청했다. 하지만 태종은 선뜻 대답하지 않고 이렇게 말했다.

"내가 생각해봐서 처결하겠소."

그로부터 이틀 뒤, 태종은 민무구, 민무질, 신극례를 각자가 원하는 곳으로 보내서 거주를 제한하도록 조처했다. 얼핏 보면 유배 같으나 직첩을 빼앗은 것도 아니고, 그렇다고 형벌을 준 것도 아니었으니, 일종의 근신 조치였다. 탄핵 상소문엔 그들이 반역을 도모한 것으로 서술되었는데 그 정도로 가볍게 넘어가니, 대간들이 그냥 지나칠 리 없었다.

대간에서는 연일 민씨 형제와 신극례를 대역죄로 다스려야 한다고 연명 상소를 올렸고, 하륜을 비롯한 공신들도 그 대열에 합류했다. 하지만 태종은 여전히 상소문을 깔아두고 내려보내지 않았다. 그러자 탄핵의 열기는 더욱 가열되었다. 대간과 형조가 연명했고, 공신과 조신이 대거 참여했으며 성석린, 권근 등의 중도파들도 합류했다.

태종은 그들에게 단호하게 말했다.

"경들이 아무리 강하게 나와도 나는 끝끝내 듣지 않을 것이다. 돌아들 가라!"

하지만 한번 시작된 탄핵 행렬은 쉽게 끝날 일이 아니었다. 더구나 탄핵하지 않는 자는 오히려 민씨 형제의 동조자로 낙인이 찍힐 판이었다. 상소문은 나날이 수북하게 쌓였고, 그렇게 보름이 흘렀다. 마침내 태종은 못 이긴 척 민무구와 무질의 공신첩을 회수하라고 지시했다.

그쯤에서 물러날 신하들이 아니었다. 특히 신극례에 대한 조치가 없음을 강하게 언급하며 탄핵 상소를 계속 올렸다. 신극례뿐 아니라 민씨 형제의 매형이자 태종과 동서 간인 조박까지 탄핵 상소문에 거명되었다. 그 외에 조희민, 김첨, 유기, 박은 등도 탄핵되었다. 민씨 형제와 어울리거나 친분이 있는 자는 모두 하나둘 이름이 오르기 시작했다.

물론 그 배후에는 이숙번과 하륜이 있었다. 이참에 아예 정적들을 모두 제거하려는 속셈이었다. 하지만 태종의 목적은 민씨 형제들을 제거하는 것이었다. 일이 확대되어 나머지까지 모두 제거되면 이숙번과 하륜이 권력을 농단하게 될 게 뻔했다. 그럴 경우 조정은 균형을 잃을 수밖에 없었다. 일이 너무 확대되고 있다고 판단한 태종은 일단 대간의 관리들을 옥에 가두고 성석린, 이무, 하륜, 조영무 등을 불러 다그쳤다.

"오늘날 무구 등의 꼴이 내일 경들의 꼴이 될 것이다. 죄를 진 사람이 몇 사람인데, 그 죄를 엮고 엮어서 다른 사람들까지 연루시키려고 하는가? 무질 등이 이미 충성치 못하다는 죄명을 받아 지방으로 내쫓기지 않았는가? 조박과 같은 사람이 무슨 죄가 있단 말인가?"

태종이 강하게 나오자 하륜이 무마했다.

"전하의 말씀이 옳습니다. 대간에서 그렇게까지 한 줄은 몰랐습니다."

다음 날부터 대간의 상소에 민무구와 무질, 신극례의 이름만 거명되었다. 그러자 태종은 옥에 가둔 대간들은 풀어주고, 여전히 상소문은 깔고 앉았다.

그렇게 넉 달이 흘러 어느덧 11월이었다. 여전히 대간과 공신들은 민씨 형제와 신극례를 대역죄로 다스려야 한다는 상소를 올리고 있었다.

태종은 그들의 상소에 밀린 듯 마지못한 얼굴로 명을 내렸다.

"민무구와 민무질의 직첩을 회수하고, 신극례에 대해선 논하지 말라."

그때 이미 신극례는 사망하고 없었다. 신극례는 10월 그믐에 양주에서 죽었다. 태종은 죽은 사람에게 어떻게 또 죄를 주느냐며 대간의 청을 거절했다. 하지만 대간에선 이런 논리를 폈다.

"역적을 처결하는 일엔 그 당사자의 생존과 사망에 관계하지 않는 것이 오랜 관례입니다. 요행히도 신극례가 하늘과 땅의 귀신에게 벌을 받아 목숨을 다했지만, 그렇다고 역적을 그대로 둬서는 아니 됩니다."

그러나 여전히 태종은 상소문을 내려보내지 않았다. 오히려 신극례의 죽음을 애도하며 사흘 동안 조회를 정지하고, 그의 빈소에 가서 제사를 지내주라고 조치했다. 민무구와 민무질에 대해서도 목숨만은 살려주려 한다고 공포했다. 또 대간의 배후에 하륜이 있음을 알고, 황희를 시켜 하륜에게 이렇게 전했다.

"그대가 지난날 내 앞에서 허튼소리 한 것을 기억하고 있는데, 그 말을 다른 곳에 옮기지는 않았는가? 만약 옮겨졌다면 내 입이나 네 입에서 나온 것이리라."

말인즉, 과거에 한 말을 책잡아 죽이자면, 하륜도 예외가 아니라는 뜻이었다. 하륜이 뜻을 알아듣고 대답했다.

"살길을 열어주시니, 몸 둘 바를 모르겠나이다."

네 명의 처남을
모두 죽이는 태종

하지만 이미 민무구 형제에 대한 탄핵은 들불처럼 번져가고 있었다. 불길은 커질 만큼 커진 터라 쉽게 수그러들 기세가 아니었다. 대간은 물론이고 그저 지켜보던 신하들까지 가세하여 상소를 올렸다. 태종은 결국 11월 21일에 민무구를 여흥에, 민무질을 대구에 유배 조치했다. 이는 그들의 부친인 민제가 제안한 것이었다. 그대로 됐다간 유배형이 아니라 극형에 처해질 것을 염려한 고육책이었다.

민씨 형제의 일은 그쯤에서 끝나는 듯했다. 어쩌면 태종도 그 정도로 일을 마무리하려 했는지도 모른다.

그러나 민무구를 탄핵했던 사람들은 그렇게 끝낼 순 없었다. 만약 민무구 형제가 살아남은 가운데 태종이 죽고 세자 이제가 즉위한다면, 그 뒷감당이 만만치 않았기 때문이다. 필시 민씨 형제는 복수를 할 것이고, 탄핵에 가담한 무리들은 대거 숙청당할 것이 뻔했다. 그 점을 모르지 않는 하륜, 이숙번 등은 대간들을 통해 지속적으로 그들 형제를 극형에 처할 것을 상소했다. 그런 가운데 여흥부원군 민제가 죽었다. 한편 민씨 형제 편에 서 있던 이무, 조희민, 강사덕 등은 자위책을 강구하기 위해 은밀히 민씨 형제와 연락을 취했는데, 이 일이 발각되어 사건은 걷잡을 수 없이 확대되었다. 결국 1409년에 정사공신 이무가 죽임을 당하였고, 민씨 형제는 제주도로 유배되었다. 그러자 이번에는 종친들과 세자의 장인인 김한로, 심지어 세자까지 민씨 형제를 죽여야 한다고 상소했다. 그리고 이듬해인 1410년(태종 10년) 태종은 마침내 민씨 형제에게 자진 명령을 내렸다. 또 6년 뒤인 1416년엔 그들의 두 아우인 민무휼과 민무회에게도 자진하도록 조치했다. 그들의 처자도 모두 변방으로 내쫓았다. 외척을 경계하고자 태종이 벌인 이 사건은 결국 네 처남의 목숨을 모두 빼앗은 뒤에야 비로소 종결되었다.

-5-

영문도 모르고
역적으로 몰려 죽은 심온

강상인의 옥이
일어나다

1418년 8월 25일 임인일에 상왕 태종이 병조참판 강상인과 좌랑 채지지를 의금부에 가두라고 지시했다. 이들이 군사에 관한 일을 상왕에게 먼저 보고하지 않고 세종에게 먼저 보고했기 때문이다. 원래 태종이 세종에게 왕위를 물려줄 때 군사에 관한 권한은 내어주지 않았다. 그래서 세종은 강상인이 자신에게 먼저 군사 업무를 보고하면 아버지에게 왜 먼저 보고하지 않았는지 따져 묻곤 했다. 이 소리를 들은 태종은 강상인을 불러 이렇게 물었다.

"상아패와 오매패는 무엇에 쓰는 것인가?"

강상인이 대답했다.

"재상들을 불러들이는 데 쓰는 것입니다."

그러자 태종은 상아패와 오매패를 다시 돌려주며 말했다.

"정사에 관한 것이라면 임금에게 가야지, 왜 이곳으로 왔는가? 어서 임금에게 가져가라."

그 후 강상인이 그것을 들고 세종에게 가자, 세종도 같은 질문을 하였다.

"이것이 어디에 쓰는 패입니까?"

"장수들을 불러들이는 것입니다."

이에 세종이 정색을 하고 말했다.

"그렇다면 아버님께 가져가도록 하시오."

이에 강상인이 다시 태종에게 그것을 가져가자, 태종이 면전에서 임금을 속인다 하여 하옥시킨 것이다.

강상인은 원래 무인 출신으로 태종의 가신이자 심복이었다. 그런데 세종에게 왕위를 물려주고 난 뒤에 태종이 군권을 그대로 쥐고 있는 것을 못마땅하게 여긴 모양이다. 그래서 내심 군권을 세종에게 몰아주려는 마음이 있었던 것이다. 태종은 강상인의 그런 속내를 읽고 그를 괘씸하게 여기고 있던 터였다.

다음 날인 8월 26일엔 강상인의 사건과 관련하여 병조판서 박습, 참의 이각, 정랑 김자온과 이안유, 양여공, 좌랑 송을개, 이숙복 등을 추가로 의금부 옥에 가뒀다.

그리고 의금부 제조 류정현에게 그들을 신문할 것을 지시하고, 형조판서 조말생과 헌부 대사헌 허지, 사간원 우사간 정상과 호조참판 이지강 등을 함께 그 자리에 있도록 하였다.

이렇듯 강상인 사건으로 병조의 관리들이 하옥되자, 상왕과 세종은 조말생을 병조판서로, 김여지를 형조판서로, 최윤덕을 중군도총제로 임명했다. 또한 강상인 사건으로 병조의 관리들이 출근을 하지 않자, 병조의 관리들을 대거 교체했다.

강상인 사건 이후, 조정 대신들은 강상인과 박습에 대해 죄를 줘야 한다는 상소를 연이어 올렸다. 세종이 이를 받아들여 상왕에게 보고했으나 상왕은 받아들이지 않았다. 덕분에 강상인은 목숨을 구해 단천 고을의 관노가 되었으며, 박습을 비롯한 병조의 관리들은 귀양살이를 하게 되었다. 사건은 그렇게 매듭지어지는 듯했다. 하지만 그것이 끝이 아니었다.

매에 못 이겨 쏟아낸
강상인의 억지 자백

그로부터 며칠 뒤인 9월 2일에 태종은 정승들을 모아놓고 세종의 장인 심온을 영의정으로 삼아야 한다는 말을 했다. 그리고 9월 3일에 영의정 한상경을 서원부원군에 봉하고, 청천부원군 심온을 영의정에 임명했다.

9월 4일에 세종이 명나라로부터 세자 책봉 칙서를 받자 심온은 사은사가 되어 명나라로 떠나게 되었다. 그가 떠날 때에 사대부들이 앞다퉈 나와 전송하는 바람에 수레와 말이 도성을 뒤덮을 정도였다. 이 소문을 들은 태종은 심온을 그대로 두면 민무구나 민무질처럼 외척이 득세할 것이라고 판단했다. 그래서 심온을 축출할 방도를 모색하다가 강상인 사건에 엮어 넣기로 하였다.

태종이 강상인 사건을 떠올린 이유는 병조의 군부에 심온의 동생 심정이 있었기 때문이다. 말하자면 강상인과 심정을 연루시키고, 다시 심온을 심정과 연루시켜 심온을 강상인 사건의 주모자로 만들 속셈이었다.

마침내 그해 11월 3일, 태종은 조말생과 원숙, 장윤화, 하연 등을 불러 이렇게 말했다.

"전날에 강상인의 문제를 이야기하다가 다 끝내지 못했는데, 다시 경들에게 그 이야기를 하려고 한다."

이때까지만 해도 대신들은 태종의 의중을 몰랐다. 그래서 다소 어리둥절해 있는데, 태종이 계속 말을 이었다.

"상인은 내가 많은 은혜를 베풀어 일개 생원에 불과한 자를 높은 벼슬에 올려놓았는데, 여러 차례 나를 속였다. 그래서 가만히 생각해보니 고약하기 짝이 없다. 그를 다시 고문하여 죄의 진상을 밝혀야겠다. 만약 강상인이 반역할 마음을 품고 있었다면 상인뿐 아니라 그 윗자리에 있던 자들도 모두 조사해야 할 것이다."

태종은 곧 장윤화를 시켜 좌의정 박은에게 의견을 구했는데, 박은이 이렇게 말했다.

"강상인의 죄는 아주 엄중한데 벌을 너무 가볍게 받은 것이 사실이다. 이제 다시 신문하여 반드시 나머지 죄를 밝혀내야 할 것이다."

이렇게 되자 강상인과 박습, 채지지, 이각 등이 다시 의금부로 압송되었다. 하지만 그때까지는 심정이나 심온이 이 사건과 연루된 정황이나 의혹은 드러나지 않았다.

이렇듯 강상인의 사건을 확대하고자 할 때, 태종의 속을 끓이는 문제가 있었다. 바로 심온의 딸 소헌왕후 심씨의 왕비 책봉례가 다가오고 있었던 것이다. 뼈아프게도 태종은 왕비 책봉례 이전에 강상인을 신문할 시간적 여유가 없었다. 책봉례는 11월 10일에 있었고, 강상인과 박습 등은 12일에 한양에 도착하여 신문을 받아야 했던 것이다.

태종은 강상인에게 모진 고문을 가하면서 역모의 마음을 품은 것을 자백하라고 강요했다. 하지만 강상인은 자신이 배신을 할 이유가 없다면서 끈질기게 버텼다. 이에 누차에 걸쳐 압슬형을 가하자, 고문을 이기지 못한 강상인이 이렇게 말했다.

"임금이 본궁에 있을 때 내가 일이 있어서 갔다가 보니, 동지총제 심정이 궁전 문밖에 장막을 치고 있었습니다. 그때 심정이 나에게 '내금위나 내시위에는 결원이 많아서 왕궁 호위가 허술하게 되는데, 왜 제때에 보충되지 않느냐'고 물었습니다. 그래서 나는 '군사를 한군데로 모으면 허술할 이유가 없다'고 대답했습니다."

말하자면 군권을 상왕이 가지고 있기 때문에 행정이 임금과 상왕에게 양분되어 군무를 원활하게 처리할 수 없다는 불만을 늘어놓은 셈이었다.

그러나 사실 강상인의 이 말은 일부러 고문을 가하여 토하게 한 것이었다. 즉, 강상인의 잘못을 심정과 심온에게 확대시키기 위해 강상인에게 고문을 가하여 허위 자백을 하도록 만들었다는 뜻이다.

강상인의 허위 자백은 거기서 그치지 않았다. 당시 이조참판이었던 이관도 같은 생각이었다고 했고, 총제를 지낸 조흡도 동조했다고 했다.

강상인의 그런 자백이 있자, 태종은 지체 없이 심정과 이관 그리고 조흡을 잡아들였다. 그리고 그들에게 심한 고문을 가한 뒤에 억지 자백을 받아냈다. 그 결과, 세 사람은 모두 강상인의 자백을 인정할 수밖에 없었는데, 그래도 태종은 성이 차지 않았다. 그가 목표로 하는 인물은 심온이었기 때문이다.

심온을 역적으로 몰아
죽이는 태종

태종은 초주검이 된 강상인에게 압슬형을 한층 심하게 가했다. 그러자 고문을 이겨내지 못한 강상인의 입에서 이런 말이 흘러나왔다.

"날짜는 기억하지 못하겠지만 상왕의 궁전 문밖에서 영의정 심온을 만나 의논하면서 군사와 관련된 일은 의당 한군데로 집중시켜야 한다고 했더니 심온도 같은 생각이라고 했습니다. 또 장천군 이종무를 만나 같은 말을 했더니 그도 빙그레 웃으면서 제 말에 동의하였습니다. 그리고 우의정 이원을 만나서는 군사를 나눠서 소속시키는 것이 어떻겠느냐고 했더니 어째서 그런 말을 하느냐고 제게 되물었습니다."

태종은 강상인이 그런 자백을 했다는 보고를 듣고는 이렇게 말했다.

"며칠 전에 내가 말한 것의 진상이 과연 오늘에야 드러났구나. 이종무도 잡다가 신문하고, 이원도 궁으로 오라 하여 옥에 가두라."

이후 이원과 이종무가 옥에 들어가서 강상인과 대질신문을 하였다.

이원이 강상인에게 화를 내며 먼저 이렇게 말했다.

"강참판은 괜한 사람을 물고 들어가지 말라."

이에 강상인이 대답했다.

"고문을 견디지 못해서 한 말입니다. 모두 거짓말입니다."

이에 이원과 이종무는 얼마 뒤에 풀려났다.

한편 세종도 의금부의 일에 신경을 곤두세우고 있었다. 그리고 승전색 내시 김용기가 강상인이 본방(임금의 처가)도 연루되었음을 자백했다고 하자, 세종은 한숨을 쏟아내며 말했다.

"상왕의 지시가 이미 그렇게 된 이상 어떻게 할 수 있겠는가?"

김용기는 곧 세종이 한 말을 그대로 상왕에게 보고했다. 그러자 상왕 태종은 곧 좌의정 박은을 불렀다. 하지만 박은은 병을 핑계하고 오지 않았다. 그래서 태종은 재차 그를 불러오라고 했다. 결국 불려 온 박은에게 태종이 물었다.

"심온이 군사는 한군데로 모으는 것이 옳다고 했다는데, 경은 어떻게 생각하는가?"

박은이 대답했다.

"심온이 한군데라고 말한 것은 상왕을 가리킨 게 아닐 것입니다. 틀림없이 임금을 가리킨 것일 것입니다. 그 심정이야 물어보지 않아도 알 수 있지 않겠습니까?"

박은이 이렇게 말한 것은 심온에 대한 개인감정이 있었기 때문이다. 박은이 언젠가 경복궁에서 심온의 사위 유자해를 만난 일이 있는데, 유자해는 임금 옆에 선 채로 박은에게 이렇게 말했다.

"저 사람은 물러가서 제 집 안에 엎드려서 있을 일이지, 왜 아직까지 거들먹거리고 다니는지 모르겠습니다."

이 일로 박은은 심온에게 앙심을 품게 되었는데, 마침 심온이 강상인의 사건과 연루되자 심온을 몰아붙인 것이다.

한편 이조참판 이관에게도 압슬형이 가해졌는데, 이관은 고문을 이기지 못하고 심온이 병권을 임금이 가지는 것이 옳다는 말을 한 적이 있다고 했고, 심정도 고문 끝에 자기 형이 병권은 한군데로 집중되어야 한다고 했다는 자백을 했다. 그리고 자신도 형님의 말이 옳다고 맞장구를 쳤다고 말했다.

태종은 그 말을 듣고 이렇게 결론지었다.

"진상은 이미 드러났다. 더 신문할 것도 없다. 주모자는 심온이다. 그

자는 아직 돌아오지 않았지만 그 패거리들인 강상인, 이관 등을 마땅히 극형에 처하고, 5도에 조리를 돌릴 것이니 빨리 처결하여 보고하라."

그로부터 며칠 뒤에 상왕 태종은 박은, 조말생, 이명덕, 원숙 등을 불러놓고 심온이 돌아오는 대로 죄인들과 대질신문을 시켜야 하지 않겠는가 하고 물었다. 이에 박은이 대답했다.

"심온이 범한 죄가 명백한 이상 굳이 대질신문이 무슨 필요가 있겠습니까?"

이 말을 듣고 태종은 강상인의 사지를 찢어 죽이고, 박습과 심정, 이관 등을 참형에 처했다. 그의 형제와 친척들은 모두 유배 보냈다.

이때 박습은 이미 옥에서 사망한 상태였고, 강상인은 형벌을 받기 위해 수레에 오르면서 이렇게 고함쳤다.

"나는 죄도 없이 고문을 견디지 못해 죽는 것이다!"

태종은 그들을 죽인 뒤, 심온의 처와 딸들을 천민으로 전락시키고, 심온의 재산을 모두 몰수했다.

그리고 얼마 뒤인 12월 5일, 심온이 명나라에서 돌아온다는 소식을 듣자, 태종은 역관 전의에게 군사 열 명을 내주고 심온에게 칼을 씌워 압송해 오라고 했다.

심온이 의금부로 압송되어 온 것은 그로부터 17일 후인 12월 22일이었다. 심온은 자신이 대역죄를 지었다는 소리를 듣고 강상인 등과 대질신문을 시켜줄 것을 요구했다. 하지만 의금부에서 그들이 이미 참형을 당했다고 하면서 고문을 가하자, 심온은 이렇게 말했다.

"결국 죽음을 면할 수 없겠구나!"

그러면서 강상인 등이 말한 내용이 모두 사실이라고 자백하였다. 이는 중전인 딸과 살아남은 가족들을 위한 배려라 할 수 있었다.

심온의 자백이 있었다는 보고가 있자, 태종은 형을 가해 죽일 수는 없다며 자진 명령을 내렸다. 이에 심온은 사약을 받고 자진하였다.

이로써 심온 사건은 마무리되었다. 태종은 죄도 없이 죽은 그에게 미안했는지 이렇게 말했다.

"심온에 대해서는 물론 규례에 정해진 장사는 지내줄 수 없다고 하더라도 후하게 지내주지 않을 수 없다."

그리고 이양달을 시켜 무덤 자리를 정하게 하고, 수원부에 지시하여 장사를 치르게 했으며, 초상에 필요한 관과 종이와 석회도 내려줬다. 또 내시를 보내 장사를 주관하게 했으며, 그 고을에 지시하여 제사도 지내게 했다.

이후 소헌왕후 심씨를 폐위해야 한다는 상소가 많았으나 태종과 세종이 이에 동조하지 않았다. 하지만 심온의 아내와 딸들은 노비의 처지에서 풀려나지 못했다. 태종이 죽은 뒤에도 세종은 아버지의 판단을 번복할 수 없다는 이유로 심온의 신분을 회복시키지 않았다. 그리고 문종 대에 이르러 비로소 심온의 영의정 직책이 회복되고 안효공이라는 작위가 내려졌다.

심온의 죽음과 관련하여 《기재잡기》는 다음과 같은 기록을 남기고 있다.

심온이 죽임을 당할 때에 집안사람들에게 대대로 박씨와는 서로 혼인을 하지 말라고 말하였으니, 대체로 박은이 자기를 죽이라고 강하게 주장했기 때문에 깊이 한스럽게 여겼던 것이다. 심씨 집에서 과연 대대로 그 말을 지켜 감히 혼인을 논하지 못하였고, 다만 심륭 한 사람만이 박씨 문중의 사위가 되었으나 역시 자녀가 없었다.

-6-

단종을 버쫓고
왕위를 찬탈한 수양대군

새벽에 사랑방에서 이뤄진
거사 계획

단종 1년 (1453년) 10월 10일 새벽, 수양대군 이유의 집 지게문으로 세 명의 갓 쓴 사내들이 찾아들었다. 그들은 혹 누군가 볼세라 주변을 경계하며 이유의 사랑방으로 들어갔다. 권람, 한명회, 홍달손이 그들이었다.

권람은 조선 개국공신이자 대제학을 지낸 권근의 손자였고, 한명회는 개국 당시 명나라로 가서 '조선'이라는 국호를 확정 짓고 돌아온 한상질의 손자였다. 말하자면 두 사람은 명문 문신 집안 출신들인 셈인데, 그들과 달리 홍달손은 내금위장 출신의 무장이었다. 그들의 공통점이 있다면 모두 한명회와 친밀한 자들로서 몇 년 전부터 수양대군과 부쩍 가깝게 지낸다는 것이었다. 그들의 벼슬살이로 보자면 권람은 36세라는 늦은 나이에 문과에 장원급제 하여 사헌부 감찰을 역임했고, 홍달손은 내금위장을 거쳐 수군첨절제사를 지내다가 파직당한 처지였고, 한명회는 조상의 공덕에 힘입어 문음으로 겨우 종9품 경덕궁직으로 있었다. 그런 그들이 새벽 서리를 밟으며 종친의 수장 수양대군의 집을 찾은 이유는 무엇일까? 남의 눈을 피해 새벽 이른 시간에, 그것도 지게문으로 몰래 숨어든 것을 보면 필시 은밀한 모의를 위해 모인 것이 분명했다.

그들이 앉자마자, 이유가 비장한 얼굴로 힘주어 말했다.

"오늘은 요망한 도적을 소탕하여 종사를 편안하게 하겠으니, 그대들은 마땅히 약속한 대로 하라."

이유가 말한 요망한 도적 무리 중 우두머리는 김종서였다. 김종서는 세종 시절 6진을 개척하여 조선의 영토를 확장하고 국방을 다진 인물로 그 무렵엔 좌의정을 맡아 정사를 주관하고 있었다. 문종이 재위 2년 4개월 만에 죽고, 열두 살의 어린 나이로 단종이 왕위에 올랐을 때, 그는 수렴청정을 해줄 어머니도 할머니도 없는 처지였다. 또한 결혼도 하지 못한 몸이라 기댈 외척조차 없었다. 그런 까닭에 정사는 문종의 고명을 받든 영의정 황보인과 좌의정 김종서, 우의정 정분에 의해 유지되는 형편이었다. 단종은 나이가 어려 아직 인사를 결정할 능력이 없으므로 신하를 임명할 때도 정승들이 황색으로 점을 찍어두면 그 위에 검은 점을 입히는 이른바 '황표정사'가 진행되고 있었다. 상황이 이러하니, 왕권은 유명무실하고 정승의 힘은 왕권을 능가할 지경이었다. 하지만 김종서와 황보인, 정분은 청렴하고 강직한 신하였고, 덕분에 나이 어린 왕이 재위함에도 정사는 문제없이 진행되었다.

그러나 수양대군 이유는 생각이 달랐다. 세종의 차남이자 문종의 동생인 그는 왕이 너무 어려 종실이 위태롭고, 모든 정사가 세 명의 정승과 그 무리들에 의해 이뤄진다고 생각했다. 그는 어린 조카보다 자신이 왕위에 오르는 것이 나라를 위해서도 좋고 백성을 위해서 나은 일이라고 여겼다. 종친 중에 가장 힘이 강한 수양의 그런 생각은 고명을 받든 정승들에겐 큰 위협으로 여겨졌다. 그래서 김종서, 황보인 등의 정승들은 종실의 세력 균형을 유지하고 왕의 안위를 위해서 세종의 삼남이자 수양의 바로 아랫동생인 안평대군 이용과 친밀하게 지냈다. 이용은 성격이 호방하고 사람은 좋으나 수양처럼 음흉하거나 왕위를 넘보는 위인은 아니었기 때문이다.

수양은 이러한 정승들의 태도를 못마땅하게 여기고, 그들 정승 세력을 모두 죽이고 권력을 장악한 뒤, 왕위까지 찬탈하려는 음모를 꾸미고 있었던 것이다.

수양이 가장 경계하는 인물은 좌의정 김종서였다. 정승 중에 나이가 가장 많고 따르는 무리도 많은 데다 병권마저 장악하고 있었기 때문이다. 그래서 김종서만 제거한다면 나머지 무리는 한주먹거리도 되지 않는다는 것이 수양의 생각이었다.

수양은 이미 그들 세 사람과 오래전부터 이 은밀한 계획을 진행하고 있었다. 세 사람이 모두 약속한 대로 모든 것을 준비해두고 있다고 하자, 수양은 다시 말을 이었다.

"내가 생각해보니, 간악한 무리 중에 가장 간사하고 교활한 자로는 김종서 같은 자가 없다. 그자가 만일 우리들의 계획을 안다면 대사는 그르치게 될 것이다. 그래서 내가 역사 두엇을 거느리고 곧장 그놈의 집으로 가서 선 자리에서 놈의 목을 벤 후, 대궐로 달려가서 주상께 아뢰면 나머지 도적들은 한번에 쓸어버릴 수 있다. 내 생각이 어떠한가?"

세 사람이 모두 좋다고 하자, 이유는 다음의 계획들을 늘어놓았다.

"내가 오늘 여러 무사들을 불러 후원에서 과녁을 쏘고 나서 조용히 말할 터이니, 그대들은 나중에 다시 오라."

어설픈 모의,
뜻대로 되지 않는 계획

수양은 그날 수십 명의 무사들을 불러 후원에서 활쏘기를 하였다. 그리고 활쏘기가 끝나자 술자리가 이어졌다. 하지만 수양은 너무 많은 사람이 모인 탓에 쉽사리 말을 꺼내지 못했다. 그들은 비록 같이 어울리는 무리이긴 했으나 반역 계획을 나눌 만한 사이는 몇 명 되지 않았던 것이다. 그래서 권람이 오길 기다렸는데, 한낮쯤 되자 권람이 도착했다.

권람이 수양에게 어찌 되었냐고 묻자, 수양은 이렇게 말했다.

"강곤, 홍윤성, 임자번, 최윤, 안경손, 홍순로, 황귀동, 민발 등 수십 인이나 와서 활을 쏘았는데, 너무 사람이 많아 입을 열지 못했네. 다만 곽연성에게 의중을 떠보았는데, 어머니의 상중이라 사양했네. 그래서 여러 번 되풀이해서 권했더니, 허락은 하였으나 어렵게 여기는 낯빛이었네. 그대가 다시 한번 말해보게."

곽연성은 무과에 급제하여 내금위에 근무하였고, 1452년에 수양대군이 명나라에 사은사로 갈 때 군관으로서 따라갔던 인물이다. 때문에 무예가 출중하고, 그를 따르는 내금위 병사들이 많았다. 그런 곽연성을 거사에 참여시키는 것은 궁궐을 장악하는 데 큰 보탬이 된다고 생각하여 수양이 극진하게 그를 설득했던 것이다.

수양의 말을 듣고 권람이 곽연성을 불러내서 설득했다.

"수양대군께서 지금 종사의 큰 계책으로 간사한 도적을 베고자 하는데, 함께 일할 만한 사람이 없기 때문에 자네를 부른 것이니, 자네는 정말 어쩔 셈인가?"

곽연성이 대답했다.

"내가 이미 들었습니다. 장부가 어찌 원대한 마음이 없겠습니까마는 최복을 입고 있는 몸이니 명령을 따르기 어렵겠습니다."

하지만 권람이 계속해서 말을 덧붙였다.

"선비는 자기를 알아주는 사람을 위해 죽는 것이네. 지금 수양대군께서 만 번 죽을 계책을 내서 국가를 위하여 의기를 일으켰는데, 자네가 어찌 구구하게 작은 절의를 지키겠는가? 또 충과 효에는 두 가지 이치가 없으니, 자네는 구차하게 사양하지 말고 큰 효를 이루는 게 어떤가?"

그렇듯 권람이 이런저런 말로 계속 설득하자, 곽연성도 더 이상 거절할 수 없다는 생각에 이렇게 물었다.

"그렇다면 자세한 계획을 말해보시오."

그 말에 권람이 자신들의 계획을 털어놓자, 곽연성이 계획의 허점을 지적했다.

"나머지는 의논할 것도 없는데, 다만 수양대군께서 김종서의 집을 왕래하는 데 시간의 이르고 늦음을 알 수 없네요. 그렇다면 혹 시간이 늦다면 만일 성문이 닫히면 어찌할 것입니까?"

그 말에 권람은 자신들의 계획에 문제가 있다고 생각하고 대답했다.

"그 점은 빨리 조치하겠네."

그때 수양은 여전히 무사들에게 말을 하지 못하고 후원에서 활쏘기를 구경하며 기회만 엿보고 있었다. 그러다 해가 저물녘이 되었을 때야 후원의 정자에 모두 모아놓고 자신의 계획을 말했다.

"지금 간신 김종서 등이 권세를 희롱하고 정사를 독점하여 백성들의 원망이 하늘에 닿고 있네. 나이 어린 성상을 무시하고 간사함이 날로 심해지더니, 이제 이용(안평대군)에게 붙어서 부정한 짓을 도모하려

하네. 그 도당들이 이미 성장할 대로 성장하여 그 화기가 가득 찼으니, 이때야말로 충신열사가 대의를 분발하여 죽기를 다해야 하지 않겠는 가? 내가 이것들을 베어 없애 종사를 편안하게 하고자 하는데, 그대들 의 생각은 어떠한가?"

수양이 호기롭게 반역의 속내를 드러냈지만, 의외로 반응이 좋지 않 았다. 수양의 말을 듣고 송석손, 유형, 민발 등은 마땅히 전하게 먼저 아뢰어야 한다고 주장했다. 그렇듯 의견이 분분히 갈라지자, 어느새 와 있던 한명회에게 수양이 말했다.

"이렇게 의견이 갈라지니, 계책이 나올 수 있겠는가?"

그러자 한명회가 수양에게 말했다.

"길옆에 집을 지으려면 3년이 지나도 못 짓는 법입니다. 작은 일도 그러한데 하물며 거사겠습니까? 일에는 역리와 순리가 있는데, 순리대 로 움직이면 어디 간들 이루지 못하겠습니까? 모의가 이미 정해졌으 니, 지금 의논이 비록 통일되지 않더라도 그만둘 수는 없는 노릇입니 다. 청컨대, 공이 먼저 일어나면 따르지 않는 자가 없을 것입니다."

거기에 홍윤성이 거들었다.

"군사를 쓰는 데에 있어 가장 해가 되는 것은 이럴까 저럴까 결단을 내리지 못하는 것입니다. 지금 사안이 급박하니, 만일 여러 사람의 의 논을 따르다간 일은 다 틀어질 것입니다."

하지만 송석손 등은 수양의 옷을 끌어당기며 여전히 만류했다. 그러 자 수양이 크게 화를 내며 소리쳤다.

"너희들은 다 가서 먼저 주상께 고하라. 나는 너희들을 의지하지 않 겠다."

그러고는 활을 들고 일어섰다. 그럼에도 그들이 만류하자, 그들을 발로 차면서 하늘에 대고 맹세했다.

"지금 내 한 몸에 종사의 이해가 매였으니, 운명을 하늘에 맡긴다. 장부가 죽으면 사직을 위해 죽을 뿐이다. 따를 자는 따르고, 갈 자는 가라. 나는 너희들에게 강요하지 않겠다. 만일 고집하여 일을 막는 자가 있다면 먼저 목을 베고 가겠다. 빠른 우레에는 미처 귀도 가리지 못하는 것이다. 군사는 신속한 것이 귀하다. 내가 곧 간흉을 베어 없앨 것이니, 누가 감히 어기겠는가?"

그렇듯 호기를 드러내며 죽기를 각오했음을 천명했지만, 모인 무리 중에 상당수는 그 자리를 피해 슬금슬금 달아나버렸다.

수양은 그들 달아난 무리가 혹 김종서에게 먼저 알리기라도 하면 모든 일이 그르치게 된다는 생각에 바삐 움직였다.

창졸간에
철퇴에 당한 김종서

마음이 급해진 수양이 남아 있던 무리들을 모아 각자의 역할을 지시했다. 우선 권람은 김종서에게 찾아가서 그 집의 상황을 살피고 오라 하였고, 권언, 권경, 한서구, 한명신 등 네 명은 돈의문 안 내성 위에 잠복하라고 했으며, 양정과 홍순손, 유서 등은 나들이 복장을 하고 자신을 따르게 하였다. 그리고 자신의 종 임어을운에게 철퇴를 가지고 따르게 하였다. 이때 양정은 칼을 차고 있었고, 유서는 활을 메고 있었다. 어둠이 내릴 즈음에 수양이 막 중문을 나서려는데, 부인 윤씨가 나와서 갑옷을 내밀었다. 수양은 갑옷을 입고, 그 위에 관복을 다시 입은 다음 사모를 쓰고 김종서의 집으로 향했다.

　김종서 집의 내부 사정은 이미 염탐해 온 권람에게 들은 터였다. 권람은 낮에 김종서를 찾아가 한참 동안 대화를 하고 돌아왔다. 그러면서 집 주변을 살폈는데, 김종서의 아들 김승규가 여러 무사들을 거느리고 집을 호위하고 있다고 했다. 집 주변을 지키고 있는 호위병 수는 30명이 훨씬 넘는다고 했다. 그러면서 권람은 많은 수의 무사들을 데리고 가면 필시 경계하고 만나주지 않을 터이니, 몇 명만 데리고 가는 것이 좋겠다는 의견을 냈다. 그래서 수양은 양정과 홍순손, 유서 그리고 가노 임어을운 등 네 명만 데리고 간 것이었다. 그들은 모두 무술에 능하고 힘이 좋은 자들이었다.

　수양의 일행이 김종서 집 근처에 이르자, 김종서의 아들 김승규 집 앞에 무사 세 사람이 무장을 하고 서 있었다. 또한 말을 거느린 무사들 30여 명이 김종서 집 입구에 좌우로 늘어서 있었다.

　그들 무사들을 보자, 임어을운이 소리쳤다.

　"물럿거라, 수양대군 행차시다!"

　그리고 이내 수양이 그들을 향해 큰 소리로 물었다.

　"네놈들은 도대체 누구냐? 무엇 때문에 여기에 있는 것이냐?"

　그 말에 모두 겁을 먹고 흩어져버렸다. 그러자 수양은 양정에게 칼을 감추라고 지시하고 김종서의 집 대문 앞에 이르렀다. 대문 앞에는 김종서의 아들 김승규가 수하 무사들인 신사면, 윤광은 등과 이야기를 나누고 있었다.

　김승규가 수양대군을 알아보고 인사를 하자, 수양이 말했다.

　"아버님을 좀 뵈러 왔네만…"

　그러자 김승규가 안으로 들어가 수양대군이 뵙기를 청한다고 했고,

김종서는 한참 만에 마당으로 나왔다. 문밖에 서 있는 수양을 발견한 김종서는 선뜻 나오지 않고 마당에 서서 안으로 들어올 것을 요청했다. 하지만 수양은 안으로 들어가지 않았다.

"해가 저물었는데, 어떻게 문 안으로 들어갈 수 있겠습니까? 다만 한 가지 청이 있어 왔습니다."

그 말에도 김종서는 안으로 들어올 것을 여러 번 요청했다. 그럼에도 수양은 계속해서 사양하며 문밖에 서서 기다렸다. 안으로 들어가는 순간, 모든 일은 틀어질 게 뻔했다. 김종서 또한 수양을 의심하고 있었기 때문에 섣불리 밖으로 나올 수 없었다. 수양 뒤에는 덩치 큰 무사들이 버티고 있는 터라 무슨 짓을 할지 몰랐기 때문이다. 그렇지만 수양이 끝까지 마당 안으로 들어서길 거부하는 바람에 별수 없이 문밖으로 나와야만 했다.

김종서가 나오자, 수양은 이렇게 말했다.

"오다 보니, 사모의 뿔이 떨어져 잃어버렸습니다. 사모의 뿔을 좀 빌려주실 수 있겠습니까?"

옆에 서 있던 김승규를 들어가게 하기 위함이었다. 이미 준비된 계략 중 하나였다. 김종서가 김승규에게 지시하여 뿔을 가지고 오게 하니, 이번에는 이렇게 말했다.

"종부시에서 영응대군의 부인의 일을 탄핵하고자 하는데, 정승께서 지휘하십니까? 정승께서는 누대의 훈로이시니, 정승이 편을 들어주지 않으시면 어디에다 부탁을 하겠습니까?"

당시 영응대군의 부인 송씨가 동래 온천에 가서 목욕을 하고 왔는데, 대간에서 이를 잘못된 행동이라고 지적했는데, 이 일을 들먹였던 것이다.

그 순간, 임어을운이 나서려 했다. 김승규가 없는 틈을 이용하여 공격하려 했던 것이다. 하지만 수양은 뒤로 물러날 것을 지시했다. 비록 칠십이 넘은 노구였지만 김종서는 만만하게 볼 인물이 아니었던 것이다. 비록 문관 출신이었지만 변방에서 수년을 지내며 6진을 개척한 인물이 아니던가? 더구나 여러 무장들이 버티고 있었다. 자칫 무모하게 덤볐다간 모든 일이 틀어질 게 뻔했다. 그래서 수양은 최적의 기회를 노리고 있었던 것이다.

우선 김종서 주변에서 무장들을 물리치는 것이 급했다. 그래서 수양은 이렇게 말했다.

"정승께 비밀한 청이 있으니 너희들은 물러가라."

그렇게 말했지만 윤광은과 신사면이 쉽게 물러서지 않고 조금 떨어져서 지켜보고 있었다.

"사실, 청을 드리는 편지가 한 통 있습니다."

그러면서 임어을운에게 편지를 가지고 오라 하였다. 그리고 편지를 건네주자, 김종서가 조금 물러서서 달빛에 편지를 비춰 읽어보려 했다. 그때 수양이 소리쳤다.

"지금이다!"

그 소리에 임어을운이 철퇴로 김종서를 내리쳤다. 김종서가 땅에 쓰러지자, 김승규가 그 모습을 보고 달려와 급히 아버지 몸을 감쌌다. 그때 양정이 칼을 뽑아 김승규를 찔렀다.

창졸간에 벌어진 일이라, 지켜보던 윤광은과 신사면도 손쓸 틈이 없었다. 그들이 황급히 달려 나왔으나 어쩔 줄을 몰랐고, 그 사이에 수양과 그 무리들은 말을 타고 집으로 내달렸다.

수양이 어느 정도 말을 달렸을 때, 권람이 수하 10여 명을 이끌고 달려오고 있었다. 권람을 발견하자, 수양이 의기양양한 목소리로 소리쳤다.

"김종서와 김승규를 베었다!"

처참하게 살해되는
단종의 중신들

그 무렵, 홍달손은 수양이 김종서의 집에 갔기 때문에 순라군들을 내보내지 말고 대기하라는 권람의 지시를 이행하고 있었다. 그리고 숭례문과 서소문을 닫도록 하였다. 수양이 한명회와 함께 수하들을 거느리고 오자, 순청에 있던 홍달손도 순졸들을 거느리고 뒤따랐다. 수양은 시어소로 가서 권람으로 하여금 입직 승지 최항을 불러내도록 했다. 최항이 나오자, 수양이 그의 손을 잡고 말했다.

"황보인, 김종서, 이양, 민신, 조극관, 윤처공, 이명민, 원구, 조번 등이 안평대군에게 당부하고, 함길도 도절제사 이징옥, 경성 부사 이경유, 평안도 도관찰사 조수량, 충청도 도관찰사 안완경 등과 연결하여 부정한 짓을 공모하여 거사할 날짜까지 정하여 형세가 위급하므로 조금도 시간 여유가 없네. 김연, 한숭이 또 주상의 곁에 있으므로 와서 아뢸 겨를이 없었고 이미 적의 괴수 김종서 부자를 베어 없앴네. 이제 그 나머지 잔당들을 지금 주상께 아뢰어 토벌하고자 하네."

그렇게 말한 뒤, 환관 전균을 불러 같은 내용을 전하고, 주상에게 차분하게 말할 것을 요청했다. 이후 수양이 최항과 함께 단종의 처소에 들어가니, 어린 단종이 질겁한 얼굴로 일어나며, "숙부, 나를 살려주시오" 하며 간청했다. 그 말에 수양은 "신이 처리할 것이니 염려하지 마십시오" 하였다. 그리고 입직하고 있던 도진무 판충추원사 김효성과 병조참판 이계전을 불러 같은 내용을 전하고 한명회가 작성한 살생부에 적힌 인물들을 궁으로 불러들였다.

한밤중에 영문도 모르고 어명을 받고 달려온 조극관, 황보인, 이양 등은 철퇴에 맞아 죽었고, 윤처공, 이명민, 조번, 원구 등은 수양의 수하들에 의해 격살되었으며, 김연은 자신의 집에서 삼군 진무 최사기에 의해 살해되었다. 그리고 현릉의 비석을 감독하고 있던 민신은 비석소에서 살해되었고, 환관 한숭과 황귀존은 의금부에 붙잡혀갔다.

한편, 그 시간 김종서는 기절하였다가 깨어나서는 여자 복장을 하고서 가마를 타고 숭례문, 서소문, 돈의문에 이르렀으나 모두 문이 닫혀 있어 들어가지 못했다. 이미 한명회가 모든 문을 닫게 했던 까닭이다. 그래서 별수 없이 아들 김승벽의 처가에 숨어 있었는데, 수양이 군대를 보내 죽였다. 이후 죽은 이들의 시체를 모아 저자에 효수했다.

그들 외에도 전라·경상도 도체찰사로 나갔다가 돌아오던 우의정 정분도 유배 명령을 받은 후 살해되었으며, 유중문과 이현로 역시 살해되었고, 조수량(조극관의 동생)과 단종의 근신 이석정, 안완경 등은 유배되었다가 죽었다. 또한 안평대군 이용은 체포되어 강화도로 유배되었다가 사약을 받고 죽었다. 그 외에도 여러 명이 살해되었으며, 그들의 가족들은 모두 연좌하여 죄를 주었다.

이렇듯 단종의 근신과 환관들을 죽인 후, 수양은 자신의 사람들로 조정을 꾸렸다. 자신은 영의정이 되고, 정인지를 좌의정, 한확을 우의정, 정창손은 이조판서, 이계전은 병조판서, 권준은 대사헌, 최항은 도승지로 삼았다. 그리고 수양대군 자신을 포함한 정인지, 권람, 한명회, 홍달손, 한확, 김효성, 박중손, 최항, 이사철 등 36인을 정난공신으로 삼았다.

수양의 반역에 반발한
이징옥

김종서를 죽인 수양은 그와 함께 6진을 개척하며 북쪽 변방을 안정시키는 큰 공을 세운 함길도 도절제사 이징옥을 제거하고자 했다. 그래서 평안도 도절제사 박호문을 함경도로 보내 이징옥을 소환하였다. 이징옥은 갑작스러운 소환에 당황했으나 일단 박호문에게 인수인계를 해줬다. 하지만 아무리 생각해도 급작스러운 소환이 납득되지 않았다. 일전에 김종서는 이징옥에게 조정에 큰일이 있지 않으면 도성으로 소환하지 않겠다고 했는데, 갑작스러운 소환을 했다는 것은 분명 조정에 무슨 일이 있는 것이라고 이징옥은 판단했다.

이징옥은 곧 말을 돌려 휘하에 거느리고 있던 장사들과 함께 박호문의 영문으로 달려갔다. 그가 영문에 당도했을 땐, 이미 박호문은 잠자리에 든 상태였다. 그래서 이징옥은 도진무 이행검을 급히 불러 말했다.

"박호문이 평안도 도절제사가 되었는데, 갑작스럽게 여기에 와 있으니, 까닭이 있지 않겠는가? 그래서 내가 그 까닭을 다시 물어보고자 한다."

그렇게 말하고는 박호문의 처소 대문을 열고 들어가는데, 박호문이 뛰어나와 중문을 닫고, 돌로 문을 괴어놓고는 문틈으로 화살을 쏘았다. 그러자 이징옥의 수하 장수가 지붕 위로 올라가 활로 쏴 박호문을 죽였다. 박호문이 죽자, 이징옥의 휘하 군졸들이 박호문의 처소로 밀려들어 가 그의 아들 박평손을 붙잡았다.

이징옥이 박평손에게 물었다.

"네 아비는 정말 조정에서 제수한 것이냐?"

박평손이 대답했다.

"조정에서 제수한 것이 아닙니다."

그 말을 듣고, 이징옥은 자신의 짐작처럼 조정에 변고가 있음을 알고, 각 진에서 병력을 징발하여 이행검을 데리고 종성으로 갔다. 그리고 병력을 늘어세우고 소리쳤다.

"나를 따르는 자는 4품은 첨지로 승진시키고, 5, 6품은 4품으로 승진시키고, 나머지는 각각 차례로 승진시키겠다."

그리고 종성의 교도 이선문을 불러 말했다.

"이 땅은 대금 황제가 일어난 땅이다. 때에는 고금이 있으니, 영웅도 마찬가지다. 내가 지금 큰 계책을 정하고자 하니, 너는 조서를 초안하라."

그리고 이렇게 쓰도록 했다.

"대금 이후로 예의가 폐하고 끊어져서 여러 종류의 야인들이 혹은 무죄한 사람들을 죽이고, 혹은 부모를 죽여 화합의 기운을 상하게 했으므로 하늘이 내게 그들을 다스리라고 유시하였다. 짐이 박덕하여 천명대로 한다고 보증하기 어려우니, 감히 스스로 마지못하여 그 자리에 오른 지가 한 해가 넘었다. 지금 하늘이 다시 내게 유시하시니, 내가 감히 상천의 명령을 폐하지 못하여 모년월일 새벽녘에 즉위하였으니, 경내의 대소신민은 마땅히 그리 알라."

하지만 이선문이 병 때문에 쓸 수가 없다고 발을 빼니, 황유를 시켜 쓰게 하였다. 이후, 이징옥은 화라온 부족에게 사변이 일어났다고 하면서 여러 고을에 군사를 징발하고, 모두 10일 양식을 싸가지고 천호와 만호 휘하의 영으로 가도록 했다. 또 여진족장 동속로첩목아에게 군대를 청하고 또 통사 김죽을 여진족촌에 보내 고령, 오음회 등지의 알타리, 올량합족에게 군대를 이끌고 들어오도록 했다.

이징옥이 군대를 일으켰다는 소식은 수양이 반역한 날로부터 보름 뒤인 10월 25일에야 함길도 관찰사 성봉조의 보고에 의해 전해졌다. 성봉조의 계문의 내용은 이러했다.

"전 도절제사 이징옥이 새 도절제사 박호문을 죽이고, 그 아들 박평손과 두 명의 종을 가뒀습니다. 신이 곧 경성 이남 여러 고을과 6진에 글을 내려 군마를 정제하여 대기하도록 하였고, 또 회령 부사 남우량으로 하여금 정병 300명을 거느리고 이징옥을 쫓아가 잡게 하고, 또 고산도 찰방 여종경으로 하여금 길주 목사 조완벽과 더불어 종성의 군사를 거느리고 용성평에 주둔하면서 변란에 응하도록 조처하였습니다."

성봉조의 보고를 받은 조정은 교서를 작성하여 성봉조에게 하교했다.

"지금 경의 계본을 보아 조치함이 적당함을 알겠다. 이징옥은 역적 황보인, 김종서의 당이다. 내가 차마 법대로 처치하지 못하고 다만 안치하게 하였는데, 지금 명령을 거역하고 새 장수를 해쳤으니, 법으로 용서할 수 없다. 경은 다시 더 곡진하게 조치하여 잡아 죽여라. 능히 잡아 죽이는 자가 있으면 내가 순서를 가리지 않고 직책을 상으로 내리겠고, 재물과 비단을 후히 하사하겠다. 또한 위세에 눌려서 복종한 무리는 내가 모두 죄를 묻지 않겠다. 경이 이 뜻을 알아서 경내에 있는 변방 장수와 관리, 군인, 백성 등에게 잘 알려 두루 알게 하라."

또한 평안도 관찰사 기건에게도 이징옥의 체포에 협조하게 할 것을 명령하고, 각 지역의 관문에 상등마를 대기시켜 변란의 내용을 급히 알리도록 조처했다.

하지만 이때 이징옥은 이미 죽고 난 다음이었다. 이징옥이 난을 일으킨 다음 항상 정종과 이행검을 좌우에 두고 자신의 수하들로 하여금 이들을 감시하게 하였다. 그 때문에 이행검과 종성 절제사 정종은 틈을 봐서 이징옥을 죽일 계획이었다. 이미 조정의 권세가 모두 수양대군에게 돌아가고, 이징옥이 역적으로 규정된 이상 그와 행동을 같이하면 그들 역시 역적으로 몰릴 수밖에 없었다. 그래서 이행검과 정종은 이징옥과 그의 아들들을 죽여 공을 세우고, 역적의 굴레에서 벗어나고자 했던 것이다.

이징옥은 그들의 배반을 염려하여 밤낮으로 그들의 동태를 살피게 했다. 또한 잘 때에도 활과 칼을 곁에 두고 잤고, 밤새 등불을 끄지 않고 지새우기도 했다. 그러던 하루는 정종이 이징옥에게 이렇게 말했다.

"오늘은 몹시 추우니 군사들에게 술을 내리기를 청합니다."

당시 정종은 수하 군사들과 미리 약속해둔 바가 있었다. 자신이 뒤를 돌아보면 병사들이 일제히 활을 쏘며 이징옥을 공격하기로 입을 맞춰놓은 것이다. 그래서 마침내 정종이 술잔을 들다가 뒤를 돌아보니, 일시에 정종의 병사들이 활을 쏘았다. 이징옥이 여러 대의 화살을 맞고 달아나자, 군졸들이 달려들어 죽였다. 그리고 이징옥의 세 아들도 찾아서 모두 죽였다.

이징옥이 죽은 날이 10월 19일이니, 이징옥이 군대를 일으켰다는 성봉조의 장계가 도착하기 6일 전이었던 것이다. 성봉조가 각 지역의 군대를 보낸 것이 10월 20일이었는데, 그들 군대가 종성에 당도했을 때, 이미 정종이 수하 군졸들과 함께 이징옥을 죽인 것이다. 결국, 이징옥은 수양을 치기 위해 군대를 일으켰으나, 제대로 운용도 해보지 못하고 죽은 셈이다. 변방 영웅의 죽음치고는 허무하기 짝이 없는 일이었다.

어린 조카를 협박하여
왕위를 찬탈하는 숙부

황보인, 김종서, 정분 등의 고명대신을 비롯한 단종의 중신들을 모두 제거한 수양은 마침내 왕위를 차지할 기회를 노리게 되었다. 하지만 단종의 측근들이 아직 남아 있었기 때문에 쉽사리 왕위를 빼앗지는 못하였다. 그래서 우선 단종에게 충성스러운 환관들과 종친들부터 제거하기 시작했다. 종친들 중에 가장 힘든 상대는 금성대군 이유였다. 그래서 금성대군을 제거할 계획을 세웠고, 한편으론 단종을 호위하고 있는 환관들도 제거하려 하였다.

1455년 2월 27일, 수양의 무리들은 마침내 자신들의 계획을 실천에 옮겼다. 이날 수양을 비롯한 한확, 이계린, 강맹경, 이계전, 이변, 신숙주, 구치관 등이 빈청에 모여 앉아 논의한 뒤, 단종에게 이렇게 아뢰었다.

"화의군 이영, 최영손, 김옥겸 등이 금성대군 이유의 집에 모여서 활쏘기 잔치를 벌였는데, 이를 숨겼습니다. 그리고 화의군 이영은 평원대군의 첩 초요경과 간통하였으니, 이영은 외방에 유배하고 이유는 고신(관직 임명서)을 거두도록 하소서."

그리고 또 이렇게 덧붙였다.

"환관 엄자치 등이 국정에 간여하여 조정을 능멸하고, 그 내부의 물건을 훔쳐서 쓰고, 여러 사의 관리들을 마음대로 구타하는 등 소소한 죄목은 이루 말할 수가 없습니다. 그리고 윤기는 이영의 환관이니 그대로 내버려둘 수가 없고, 또 모욕하고 횡역한 죄도 있습니다. 최찬 같은 젊은 환관들이 모두 조정을 모욕하고 능멸하니, 그러한 버릇을 자라도록 둘 수가 없습니다. 청컨대 모두 파출시키고, 다만 순량하고 근실한 자만을 남겨두소서."

단종으로서는 그들 수양의 무리들을 이겨낼 재간이 없었다. 때문에 그날로 엄자치를 비롯한 단종의 환관 40여 명이 의금부에 하옥되거나 유배되었고, 금성대군은 고신을 빼앗겼으며, 황의군은 고신을 빼앗기고 유배되었다. 또한 금성대군과 가까운 중추원 판사 홍약, 당성위 홍해 등도 고신을 빼앗겼고, 무인들인 김옥겸, 최영손, 허축, 홍형로, 홍이로, 홍구성, 최인, 홍오봉, 홍원효, 홍적, 홍승, 이문, 진유번, 최자척, 강종산 등도 고신을 빼앗기고 변방의 군대에 배당되었다. 그야말로 단종과 조금이라도 가까운 인물은 모두 제거한 것이다. (제주도로 유배된 엄자치는 길에서 죽었다.)

그 뒤, 사헌부 장령 이승소가 수양의 사주를 받고 단종에게 아뢰었다.

"환관들이 조정을 경멸하고 국정에 간여하였는데도 다만 본향에 유배시킨 것과 여러 무인들이 사사로이 모였는데도 변방에 충군시킨 것은 죄에 합당하지 않습니다. 또 이유, 이영, 초요섬, 홍약, 목효지 등은 그 죄를 분명히 밝히지 않는 것도 모두 불가한 일입니다."

이에 단종은 이렇게 비답을 내렸다.

"이영과 초요경은 상피하여야 마땅한데도 서로 간통하였고, 홍약과 홍해, 목효지의 죄도 또한 무인들과 같다. 하지만 금성대군은 죄가 없다."

단종의 이 비답에서 알 수 있듯이 단종은 끝까지 금성대군을 지키고자 했다. 그나마 의지할 수 있는 유일한 종친은 금성대군뿐이었던 까닭이다. 이후에 이승소가 다시 죄주기를 청했지만 단종은 여전히 받아들이지 않았다. 그러나 금성대군은 이미 단종을 지킬 힘을 잃은 상태였다. 벼슬도 빼앗긴 데다 수양의 수하들에 의해 철저히 감시받고 있는 처지였다.

그리고 그해 윤6월 11일, 그나마 마지막으로 남아 있던 단종의 측근들인 혜빈 양씨(세종의 후궁)와 상궁 박씨 등을 유배 보내고, 금성대군 이유는 삭녕으로, 한남군 이어는 금산으로, 영풍군 이천은 예안으로, 문종의 부마 정종은 영월로 각각 유배시켰다.

이날 수양은 단종을 상왕으로 밀어낸 뒤 스스로 왕위에 오르니, 곧 세조였다. 어린 단종을 여러 신하들이 위협하여 얻은 왕위였다. 김종서와 황보인 등 고명대신들을 죽이고 반역을 도모한 때로부터 1년 9개월이 되던 때였다.

역모를 고변하는
김질과 정창손

수양이 왕위에 오르고, 단종이 상왕이 되었지만, 수양의 무리들은 여기에 만족할 수 없었다. 조정과 재야에는 수양이 단종을 상왕으로 밀어내고 왕위를 차지한 것을 왕위 찬탈로 여기는 사람들이 많았다. 하지만 수양과 그 무리들의 세력에 눌려 속내를 드러내지 못하고 있었다. 때문에 수양과 그의 측근들은 어떻게 해서든 수양의 등극에 불만을 가진 자들을 색출하여 죽이고, 이를 빌미로 단종을 궁궐에서 내쫓은 후, 궁극에는 죽일 계획을 가지고 있었다. 세조가 왕위에 오른 지 1년쯤 된 1456년 6월 2일에 이 계획의 서막이 올랐다. 실록에 기록된 그 내용들을 옮기자면 이렇다.

이날 성균관 사예 김질이 그 장인 의정부 우찬성 정창손과 더불어 세조를 찾아왔다. 두 사람은 왕에게 비밀스럽게 아뢸 것이 있다고 하였고, 그 말을 전해 듣고 세조가 사정전에 나와 물었다.

"비밀스럽게 말할 것이 무엇이오?"

그 물음에 김질이 말했다.

"좌부승지 성삼문이 사람을 시켜서 신을 보자고 청하기에 신이 그 집에 갔습니다."

성삼문은 김질보다 네 살 많은 집현전 선배였다. 당시 김질은 정4품 성균관 사예 벼슬에 있었고, 성삼문은 정3품 좌부승지 벼슬에 있었다.

김질의 말이 이어졌다.

"그런데 성삼문이 이런저런 한담을 하다가 '근일에 혜성이 나타나고, 사옹방의 시루가 저절로 울었다니, 장차 무슨 일이 있을 것만 같지 않은가?' 하기에, 신이 말하기를 '과연 앞으로 무슨 일이 일어날 것이기 때문일까?' 하였습니다."

사옹방이란 사옹원을 말하는 것으로 임금의 수라와 대궐 내부의 식사 공급을 담당하는 곳인데, 이곳의 시루가 저절로 울었다는 말은 결국 궐내 슬픈 일이 있어 변고가 있을 수 있다는 의미였다.

"성삼문이 또 말하기를 '근일에 상왕이 창덕궁의 북쪽 담장 문을 열고 이유(금성대군)의 옛집을 왕래하시는데, 이것은 반드시 한명회 등이 올린 계책에 의한 것이리라' 하기에, 신이 말하기를 '무슨 일인가?' 하니, 성삼문이 말하기를 '그 자세한 것은 아직 알 수 없다. 그러나 상왕을 좁은 곳에다 두고, 한두 사람의 역사를 시켜 담을 넘어 들어가 부정한 짓을 도모하려는 것이다' 하였습니다."

말인즉, 한명회가 고의로 단종을 금성대군의 옛집에 출입시킨 뒤, 수하 장사들을 동원하여 죽이려 한다는 것이었다. 한명회는 세조의 최측근으로, 한명회의 행동은 곧 세조의 뜻이므로, 세조가 단종을 죽이려고 한다는 의미였다. 김질의 말이 계속되었다.

"이윽고 또 말하기를 '상왕과 세자는 모두 어린 임금이다. 만약 왕위에 오르기를 다투게 된다면 상왕을 보필하는 것이 정도이다. 모름지기 그대의 장인을 타일러보라' 하므로, 신이 말하기를 '그럴 리는 만무하겠지만, 가령 그런 일이 있다 하더라도 우리 장인이 혼자서 어떻게 할 수 있겠는가?' 하니, 성삼문이 말하기를 '좌의정(한확)은 북경에 가서 아직 돌아오지 아니하였고, 우의정(이사철)은 본래부터 결단력이 없으니, 윤사로, 신숙주, 권람, 한명회 같은 무리를 먼저 제거해야 마땅하다. 그대의 장인은 사람들이 다 정직하다고 하니, 이러한 때에 의기를 발휘하여 상왕을 다시 세우면 그 누가 따르지 않겠는가? 신숙주는 나와 서로 좋은 사이지만 그러나 죽어 마땅하다' 하였습니다. 신이 처음에 더불어 말할 때에는 성삼문은 본래 언사가 너무 지나친 사람이므로 이 말도 역시 그저 하는 말로 여겼습니다. 그렇지만 이 말을 듣고 난 뒤에는 놀랍고도 의심스러워서 다그쳐 묻기를, '그대와 뜻을 같이하는 사람이 또 있는가?' 하니, 성삼문이 말하기를 '이개, 하위지, 유응부도 알고 있다' 하였습니다."

또다시 불어닥친 피바람

김질이 말을 마치자, 세조는 곧 숙위병들을 집합시키고, 도승지 박원형과 우부승지 윤자운 그리고 좌부승지 성삼문 등을 입시하라 하였다.

성삼문이 대궐에 오자, 내금위장 조방림에게 명령하여 성삼문을 끌어내어 꿇어앉힌 후 직접 신문하였다.

"네가 김질과 무슨 일을 의논했느냐?"

이 말을 듣고 성삼문이 한참 동안 하늘을 우러러보며 있다가 대답했다.

"청컨대, 김질과 면질하고서 아뢰겠습니다."

그리고 김질과 대화를 나눈 후, 성삼문이 말했다.

"김질이 말한 것이 대체로 같지만, 그 곡절은 사실과 다릅니다."

이에 세조가 물었다.

"네가 무슨 뜻으로 그런 말들을 하였는가?"

"지금 혜성이 나타났기에 신은 참소하는 사람이 나올까 염려하였습니다."

그 말에 세조는 성삼문을 결박하게 하고, 다시 물었다.

"너는 반드시 깊은 뜻이 있었을 것이다. 내가 너의 폐와 간을 들여다보듯 네 마음을 들여다보고 있으니, 사실을 소상하게 말하라."

그리고는 곤장을 치게 하였다. 그렇지만 성삼문은 여전히 부인했다.

"신은 그밖에 다른 뜻이 없었습니다."

세조는 그 말을 믿지 않고, 다른 공모자들을 대라고 다그쳤다. 그러나 성삼문은 말을 하지 않다가 가혹한 고문과 신문이 계속되자, 이렇게 말했다.

"박팽년, 이개, 하위지, 유성원과 같이 공모하였습니다."

하지만 세조는 여전히 만족하지 않았다.

"그들뿐만이 아닐 것이니, 네가 모조리 말함이 옳을 것이다."

그러자 성삼문이 두 명을 더 댔다.

"유응부와 박쟁도 알고 있습니다."

세조는 곧 하위지를 잡아들이게 하고 물었다.

"성삼문이 너와 함께 무슨 일을 의논하였느냐?"

하지만 하위지는 부정하였다.

"신은 기억할 수 없습니다."

이에 세조가 다그쳤다.

"성변星變의 일이다. 어찌 모르겠느냐?"

성변이란 곧 혜성이 나타난 것을 일컫는 것이었다.

"신이 전날 승정원에 이르러서야 비로소 성변을 알게 되었습니다."

"성변의 일로 인하여 불궤한 일을 같이 공모했느냐?"

하지만 여전히 하위지는 아무 대답도 하지 않았다.

이번에는 이개를 불러 신문했다.

"너는 나의 옛 친구였으니, 참으로 그러한 일이 있었다면 네가 모조리 말하라."

이개 역시 강하게 부정했다.

"알지 못합니다."

그 말을 듣고 세조가 좌우에 명령했다.

"이 무리들은 즉시 엄한 형벌을 가하여 국문함이 마땅하나, 그들이 관직에 있으니, 모두 의금부에 하옥하라."

그들이 나간 다음에 세조는 이렇게 말했다.

"전일에 이유(금성대군)의 집 정자를 상왕께 바치려고 할 때에 성삼문이 나에게 이르기를, '상왕께서 이곳에 왕래하게 되신다면 참소하고 이간질하는 사람이 있을까 염려됩니다' 하기에 내가 경박하다고 여기었더니 지금 과연 이와 같구나."

실록에 기록된 세조의 이 말은 성삼문에 대해 이미 의심하고 있었음을 알려준다. 말하자면 성삼문이 상왕에 대해 호의를 가지고 있는 것을 못마땅하게 여기고 있던 중에 이런 일이 벌어진 것이다. 모든 일이 세조의 의중에 따른 것임을 짐작할 수 있는 대목이다.

세조는 곧 상왕 단종에게 승지 윤자운을 보내 사건의 내막을 이렇게 전하게 했다.

"성삼문은 심술이 좋지 못하지만, 그러나 학문을 조금 알기 때문에 그를 정원政院에 두었는데, 근일에 일에 실수가 많으므로 예방에서 공방으로 자리를 바꿔줬더니, 마음으로 원망을 품고 말을 만들어내어 말하기를 '상왕께서 이유의 집에 왕래하는 것은 불측한 일을 꾸미고 있는 것이다' 하고, 그와 연계하여 대신들을 모조리 죽이려고 하였으므로 이제 방금 그를 국문하는 참입니다."

성삼문과 여러 신하들이 국문을 당하고 있다는 소리를 듣고, 공조참의 이휘가 승정원으로 와서 겁에 질려 아뢰었다.

"신이 전일에 성삼문의 집에 갔더니, 마침 권자신·박팽년·이개·하위지·유성원이 모여서 술을 마시고 있었습니다. 성삼문이 말하기를 '자네는 시사時事를 알고 있는가?' 하고 묻기에, 신이 '내가 어찌 알겠나?' 하였더니, 성삼문이 좌중을 눈짓하면서 말하기를 '자네가 잘 생각하여보게나. 어찌 모르겠는가?' 하였습니다. 신이 묻기를 '그 의논을 아는 사람이 몇 사람이나 되는가?' 하였더니, 성삼문이 대답하기를 '박중림과 박쟁 등도 역시 알고 있다' 하기에, 신이 곧 먼저 나와서 즉시 아뢰고자 하였으나, 아직 그 사실을 알지 못하였기 때문에 감히 즉시 아뢰지 못하였습니다."

이휘의 말을 전해 듣고 세조가 사정전으로 나아가서 이휘를 인견하고, 다시 성삼문 등을 끌어들이고, 또 박팽년 등을 잡아와서 친히 국문하였다. 박팽년에게 곤장을 쳐서 당여를 물으니, 박팽년이 대답했다.

"성삼문·하위지·유성원·이개·김문기·성승·박쟁·유응부·권자신·송석동·윤영손·이휘와 신의 아비였습니다."

하지만 세조는 다른 자들을 더 대라고 했다. 하지만 박팽년은 이렇게 말했다.

"신의 아비까지도 숨기지 아니하였는데, 하물며 다른 사람을 대지 않겠습니까?"

그 말에 세조가 어떤 방식으로 역모를 모의했는지 물으니 박팽년이 대답했다.

"성승·유응부·박쟁이 모두 별운검別雲劍이 되었으니, 무슨 어려움이 있겠습니까?"

세조가 다시 거사의 시기를 물었더니, 박팽년이 대답했다.

"어제 연회에 그 일을 하고자 하였으나 마침 장소가 좁다 하여 운검雲劍을 없앤 까닭에 뜻을 이루지 못하였습니다. (대개 어전에서는 2품 이상인 무반 두 명이 큰 칼을 차고 좌우에 시립하게 되어 있다. 이날 세조가 단종과 함께 대전에 나가게 되고, 성승·유응부·박쟁 등이 별운검이 되었는데, 세조가 전각 안이 좁다고 하여 별운검을 없애라고 명하였다. 성삼문이 승정원에 건의하여 없앨 수 없다고 아뢰었으나, 세조가 신숙주에게 명하여 다시 전내를 살펴보게 하고, 별운검이 들어가지 말게 하였다.) 후일에 임금이 농작물의 작황을 돌아볼 때 노상路上에서 거사하고자 하였습니다."

세조가 이개에게 곤장을 치게 하고 물으니, 박팽년과 같이 대답하였다. 나머지 사람들도 다 공초에 승복하였으나, 오직 김문기만이 불복하였다. 그렇게 국문이 계속되어 밤이 깊어지자 세조는 모두 하옥하라고 명하였다. 당시 국문장에는 도승지 박원형·좌참찬 강맹경·좌찬성 윤사로·병조판서 신숙주·형조판서 박중손·의금부 제조 파평군 윤암·호조판서 이인손·이조참판 어효첨과 여러 대간들이 함께 있었다. 유성원은 집에 있다가 일이 발각된 것을 알고 스스로 목을 찔러 죽었다. 또 이개의 매부 허조도 스스로 목을 찔러 죽었다.

영월로 쫓겨가는
소년 왕

하지만 세조는 여기서 끝내지 않았다. 그의 목표는 바로 상왕 단종이었기 때문이다. 그래서 김질이 고변한 날로부터 5일 뒤인 6월 7일에 성삼문과 권자신(단종의 외숙부)을 다시 신문한다. 신문관은 좌승지 구치관이었다.

"상왕께서도 너희들의 역모에 참여하여 알고 있었느냐?"

그리고 성삼문으로부터 결국 이런 답변을 얻어냈다.

"알고 계시다. 권자신이 그 어미에게 고하여 상왕께 알렸고, 뒤에 권자신, 윤영손 등이 여러 번 약속을 올리고 기일을 고하였으며, 그날 아침에도 권자신이 먼저 창덕궁에 나아가니, 상왕께서 대도자(칼)를 내려주셨다."

구치관은 권자신으로부터도 같은 자백을 이끌어냈다. 그러자 14일 후인 6월 21일에 상왕 단종을 노산군으로 강봉하고 영월로 쫓아냈다. 세조가 단종을 쫓아내면서 내린 교지의 내용은 이렇다.

"전날 성삼문 등이 말하기를 상왕도 그 모의에 참여하였다 하므로 종친과 백관들이 합사하여 상왕도 종사에 죄를 지었으니, 편안히 서울에 거주하는 것은 마땅하지 않다고 하고 여러 달 동안 청하기를 계속하니, 내가 진실로 윤허하지 않고 처음에 먹은 마음을 지키려 하였다. 그러나 지금에 이르기까지 인심이 안정되지 않고 계속 잇달아 난을 선동하는 무리가 그치지 않으니, 내가 어찌 사사로운 은의로써 나라의 큰 법을 굽혀 하늘의 명과 종사의 무거움을 돌아보지 않을 수 있겠는가? 이에 특별히 여러 사람의 의논에 따라 상왕을 노산군으로 강봉하고 궁에서 내보내 영월에 거주시키니, 의식을 후하게 봉공하고 항상 목숨을 보존하여서 나라의 인심을 안정시키도록 하라.”

세조의 교지에서는 몇 달 동안 신하들이 단종을 내쫓자고 하여도 자신이 버티었다고 했으나, 성삼문의 자백을 얻어낸 지 불과 14일 만에 단종을 영월로 내쫓은 것이다. 그리고 자신의 형수이자 단종의 어머니 현덕왕후를 서인으로 전락시켰다.

실록에 기록된 이 사건의 전말을 요약하자면 성삼문과 일단의 무리들이 상왕 단종을 복위시키기 위해 세조를 죽이려고 모의를 꾸몄으며, 성삼문의 입에서 거론된 자들을 불러 국문하여 공모 내용의 일체를 자백 받아보니, 상왕 단종도 연루되어 있는 까닭에 단종을 노산군으로 강등하고 영월로 유배 조치했다는 것이다.

《해동야언》이나《추강집》과 같은 야사집에는 유응부가 자신이 직접 세조와 세자(의경세자)를 베겠다고 했다는 내용도 있고, 성삼문이 신숙주는 자신의 친구지만 죄가 중하니 베지 않을 수 없다고 했다는 내용도 있다. 또 박팽년은 세조에게 ‘나으리’라고 불렀다는 내용이 전하고 있지만, 정작 실록에는 그런 언급이 전혀 없다.

어쨌든 이른바 ‘사육신 사건’으로 불리는 이 사건은 김질과 정창손의 고변으로부터 시작되었고, 그 고변에 근거하여 성삼문을 고문한 결과 여러 사람의 이름이 나왔으며, 그들을 다시 고문한 결과 상왕 단종이 역모의 중심이었다는 것이다. 이를 거꾸로 해석해보면 상왕이 역모의 중심에 있어야 하고, 그 역모 세력 중에 핵심은 성삼문과 단종의 외숙부 권자신이어야 하며, 역모와 관련된 인물들은 세조의 눈 밖에 난 자들이어야 한다는 것이다. 즉, 단종을 상왕에서 쫓아내고, 동시에 단종에게 연민을 가지고 있는 정적들을 제거하기 위한 각본에 의해 모든 일들이 순차적으로 이뤄졌음을 알 수 있다. 말하자면 세조와 그 측근들의 치밀한 각본에 의해 조작된 흔적이 역력하다는 것이다. (이 조작에 가장 큰 공을 세운 이는 김질과 정창손이었다. 김질은 그 공으로 군기감 판사로 승진했으며, 함께 고변한 그의 장인 정창손은 보국숭록대부가 되고 봉원부원군으로 불리게 되었으며, 좌찬성으로 성균관 대사성을 겸직하게 되었다. 이후 승승장구하며 영의정에 이르렀다.)

비참하게 죽어간
단종

단종을 영월로 유배시킨 세조는 여전히 안심이 되지 않았다. 단종은 청년으로 성장하고 있고, 자신은 늙어가고 있어, 만약 자신이 죽거나 병들게 되면 어떤 일이 벌어질지 알 수 없었던 까닭이다.

세조가 단종을 죽일 명분을 찾은 것은 순흥 부사 이보흠의 장계였다. 단종이 영월의 청령포에 유배된 지 1년쯤 되던, 1457년 7월 3일 이보흠이 금성대군 이유가 역모를 꾀하고 있다는 장계를 올렸다. 그 말을 듣고 세조는 일단 대사헌 김순과 예빈시 판사 김수를 보내 이보흠을 국문하게 하였다. 그리고 이보흠과 함께 역모 사실을 알려온 순흥 아전 정중재도 함께 국문하게 했다. 하지만 경상북도 순흥부까지 내려 간 김순에게 지시하는 일이 번거롭다고 생각한 세조는 김수를 순흥부에 남겨 그곳에서 상황을 점검하도록 하고 김순은 이보흠을 데리고 도성으로 올 것을 명령했다.

이보흠과 정중재를 의금부로 데려와 국문한 결과, 금성대군이 순흥에 안치된 후로 줄곧 군사를 일으켜 단종의 복위를 꾀하려 했다는 고변을 듣게 되었다. 그런데 그 과정에서 이보흠이 동조한 흔적이 있다고 판단한 의금부는 이보흠을 강하게 심문하였다. 그러자 이보흠은 금성대군이 자신을 위협하여 여러 고을에서 군사를 일으키려 했으며, 그일에 동조한 자들의 이름을 댔다. 그런데 그 이름들이 한결같이 관노이거나 종, 또는 승려, 향리, 하급 군사들이었다. 하지만 김순 등 신문한 관리들은 이보흠을 의심하였다. 그래서 금성대군과 이보흠이 모반을 꾀하였고, 아전 정중재를 비롯한 여러 향리들과 군사, 사노, 관노 등이 동조한 것으로 보고했다.

결국, 이 사건으로 정중재를 비롯한 16명이 참형에 처해졌고, 이보흠은 장 100대에 3,000리 유형에 처해졌다. 실록은 당시 사건에 연루된 사람들이 대부분 법도 제대로 모르는 소민들이었다고 쓰고 있다. 그중에는 자신이 왜 죽는지도 모르는 자들이 많았다는 뜻이다. 이때 이보흠은 박천으로 유배되었는데, 나중에 의금부 도사 최계남을 보내 죽였다.

이 일에 대해 《순흥야사》에는 처음엔 이보흠이 금성대군의 반역 사실을 고변한 공으로 죄를 면했다가 금성대군이 돌린 격문의 초안을 작성했다는 이유로 공범으로 처리되어 처형되었다고 한다. 또 다른 야사에서는 당시 금성대군이 군대를 일으키려는 격문을 만들었는데, 순흥의 관노가 벽 속에 숨어서 엿듣고 있다가 금성대군의 시녀를 꼬드겨 격문을 훔쳐 도성에 가서 알리려 했다고 한다. 그런데 풍기의 현감이 그 소리를 듣고 말을 타고 달려가 관노로부터 격문을 빼앗아 도성에 가서 고변했다고 한다. 하지만 이는 실록의 내용과 다르다.

이렇듯 금성대군이 순흥의 유배지에서 반란을 꾀하였다는 사건이 알려지자, 종친부의 가장 어른인 양녕대군과 대신들이 나서서 금성대군 이유는 물론이고, 영월에 유배된 단종과 이미 유배된 화의군 이영, 한남군 이어, 영풍군 이전 등을 모두 죽여야 한다고 주장했다. 이후 결국, 단종과 금성대군은 죽게 되는데, 단종의 죽음에 대해서는 몇 가지 설이 있다.

실록에는 그해 10월 21일에 단종의 장인 송현수를 교수형에 처하자, 그 소식을 듣고 단종도 스스로 목을 매어 죽은 것으로 기록되어 있다. 또 《해동야언》에도 스스로 목을 매어 죽었다고 전하고 있다. 하지만 《병자록》과 《유시》에는 10월 24일에 사약을 내려 죽였다고 기록하고 있다.

《병자록》의 내용을 옮기자면 이렇다.

금부도사 왕방연이 사약을 받들고 영월에 이르러 감히 들어가지 못하고 머뭇거리고 있으니, 나장이 시각이 늦어진다고 발을 굴렸다. 도사가 하는 수 없이 들어가 뜰 가운데 엎드려 있으니, 단종이 익선관과 곤룡포를 갖추고 나와서 온 까닭을 물었다. 그러나 도사가 대답을 하지 못했다. 그때 단종의 심부름을 하던 통인 하나가 항상 노산을 모시고 있었는데,

스스로 할 것을 자청하고 활줄에 긴 노끈을 이어서 노산이 앉은 뒤에 있던 창구멍으로 그 끈을 잡아당겼다. 그때 단종의 나이 17세였다. 통인은 미처 문밖으로 나오지 못하고 아홉 구멍에서 피가 흘러 즉사하였다. 시녀와 종인들이 다투어 고을 동강에 몸을 던져 죽어서 뜬 시체가 강에 가득하였고, 이날에 뇌우가 크게 내려 지척에서도 사람과 물건을 분별할 수 없고 강렬한 바람이 나무를 뽑고 검은 안개가 공중에 가득 차서 밤이 지나도록 걷히지 않았다.

또 단종의 죽음에 대해서도 실록과 야사의 기록은 다르다. 실록에서는 '노산군이 스스로 목매어서 졸하니, 예로써 장사 지냈다'고 기록하고 있으나, 《영남야언》에서는 다음과 같이 전한다.

호장 엄흥도가 옥거리에 왕래하며 통곡하면서 관을 갖춰 이튿날에 아전과 백성들을 거느리고 군 북쪽 5리 되는 동을지에 무덤을 만들어서 장사 지냈다. 이때 흥도의 혈족들이 화가 있을까 두려워서 다투어 말리매 흥도가 말하기를 "옳은 일을 하고 해를 당하는 것은 내가 달게 생각하는 바다" 하였다.

《아성잡설》에는 또 다른 이야기가 전하는데, 내용은 이렇다.

노산이 해를 당하자, 명하여 강물에 던졌는데, 옥체가 둥둥 떠서 빙빙 돌아다니다가 다시 돌아오곤 하는데, 옥 같은 가는 열 손가락이 수면에 떠 있었다. 아전의 이름은 잊었으나, 그 아전이 집에 노모를 위하여 만들어 뒀던 칠한 관이 있어서 가만히 옥체를 거둬 염하여 장사 지냈는데, 얼마

안 되어 소릉(현덕왕후의 능)의 변이 있어 또 파서 물에 던지라고 명령하였다. 아전이 차마 파지 못하고 거짓 파는 것같이 하고 도로 묻었다.

당시 야사들이 이와 같은 기록들을 남긴 것으로 봐서 당대의 백성들은 수양의 즉위를 찬탈로 보았고, 수양이 김종서와 황보인을 죽인 행위를 반역으로 보았음을 알 수 있다. 숙종 대인 1698년에 단종을 복위하여 영월에 있던 그의 무덤을 장릉으로 추존한 것 역시 같은 맥락이다.

-7-

6 진을 기반으로
조선을 차지하려 했던 이시애

졸지에 감옥에 갇힌
한명회와 신숙주

1467년(세조 13년) 5월 19일, 세조는 겸사복과 내금위 그리고 선전관에게 명령하여 군사를 거느리고 가서 신숙주와 그의 아들 신찬, 신정, 신준, 신부 등을 잡아다가 의금부에 가두게 하였다. 또한 한명회의 집에 보병 30명을 파견하여 지키게 하였고, 한명회의 아들 한보와 사위 윤반을 잡아 와 가두게 하였다. 또한 의금부 진무 김기를 보내 신숙주의 또 다른 아들인 함길도 관찰사 신면을 잡아 의금부로 압송해 오도록 하였다. 이후 한명회 역시 끌려와 옥에 갇혔다.

이른바 '세조의 장량'으로 불린 한명회와 '세조의 위징'으로 불린 신숙주가 역도로 몰려 갇히는 신세가 된 것이다. 이날 이들을 가두도록 밀계를 올린 자는 능성군 구치관이었다.

영문도 모르고 졸지에 의금부에 하옥된 한명회와 신숙주의 목엔 큰 칼이 씌어졌다. 세조는 내시를 시켜 그들을 감시하게 하였는데, 내시가 와서 세조에게 이렇게 아뢰었다.

"두 사람에게 모두 큰칼을 씌웠으나 틀이 가볍고 또 목에 닿은 구멍이 넓었습니다."

그 말을 듣고 세조는 의금부 당상을 잡아 가두게 하고, 의금부 도사 남용신을 임금이 아닌 신하에게 아부한다는 죄목을 붙여 저자에 끌어내 수레로 사지를 찢어 죽이게 하였다. 또한 한명회와 신숙주는 궐내의 옥에 가두게 하고, 승지들로 하여금 감시하도록 했다.

세조가 스스로 그토록 아끼던 두 신하를 이렇게 감옥에 가두게 한 것은 그들이 반란을 도모했다는 고변이 있었기 때문이다. 그들이 반란을 도모했다고 고변한 인물은 함경도 회령 절제사를 지낸 이시애였다.

이시애가 수하 이극지를 보내 올린 장계의 내용은 이러했다.

올량합 등이 여러 번 적선이 후라토도에 정박하였다고 알렸는데도 강효문이 묻지 아니하고, 적이 경원과 종성의 공관과 여사를 불태웠는데도 강효문은 경원 절제사 이종현의 가노를 시켜 이를 아뢰지 않았습니다. 또한 충청도 연산에 사는 전 현감 원맹손의 가노 고읍동이 수군 진영 진무 하수장 등 40인과 함께 배에다 미곡과 말안장, 쟁고 등의 물건을 많이 싣고 길주에 와서 정박하였다가 잡힌 뒤 올적합족에게 말하여 이 도의 인물들을 모조리 죽이겠다고 하였는데도 강효문은 목사와 판관과 함께 고읍동만 잡아다가 문초하였습니다. 그리고 고읍동을 혹은 달래고 혹은 위협하여 육로로 경유하여 온 자처럼 말하게 하였습니다. 또 지금 한창 농사철인데도 여러 진의 정병들을 많이 거느리고 길주에 와서는 정병을 뽑았으며, 그들에게 이르기를 "너희들이 협력하면 서울의 대신들과 내응하여 대사를 이룰 수 있다"고 했으며, 설정신, 박순달, 김익수와 사하북 만호 김정안 등을 시켜 각각 진의 병사들을 거느리고 서울로 향하게 했습니다. 그리고 군관 현득리의 공초에 이르기를 "내가 일찍이 세 차례나 상경한 것은 절도사 강효문이 후라토도의 적과 도내의 군사들을 거느리고 상경하여 한명회, 신숙주, 김국광, 노사신, 한계희 등에게 편지를 보내 약속을 정하려고 함이었고, 그들과 편지를 주고받아 모두 응낙하였으며, 이내 돌아와서 강효문과 우후 정육을에게 은밀히 편지를 전했다"고 하였습니다. 또 공히 말하기를 강효문이 이달 초 7일에 정육을을 5진에 보내어 제장에게 군사를 더 뽑아 오도록 약속하였고, 강효문은 곧바로 부절도사 황기곤과 상응하여 (함길도) 경성부를 출발해서 이달 초10일에 길주에 도착하였습니다. 그 때문에 신이 군사들과 회의를 하여 강효문 등을 잡아 죽이고, 사직 이시합(이시애의 동생)으로 하여금 길주 군사 20인을 거느리고 가서 그의 무리 정육을과 경성 이북의 여러 진장을 포살하게 하였고, 현득리와 고읍동을 가둬놓고 친문하시기를 기다리고 있습니다.

장계의 내용을 간추리자면 함길도 절도사 강효문이 한명회, 신숙주, 김국광, 노사신, 한계희 등 조정의 대신들과 반역을 꾀하여 군대를 일으키고 여진족 올량합족 군대와 연합하여 도성으로 쳐들어가려 하여 이시애 자신이 강효문과 그 수하들을 죽였으며, 반역의 내용을 알고 있는 현득리와 고읍동을 잡아두고 있다는 것이었다.

세조는 곧 장계를 가지고 온 이극지를 불러 이시애가 반역한 것이 아니냐고 물었으나 이극지는 그렇지 않다고 대답했다. 그래서 능성군 구치관, 좌찬성 조석문, 도승지 윤필상 등을 불러 이극지를 국문하게 하였으나 이극지는 여전히 이시애가 반역한 것이 아니라고 하였다. 사실, 이극지는 이시애의 말을 그대로 믿고 온 것이기에 그렇게 대답할 수밖에 없었다. 그래서 이극지를 의금부에 하옥시키고, 한편으론 한명회와 신숙주를 잡아 와 가둔 것이었다. 세조로서는 이시애의 장계를 거짓이라고 단정할 수도 없었고, 또한 사실로 단정할 수도 없었다. 하지만 만약 이시애의 장계 내용이 사실일 수도 있다는 판단으로 한명회와 신숙주 및 그 가족들을 모두 하옥시킨 것이었다.

이시애의 치밀한 계략과
혼란에 빠져든 조정

사실, 이시애가 올린 장계의 내용은 모두 거짓이었다. 이시애는 애초에 반란을 계획하고, 세조와 조정에 혼선을 초래할 목적으로 거짓 장계를 올린 것이었다. 하지만 이시애의 장계를 가지고 궁궐로 달려온 이극지는 이시애의 말을 사실로 믿고 있었다. 이극지뿐 아니라 이시애에게 동조한 모든 6진의 군사와 함길도의 백성들도 그 장계의 내용을 사실로 믿었다. 그만큼 이시애의 간계는 치밀했던 것이다.

함길도 사람들이 이시애의 말을 신뢰하였던 것은 이시애가 그곳의 유지였기 때문이다. 이시애는 검교문하부사를 지낸 이원경의 손자였다. 이원경은 원나라 시절 원나라 동녕부의 벼슬을 하였고, 이성계가 동녕부를 공격할 때 내부에서 이성계를 도운 인물이었다. 그 인연으로 이성계로부터 후한 대접을 받고 지냈고, 이원경의 아들 이인화는 이성계의 고향인 영흥의 대도호부 판부사를 지냈다. 그리고 이인화와 그 일가들은 대대로 길주에서 거주하며 주변에 많은 친인척을 두고 있었으며, 재력도 대단하여 길주에서 가장 거부였다. 덕분에 이시애 역시 길주의 절제사를 지냈으며, 길주는 물론이고 함길도 전체에서도 명망이 대단했다. 이시애가 역적을 죽인다는 명목으로 군대를 일으켰으니 믿지 않을 사람이 없었던 것이다. 이시애가 모반을 계획한 직접적인 이유는 호패법의 실시로 자신의 재산을 빼앗길까 염려해서였다고 한다. 하지만 단순히 재산이 줄어드는 것을 염려하여 반역을 일으킨 것은 아닐 것이다. 이시애는 수양대군이 왕을 내쫓고 왕이 되는 것을 보고 자신도 병력을 잘 움직이기만 하면 왕이 될 수 있다는 거창한 꿈을 품고 있었을 것이다.

이시애는 반란을 일으키기 전에 주변 사람들로 하여금 이런 유언비어를 퍼뜨리게 하였다.

"충청도, 평안도, 황해도 세 도의 군사가 바다와 육지로 함께 진군하여 충청도의 군함은 (함길도) 경성 후라도에 상륙하였고, 평안도와 황해도의 군대는 설한령으로부터 북도에 들어와 함길도의 사람들을 모두 죽인다고 하더라."

이 말은 순식간에 함길도 전역으로 퍼져나갔고, 심지어 함길도 관찰사 오응도 이 말을 믿고 백성들에게 글을 내려 산으로 피하게 하였다. 이 때문에 함길도 민심이 매우 소란하게 되었다. 이시애는 이때를 놓치지 않고 아우 이시합과 함께 길주의 군인들을 선동하였다.

"본도의 절도사가 그 모든 진의 장교들과 더불어 반역을 꾀한다."

길주의 군인들은 이 말을 사실로 믿었는데, 그때 함길도 절도사 강효문은 길주에서 기생과 함께 지내고 있었다. 그런데 강효문과 함께 지내던 기생은 이시애의 첩 소생의 딸이었다. 군인들이 이시애의 말을 믿고 강효문을 죽여 공을 세우고자 했는데, 이시애는 그들을 이끌고 강효문이 머물던 길주 군영으로 갔다. 그리고 강효문이 잠든 틈을 이용하여 이시애의 서녀인 기생이 대문을 열어주자, 이시애가 군인들과 함께 강효문을 죽였던 것이다. 이후 이시애와 군병들은 길주 목사 설정신도 강효문과 한패라고 하여 죽였다. 또한 함길도 관찰사로 나가 있던 신숙주의 아들 신면도 죽임을 당하였고, 각 고을에서는 수령들이 모두 죽임을 당하였다. 이 사건들은 순차적으로 일어난 것이 아니라 단 며칠 동안 일시에 벌어진 일이었다. 신면은 죽기 전에 이시애가 반역을 도모하여 수령들을 죽인 정황을 보고하였는데, 그 내용이 이러했다.

"단천의 향리 최치강이 와서 보고하기를 본군의 상호군 최자상이 이시애의 편지를 받고 밤중에 군사를 거느리고 가서 군수 윤경안을 잡아 죽이고, 또 김익수의 군관 강덕경이 점마 별감 심원을 최자상과 함께 죽였습니다."

이 보고서를 받은 것은 5월 17일이었다. 그런데 하루 전인 5월 16일에 이극지가 가지고 온 이시애의 장계가 먼저 도착해 있었다.

세조와 조정의 대신들은 이시애의 말을 믿어야 할지, 신면의 말을 믿어야 할지 도통 감을 잡을 수가 없었다. 그래서 이시애의 장계가 사실일 수도 있다는 판단 아래 이틀 뒤인 19일에 신숙주와 그의 자식들, 그리고 한명회와 그의 아들, 사위 등을 잡아 와 구금한 것이다. 또한 이시애가 반란을 일으켰다는 장계를 올린 신면도 잡아 오도록 했다.

하지만 이후에 신면이 이시애의 수하들에게 죽었다는 사실을 알게 되었고, 모든 것이 이시애가 꾸민 계략이라는 것도 알게 되었다. 그것은 세조가 신숙주와 한명회를 가둔 지 열흘쯤 지난 이후였다. 세조는 그동안 자신이 이시애의 농간에 놀아났다는 것을 비로소 깨닫고 두 사람을 풀어줬다. 그리고 그들이 풀려나자, 맨발로 섬돌 아래까지 내려가서 자신의 잘못을 자책하고 그들의 손을 잡고 전 위로 이끌어 올린 후 즉시 관직을 복직시키게 된다.

이시애의 계략에 말린
토벌군

세조는 한명회와 신숙주를 가두면서 동시에 종친 이준을 4도 도총사로 삼아 군대를 안기고 이렇게 명령했다.

"만약 이시애가 반역을 하지 않았다면 그의 공을 장려하고 데려오고, 반역한 정상이 명백하면 반드시 사로잡아 오라. 또한 이시애와 강효문의 일에 연루된 자들을 모두 잡아 오도록 하며, 연좌된 자들은 각 읍의 감옥에 가두도록 하라."

이준과 함께 부사 조석문과 체찰사 윤자운, 절도사 허종이 함께 떠났다. 강효문을 대신하여 새롭게 함길도 절도사가 된 허종이 먼저 강원도 회양에 도착하여 이준에게 글을 올려 물었다.

"이시애의 진영을 정탐하기 위해 길주 출신 군관 양근생을 길주에 먼저 들여보내려 하는데 어떻게 생각하십니까?"

이준이 허종의 글을 보고 군관 유보와 박맹손 편에 답장을 보냈다.

"양근생은 길주 사람이므로 처자와 일가들이 모두 그 고을에 있으니, 이시애가 만약 반역의 마음이 있다면 반드시 양근생을 돌아오지 못하도록 할 것입니다. 또 만약 양근생이 억지로 돌아오려 한다면 그 처자와 일가들이 해를 당할 것입니다. 그러니 양근생이 길주로 들어간 뒤에 어떻게 처자를 버리고 돌아오겠습니까? 공은 속히 함흥으로 가서 그곳 사정을 자세히 탐지하여 유보 등에게 편지로 통지하시오."

이준이 이런 명령을 내린 지 9일 만인 5월 28일에 허종이 장계를 올렸다. 허종의 보고서를 가지고 온 사람은 안변 사람 윤홍신이었다. 그 보고서의 내용을 요약하자면 허종이 20일에 안변에 도착했고, 21일엔 덕원에 이르러서 북방의 사정을 살펴보았는데, 큰비로 인해 자세히 살필 수가 없었다. 그런데 오가는 사람들이 전하는 말에 의하면 이시합이 군대를 이끌고 다니면서 관찰사를 비롯한 모든 고을 수령들을 죽이고, 먼저 보낸 자들도 모두 사로잡았다는 것이었다.

그때 이시애는 자신이 진짜 함길도의 절도사이며, 허종은 가짜 절도사라는 소문을 퍼뜨리고 있었다. 그 때문에 허종은 그들에게 살해될까 염려하여 안변으로 되돌아와야 했고, 길주 목사 최적도 길주로 가지 못하고 영흥에 머물러 있어야만 했다. 말하자면 함흥 이북은 모두 이시애에 의해 장악되었고, 그곳 백성들과 군인들은 모두 이시애가 진짜 함길도 절도사라고 믿고 있었던 것이다.

그래서 허종은 함길도에 새로운 관리를 파견하되 그곳 출신으로 할 것이며, 강효문과 이시애의 사건에 연루된 토착민들을 옥에 가두라는 명령은 거둬달라고 했다. 만약 그들 지방민들을 연좌하여 가두게 되면 민심이 걷잡을 수 없이 동요될까 염려된다고 덧붙이까지 하였다. 그리고 강효문과 연계된 자들은 이미 감옥에 가둬됐다고 하였다.

허종의 장계를 받고 세조는 즉시 도총사 이준과 절도사 허종 그리고 함길도 백성들에게 각각 글을 내렸다. 글을 내리면서 세조는 매우 자신감이 넘쳤다. 이 정도 계책이면 이시애의 난쯤은 끝날 것이라고 자신했다.

우선 이준에겐 이런 계책을 내렸다.

"병법에 이르기를 적당패가 궁지에 몰리면 핍박하지 말라고 하였으니, 너는 진중함을 유지하고 군사를 기다리라. 이것은 당태종이 백벽을 공략할 때의 계책이니 매우 효과적일 것이다. 만약 공격할 만한 형세가 있으면 마땅히 빠른 뇌성에 귀를 가릴 틈도 없이 치고 들어가라. 이것은 당태종의 무뢰의 용맹이니, 또한 뛰어난 계책이다."

그리고 허종에겐 이런 답장을 보냈다.

"경의 보고서를 보고 이미 경이 뜻한 바를 잘 알겠다. 군민을 위로하고 회유하면 의혹이 풀린다고 한 경의 말이 옳다. 그러므로 나의 유시 (지시문) 40통을 윤흥신 편에 부치니, 경은 속히 여러 고을에 배포하라. 또 듣건대, 경은 강효문의 세력 2인을 안변에 가뒀다고 했는데, 그렇게 되면 사람들이 경을 가리켜 이시애의 당이라고 할 것이다. 그렇게 되면 경은 무슨 말로 이시애의 죄를 물을 수 있겠는가?"

말인즉, 강효문의 세력 2인을 가둔 것은 이시애의 세력으로 오해받을 수 있으니 풀어주라는 뜻이다.

마지막으로 함길도 백성들에게 내리는 유시문의 내용은 이러했다.

이시애가 반역을 하여 여러 진의 관리들을 죽이고, 노복들까지 죽였으며, 절도사를 사칭하여 사람들을 속이고 홀려서 마침내 군민으로 하여금 모두 따르도록 만들었다. 그러므로 내가 명하여 구성군 이준을 평안도·함길도·황해노·강원도 4도의 병마 도총사로 삼고, 의정부 좌찬성 조석문을 부사로 삼아, 평안도 진북장군 강순과 황해도 평로장군 박중선 등을 거느리고 토벌하게 하였다. 또 어세공을 본도 관찰사로 삼고, 허종을 절도사로 삼았으니, 너희들이 능히 역적 이시애 등을 잡는 자가 있으면 비록 이시애의 친당이라고 하더라도 그 죄를 묻지 않을 뿐 아니라, 논공행상하여 상을 내리도록 하겠다.

하지만 세조의 유시에도 불구하고 그날 함흥 유향소 품관 윤극검 등 14인이 서명한 글이 올라왔다. 그 내용은 이러했다.

신면이 이달 15일에 본부에 도착하여 남도의 군사를 징발하여 모으고, 18일에는 윤자운과 구치동이 부내에 들어와 손욱, 심원, 변처관, 김후, 박종문, 김중륜, 이효석과 더불어 각기 수하들을 거느리고 몰래 의논하였는데, 모두 다 갑주를 입고 활과 화살을 가지고 있었습니다. 전령의 표신을 만들어 윤자운은 대장이 되고, 구치동과 손욱은 종사관이 되며, 신면은 중위장이 되고 김후는 그 종사관이 되었습니다. 또한 박종문은 좌위장이 되고, 변처관은 우위장이 되며, 이효석은 후위장이 되었습니다. 그리고 지금 군사 50인이 성문을 파수하고 있으며, 19일에는 이 도의 주민들을 모두 죽이고 곧 서울을 침범하려고 의논하였습니다. 또 심원으로 하여금 군사를 거느리고 토관 이중무와 이시애의 족친 전숙손 등 5부자와 의친 갑사 이승언, 이승손 형제를 옥에 가뒀으므로, 그 반역의 상황이 드러났습니다. 그런 까닭에 갑사 이중화가 전한 이시애의 글에 의거하여 18일 밤에 신면과 구치동 그리고 수하와 노비 등 16인을 죽였습니다.

이렇듯 함길도 백성들은 모두 이시애가 반역 도당을 잡아 죽인 것으로 알고 있었다.

그 무렵, 함흥 이북에서는 반역도의 무리가 군대를 보내 치고 올라왔다는 소문이 파다하게 퍼졌고, 그 때문에 절도사로 파견된 허종은 가짜 절도사로 알려져 있었다. 또한 이시애는 자신의 동생들인 이시합과 이시백에게 수천 명의 군대를 맡겨 방어선을 확립하고, 토벌군의 공격에 대비하고 있었다. 허종은 이를 안타깝게 여기며 이준에게 빨리 대군을 투입하여 적을 토벌해야만 민심이 안정된다고 대군의 진격을 재촉했다.

하지만 함길도 주민들은 이시애가 낸 소문 탓에 이준이 이끌고 온 군대가 자신들을 몰살하기 위해 몰려온 반역군이라고 여기고 있었다. 그런 까닭에 이준은 군대를 함부로 북으로 전진시킬 수가 없었다. 이시애의 교묘한 계략 때문에 세조는 수만 명의 군대를 보내고도 그저 머뭇거리고 있어야만 했던 것이다.

연이은 패전 소식에 분노하는 세조

수만 명의 군대로써 이시애를 공략하는 일도 잘되지 않았을뿐더러 세조의 유시를 퍼뜨리는 작업도 뜻대로 되지 않았다. 세조의 유시가 담긴 글을 길주의 주민들에게 퍼뜨릴 자를 물색했더니, 길주 사람 최유의 아들 최윤손이 자원했다. 그래서 최윤손에게 유시문을 주고 길주로 보냈는데, 길주에 당도한 최윤손은 오히려 이시애의 편이 되어버렸다. 최윤손은 오히려 세조의 글을 가지고 함길도에 이르자 각 진영으로 다니면서 관군은 반역 도당의 군대라며 관군에 호응하지 말라고 하였다. 그러고선 세조의 유시문을 퍼뜨린 척하고는 오히려 이시애가 세조에게 올리는 장계를 가지고 도성으로 가다가 이준에게 붙잡혔다. 이준이 최윤손을 다그치며 이시애가 반란을 도모한 정황을 묻자, 최윤손은 이시애에게는 전혀 반란의 기미가 없었다고 대답했다. 그래서 이준은 그를 도성으로 압송시켰고, 최윤손을 만난 세조는 그를 직접 신문하며 물었다.

"너는 함길도에 가서 무슨 공을 이뤘느냐?"

최윤손이 대답했다.

"신이 이시애에게 임금께서 이미 신숙주와 한명회를 가두고 당신과 대질하기 위해 기다리고 계시니 속히 상경하라고 했더니, 이시애가 눈물을 흘리면서 자신은 도성에 가서 대질하고 싶지만 도중에 간자들에게 해를 당할까 두려워 상경할 수 없다고 하였습니다."

그리고 최윤손은 이시애가 올린 장계를 내놓았다. 그 장계의 내용은 세조의 판단을 흐리게 하기 위한 것들이었다.

적신 강효문은 널리 당여를 심어 충청도의 병선을 동원하여 정박시키고, 평안도와 강원도의 군사를 취합하여 주민들을 다 죽이려고 하는 까닭으로 군민이 회의하여 그들을 토벌하고 평정하였으나 신은 아직도 적당을 완전히 방어하는 데 미치지 못한 까닭에 함흥에 나와 하명을 기다리겠습니다. 이제 최윤손의 말에 의하면 신을 모역하였다고 하신다고 들었습니다. 이곳 백성들이 나라와 운명을 함께하고 있는데 어찌 터럭 하나라도 반란할 마음을 품겠습니까? 예전에 이징옥이 모반을 했을 때도 그를 주살하고 무너뜨린 것은 이곳 군민들의 힘이었습니다. 원컨대 간신의 말을 듣고 믿지 마옵소서. 또 본도의 수령들은 모두 강효문과 신면의 무리였기에 함께 죽임을 당한 것입니다. 그런데 만약 다른 도의 인물들로 수령을 삼아 메운다면 다시 반역의 무리가 계속하여 일어나고 병화가 연속되어 백성이 제대로 휴식할 수 없을까 두렵습니다. 원컨대 본도의 자제로서 재질이 수령을 감당할 만한 자를 가려서 메워주시면 민생의 생업이 안정될 것입니다.

이시애의 글은 그렇듯 여전히 자신은 나라를 위해 적당의 무리를 척결하였다고 주장하였다. 하지만 세조는 더 이상 그의 말을 믿지 않았다. 세조는 최윤손을 의금부에 하옥시키도록 하고, 이준에게 대군을 적진으로 진군시키라고 명령했다. 그때서야 이시애의 의도를 파악했던 것이다. 이시애는 계속 시간을 끌면서 함길도를 장악한 뒤, 그곳에서 왕 노릇을 하고자 한 것이었다.

하지만 모든 것이 이시애의 계획대로 진행된 것은 아니었다. 6월로 접어들면서 함길도 남쪽 진영의 병사들에게 세조의 유시가 전달되었고, 그 덕에 일부 진영은 관군이 접수하였다. 6월 5일에 허종이 올린 장계에 의하면 함길도 홍원동의 병사들 중 일부는 이미 모든 것이 이시애가 꾸민 계략임을 알고 이시애의 동생 이시합을 포박하는 데 성공했다가 놓쳤다는 내용이 있다. 또 6월 8일에 이준이 보낸 종사관 이서장의 보고에 따르면 차운혁과 정휴명 등의 군관이 경성과 회령의 병사를 거느리고 마운령에 진을 치고 있다는 내용도 보인다. 마운령은 관북 지방으로 연결되는 주요 통로였다.

마운령에서 이시애의 본거지인 길주까지는 먼 거리는 아니었다. 하지만 여전히 관군을 역도의 군대라고 믿고 있는 군민들 때문에 쉽사리 길주로 진군할 수 없었다. 그래서 6월 16일에 이준은 진북장군 강순에게 이런 글을 내린다.

"함관령을 넘을 기일과 제장들과의 약속은 이미 평로장군 박중선 등에게 공의 지휘를 받도록 하였고, 또 어유소와 허종으로 하여금 진영을 연결하여 송동 쪽을 후원하게 하였으니, 공은 그들로 하여금 서로 응원하게 약조를 하는 것이 가능할 것이다. 그러나 경솔하게 진격할 수도 없고 또한 기회를 잃을 수도 없으니, 형세를 관망하고 징후를 탐지하여 먼저 적의 우익을 베는 것이 좋겠다."

함관령은 함흥과 홍원군 사이에 있는 고개다. 아직 이때까지 이준의 군대는 함관령을 넘지 않았던 것이다. 여기서 길주까지 가려면 홍원을 거쳐 북청과 단천을 지나야 했다. 그 무렵, 마운령에 진을 치고 있던 군관 차운혁은 북청으로 들어갔다가 붙잡혀버렸다.

6월 19일 도총사 종사관 김관의 말에 따르면 함관령 이북은 길이 막혀서 통하지 않고, 함흥의 병사를 거느리고 북쪽으로 진군하여 길주와 경성을 지나 부령에 들어갔던 맹득미와 박자곤은 차유령을 지키고 있다가 이시애의 군대에게 공격을 당해 포로로 잡히고 말았다.

그 소식을 듣고 세조는 이렇게 질책하였다.

"병력의 세력이 크게 진동하고 적의 예봉이 꺾였으니, 마땅히 이 기회를 틈타 진압하라. 이제 두려워하여 겁내고 진격하지 않으면 앉아서 사기가 꺾이게 될 것이다. 행군을 할 땐 마땅히 들판에 진영을 만들 것이며, 이제 대병을 거느리고 함흥성에 들어가는 것만이 계책이 아니다. 어찌하여 함흥의 병사를 맹득미에게 주고 고립된 군사들을 데리고 들어가 적에게 사로잡히게 하였는가? 이것은 책략을 읽은 것이다."

세조를 화나게 하는 것은 그것만이 아니었다. 이날 허종의 장계에 따르면 세조의 유시를 들고 여진족의 땅에 갔던 이산옥과 이옥 등이 중간에서 이시애의 수하들에게 붙잡혀 유시를 제대로 뿌리지도 못했다는 것이다. 그래서 허종은 다시 유시를 더 만들어 보내달라고 하였다.

치열하게 전개된
북청 전투

설상가상으로 그 무렵, 이시애가 거느린 6진의 군대는 여진족과 결합되어 있었다. 6월 22일에 강순이 보고한 것에 따르면 이시애는 야인에게 병력을 청하여 군세가 매우 강성해졌다는 것이다. 당시 이시애의 총병력은 2만 5,000에 이르렀다.

그때 강순은 함관령을 넘어 홍원군에 주둔하고 있었는데, 이준은 강순에게 여러 장수와 의논하여 북청으로 진입할 계책을 논의하라고 지시했다. 이준의 지시를 받고 강순이 장수들과 함께 북청으로 진입하는 것에 대해 논의하니, 장수들 간에 북평에 주둔하자는 자들과 그냥 홍원 평포에 주둔하자는 자들로 나뉘었다. 그때 맹패장 이숙기가 말했다.

"북청에 들어가면 세 가지 이점이 있는데, 첫째는 읍내에 수목이 많아 벌목하여 목책을 세우는 것이고, 둘째는 창고의 곡식을 점거하는 것이며, 셋째는 적의 소굴에 비밀히 접근하여 형세를 정탐하기 쉬운 것입니다. 그러나 평포에 주둔하면 세 가지 불리한 점이 있는데, 그 첫째는 군사들이 들판에 있어 장맛비가 열흘만 연달아 내리면 활이 풀리고 갑옷이 무거워지는 것이고, 둘째는 앉아서 군량만 허비하는 것이며, 셋째는 물이 불어나면 강을 건널 수 없다는 것입니다."

이숙기의 말을 듣고 강순은 6월 24일에 종개령을 넘어 북청으로 진격하였다. 그러나 북청 진입은 만만한 일이 아니었다. 강순은 북청으로 바로 진입하여 관아를 차지하고 진을 치려는 생각이었다. 하지만 절도사 허종의 생각은 달랐다. 허종은 대군이 고을에 진을 치게 되면, 곡식을 짓밟아버려서 그 원망을 감당할 수 없다고 하였다. 그래서 냇가에 진을 치는 것이 좋겠다고 했는데, 강순은 허종의 주장을 반박했다.

"대사를 이룬 자는 작은 폐단을 돌아보지 않는 것이니, 이제 적들의 공격로가 사방으로 통하는 땅에 머물면 우선 울타리를 칠 목석은 어떻게 구할 것인가? 또 만약 적병들이 야음을 틈타 돌격하여 온다면 무엇으로 방어하겠는가?"

하지만 허종은 주장을 굽히지 않았다. 그래서 두 사람의 언쟁을 지켜보던 비장 김교가 강순의 편을 들며 이렇게 말했다.

"고을에 의거하여 진을 쳐야 창고가 그 안에 있으므로 적병이 몰려와도 염려가 되지 않을 것입니다."

이렇게 해서 결국 강순의 주장대로 고을 안에 진을 치기로 했다. 그리고 군영 외곽으로는 나무를 베어 사슴 뿔 모양의 성을 만들게 하고, 그 안쪽으로 다시 목책을 설치했다. 그리고 성 바깥에는 구덩이를 파서 적이 함부로 침입하지 못하게 하였다.

그러나 다음 날 새벽에 이시애가 1만 6,000의 병력을 이끌고 와서 서쪽을 집중적으로 공격하여 목성을 무너뜨렸다. 또 강 상류의 물을 막아 관군 진영으로 물이 흐르지 못하게 한 뒤, 불을 질러 고을 안의 집들을 불태웠다. 그러면서 삼면으로 동시에 공격하며 고함을 질러댔다. 고함 소리 중에는 여진족의 말들도 섞여 있었다.

강순은 이에 대한 대응책으로 말에 재갈을 물리고, 말의 발을 잡아매어 소리를 내지 못하도록 하였다. 그리고 성벽을 단단히 지킨 채 전혀 대응하지 못하게 했다. 그 때문에 달려들던 이시애의 군대는 관군이 진지를 옮겨간 것으로 판단하고 스스로 물러갔다. 그러다 날이 새자 관군에게 속은 것을 알고 다시 몰려왔다. 이후 한동안 치열한 싸움이 진행되었는데, 그때 강순은 적진을 혼란시키기 위해 함길도 출신 군관 방서동, 지득련, 리연년 등을 성 밖으로 내보내 반군의 군관들에게 이렇게 전하게 하였다.

"너희들은 이미 임금의 유시문을 보았을 터인데, 감히 관군에게 계속 대항할 작정인가?"

그러자 반군의 군관들이 임금의 유시를 보자고 하였다. 그래서 강순이 세조의 유시문을 그들에게 보여줬더니 그들은 둘러서서 함께 보면서 혼란스러워했다. 그때 이시애와 이시합, 이명효 등이 싸움을 독촉하면서 물러서는 군사 두 명의 머리를 베어버렸다. 그 때문에 겁을 먹은 반군은 다시 공격을 시작했다.

양쪽의 싸움은 한낮까지 계속되었지만, 이시애의 군대는 관군의 거센 저항을 뚫지 못했다. 그쯤 되자, 이시애가 길주 사람 박의례를 시켜 관군 진영에 이런 말을 전했다.

"우리들은 본시 반심이 없는데 조정에서 도리어 역적이라 생각하였습니다. 만약 나로 하여금 예궐하여 스스로 진달하게 한다면 마땅히 전하를 위하여 이 뜻을 드러내어 아뢰겠습니다. 그러니 장군께서 군사를 철수시키면 우리도 물러나겠습니다."

그 무렵, 관군의 처지도 말이 아니었다. 화살은 다 떨어지고, 병사들의 힘도 다 빠진 상태였다. 그 때문에 거짓으로 이시애의 제의를 받아들이는 척하였다.

"너희들은 모두 우리나라의 백성인데, 다 죽여서 무엇이 이익 되겠느냐? 만약 말한 것과 같이 한다면 우리도 또한 군사를 퇴각하겠으나, 만일 우리를 배반함이 있으면 마땅히 다시 거병하여 무찔러서 남음이 없게 하겠다."

이 말을 듣고 이시애가 군대를 이끌고 물러갔다. 그리고 강순도 북청에서 후퇴하여 홍원에다 진지를 다시 꾸리고 적의 동향을 관망했다.

직접 정벌에 나서겠다고
공언하는 세조

북청 전투 이후 이시애는 함부로 관군을 공격하지 못했다. 그런 가운
데 이시애가 다시 관군을 공격할 것이라는 소문이 떠돌기도 했고, 또
한 번의 결전을 위해 이시애의 군사들이 모두 3일분의 익힌 음식을 지
참하고 있다는 말도 있었다. 하지만 이때 이시애는 길주의 이성에 머
물면서 6진에서 더 많은 군대를 징발하고 있었다.

이시애가 이성에 웅크리고 있는 사이 세조가 내린 유시가 조금씩
민간으로 전파되기 시작했다. 그 무렵, 세조는 강순의 군대와 관군이
진격하지 않고 한곳에 머물러 있는 것을 불만스러워하면서 속히 단천
과 이성으로 들어가 역도들을 진압해야 하며, 그 이후에도 계속 북진
하여 적도를 협공해야 한다고 주장했다. 세조의 말을 직접 들어보자면
이렇다.

"내 생각으로는 강순 등이 진을 치고 머물러 있으면서 진격을 하지
않는 것은 옳지 못하다. 만약 속히 단천과 이성에 들어가 대군으로 진
압하고 곧바로 적이 주둔한 곳의 뒤를 돌아 5진에 웅거하여 앞뒤로 협
공해야 할 것이다. 그러면 적은 솥 가운데 고기 꼴이 될 것이니, 마땅히
이준에게 지시하여 다방면으로 기책을 써서 기회를 틈타 승리를 해야
할 것이다."

그렇게 결정한 세조는 유자광을 전장으로 투입했다. 그리고 유자광

의 등을 어루만지며 이런 말을 보탰다.

"당태종은 호걸지사를 대함에 있어 반드시 먼저 위엄과 분노를 더하여 그 기상을 꺾은 연후에 임무를 맡겨서 등장시켰다. 하지만 나는 그렇지 않다. 나는 그저 친애할 따름이다. 이제 너를 임용하여 장수로 삼아 1개 여단을 이끌고 가서 이시애를 토벌하게 하려 한다."

한편, 이시애는 강순이 함부로 공격해 오지 못하도록 이런 편지를 보냈다.

"본도의 군민들을 방문하여 두루 물어보고 임금께 보고하여주시기 바랍니다."

말인즉, 함경도의 군민들은 이시애가 충성스러운 마음으로 역적들을 처단한 것으로 알고 있다는 뜻이었다. 이에 강순은 이렇게 대답했다.

"너의 말은 들어볼 필요도 없으니 빨리 나와서 대궐에 가서 자수하라."

그리고 하루 뒤인 6월 30일에 이준이 군관 김백겸을 시켜 북청 싸움에서 이시합이 화살을 맞고 죽었다는 말을 대궐에 전했다. 이는 이준이 북청에서 투항해 온 안득유로부터 들은 말이었다. 하지만 이시합이 죽었다는 말은 잘못된 소문이었다.

어쨌든 이시합이 죽었다는 말을 전해 듣고 세조는 이렇게 말했다.

"관군은 외롭고 약한데, 내가 직접 정벌을 나가지 않는다면 군사들을 더 증원시킬 방법이 없다."

세조는 자신이 직접 정벌에 나서겠다며 이런 방을 붙이게 하였다.

이시애는 이미 패하였고, 시합은 화살에 맞아 죽었다. 그러나 어리석은 백성들은 아직도 의혹에 사로잡혀 깨닫지 못하고 있으니, 내가 직접 정벌을 나서지 않으면 살상자를 많이 내게 될 것이다. 그리고 본향의 사람들을 내가 직접 위로하고자 한다.

세조가 직접 출정하겠다는 소식을 듣고 강순은 눈물을 흘리면서 이렇게 말했다.

"우리가 변변치 못하여 적군이 임금에게까지 미치게 되었도다!"

강순이 그렇게 한탄하자, 부하 장수들도 모두 따라 울었다. 앞으로 자신들에게 떨어질 패전에 대한 질책을 생각하니, 앞이 캄캄하였던 것이다.

세조는 자신의 출정일을 7월 2일로 공표했다. 그래서 서울과 지방의 한량이나 공노비, 사노비, 시골 아전 등에게 자원 요청을 받도록 했다. 또 자원할 경우 도끼나 몽둥이 등은 스스로 준비토록 하였고, 각기 20일분의 식량이 필요한데, 그중 10일분의 식량은 스스로 싸 오도록 하고 나머지 10일분은 관청에서 내준다고 했다.

세조가 직접 출전하겠다는 소식은 이내 도총사 이준에게도 전달되었다. 그런데 세조의 지시문을 본 함길도 길주와 단천의 군민들이 오히려 이시애의 행동은 나라에 대한 충성심에서 나온 것이고, 신숙주, 한명회 등이 강효문과 함께 함길도의 군민들을 모두 죽이려 한 것을 이시애가 충정으로 그들을 죽이고 함길도의 군민을 살린 것이라고 주장하는 글을 올렸다. 그러면서 이시애는 역도들을 처단한 것인데, 도리어 간악한 역적으로 몰려 있으니, 하늘의 이치에 맞지 않는다는 말을 덧붙였다.

그리고 마침내 세조가 직접 출정하겠다던 7월 2일이 되었다. 하지만 세조는 출정하지 못했다. 세조는 출정을 너무 서두른 탓에 군사 정돈이 되지 못하여 출정을 미뤘다는 말을 이준에게 전하게 했다. 대신 오자경에게 정예 병력 1,000명을 안겨 먼저 떠나도록 조치하고, 총통군 1,350명을 추가로 보냈다.

그리고 함길도 관찰사 어세공에게 이런 말을 전하게 했다.

"경은 이시애에게 겁을 먹고 구성에 머물면서 꿩 새끼처럼 머리만 틀어박고 날마다 곡식만 축내고 있다. 빨리 남도로 나오도록 하라."

그러면서 세조는 자신이 당장에라도 출정할 것처럼 난리를 쳤지만, 직접 전장으로 가지는 않았다. 이시애의 난이 진압되지 못하는 것에 대해 격분하여 직접 출전하겠다고 큰소리를 쳤지만 사실 전장에 갈 마음은 없었던 것이다.

그때 때마침 대사헌 양성지가 글을 올려 임금의 행차를 가을장마 이후로 하는 것이 어떻겠느냐고 세조의 출정을 만류했다. 세조는 양성지의 글을 받고 그 뜻을 따르겠다는 짧은 말로 일단 출정 계획을 중단했던 것이다.

북청을 점거한 관군

세조의 출정이 공표된 기일에 이뤄지지 않자, 이시애는 휘하 군대와 백성들의 결집력을 더욱 강화시킬 수 있게 되었다. 왕이 직접 출정하게 되면 군대의 사기가 떨어지고, 이시애의 거병 명분이 사라질 수도 있었다. 하지만 7월 2일에 출정하겠다던 세조가 길을 나서지 않자, 관군이 백성들에게 퍼뜨린 지시문의 효력도 약해지고, 관군에 대한 의구

심도 더욱 강해졌다. 말하자면 도성에서 한명회, 신숙주 등의 역신이 도성을 장악하고 관군을 가장한 역도들을 보내 자신들을 죽이려고 한다고 믿게 되었던 것이다.

그쯤 되자, 이시애는 이성에서 나와 홍원과 북청 땅으로 진주하여 공격의 기회를 엿보고 있었다. 이때 강순은 홍원에 주둔하였고, 이준은 함흥에 주둔하고 있었다. 하지만 아직 세조가 보낸 지원군은 오지 않은 상태였다. 만약 이시애가 홍원의 강순 부대를 공략한다면 버티기 힘든 상황이었다. 이시애의 군대는 6진의 최정예 병력이었고 무기도 풍부했지만, 강순의 부대는 지난번 북청 전투에서 화살을 소진하여 방어력이 크게 약해진 상태였기 때문이다.

이에 세조는 급히 함길도 백성들에게 내리는 유시를 보내는 것 외에 별다른 대책을 얻지 못했다. 세조는 이시애를 도운 사람이라고 할지라도 공만 세우면 상을 내리겠다는 말을 강조하는 유시를 7월 22일에 다시 내리고, 군사를 풀어 전면전을 벌이지 않는 것은 백성들을 사랑하기 때문이라는 내용까지 덧붙였다. 처음에는 이시애에게 도움을 준 자들을 강력하게 응징하겠다고 했다가, 그다음에는 모르고 한 일에 대해서는 책임을 묻지 않겠다고 했다가, 이제는 이시애에게 도움을 준 자라고 할지라도 이시애를 잡는 데에 도움만 준다면 상을 내리겠다고 했다. 또 백성들을 사랑한다는 애걸까지 하였다. 그만큼 이시애의 군세가 녹록지 않았던 것이다.

이런 상황에서 이시애는 북청을 다시 점거하고, 이어 관군의 본대가 있는 함흥을 칠 계획을 짜고 있었다. 이를 위해 선발대 200여 명을 휘하 장수 김말손에게 안겨 북청과 함흥의 경계인 석장현으로 파견하였다. 김말손이 석장현에 진을 쳤을 때, 함흥의 이준도 휘하 장수 최유림에게 군대를 내주고 석장현으로 진격하게 하였다. 그런데 그들이 석장현 근처에 와서 보니, 이미 김말손이 장악하여 주둔하고 있다는 정보가 들어왔다. 김말손의 부대와 최유림의 부대는 약 30리를 사이에 두고 진을 쳤는데, 김말손이 관군의 동태를 살피기 위해 나졸 정윤을 정탐병으로 내보냈다. 그런데 정탐을 나왔던 정윤은 최유림에게 붙잡히고 말았고, 덕분에 최유림은 이시애가 함흥 본대를 치려 한다는 계획을 알게 되었다.

한편, 정윤이 최유림에게 붙잡혀 죽었다는 소식을 접한 김말손은 최유림 부대를 공격하지 못했고, 그사이에 함흥에 머물러 있던 이준이 본대를 이끌고 함관령을 넘었다. 그리고 이내 북을 치면서 북청으로 진입했다. 이준 부대의 갑작스러운 북청 진입은 이시애 부대에겐 크나큰 부담이 되었다. 당시 북청에는 이시애의 군대가 주둔하면서 각 현의 현령과 현감까지 지명하여 관아를 다스리게 한 상황이었다. 그런데 북청의 본대가 진입하면서 이시애 군대는 후퇴할 수밖에 없었다. 이준의 본대에 이어 강순과 허종, 박중선, 어유소 등의 군대도 모두 북청으로 밀려들었고, 이시애의 군대도 북청의 고사리 역참에 집결했다. 고사리 역참 뒤 거산의 험한 지형을 배경으로 수비진을 펼치고 있었던 것이다.

무너지는
이시애

8월 3일, 도총사 이준은 휘하 군인들의 투구 위에다 흰 종이에 검은 달을 그린 표식을 붙일 것을 명령했다. 관군과 이시애의 군대가 같은 군복을 입고 싸우기 때문에 자칫 아군과 적군을 구분하지 못할까 봐 취한 조치였다. 그리고 각 부대별로 진격로를 결정하여 다음 날 새벽에 출정하기로 했다.

8월 4일 새벽에 진북장군 강순을 선봉으로 하여 절도사 허종, 대장 어유소, 도총사 이준의 순으로 진격하니, 거산역 마을의 고개에 5,000여 명의 이시애 부대가 진을 치고 있었다. 그러자 관군은 고개 아래 들판에 진을 치고 적을 칠 기회를 엿보았다. 공격에 앞서 이시애가 반역을 꾀한 것이라고 큰 소리로 외치게 하였는데, 이시애 휘하 장수 김극효 등이 이렇게 소리쳤다.

"구성군 이준이 오면 우리가 이시애를 잡아서 그에게 바치겠다!"

그래서 이준은 휘하 군관 지득련을 시켜 이미 구성군이 와 있으니 빨리 와서 만나라고 소리치도록 했다. 하지만 김극효는 자신이 가기는 어렵다면서 이준이 군사들을 두고 고개 위로 올라오면 만나겠다고 했다. 결국, 김극효는 항복할 생각이 아니라 이준을 유인해서 잡을 속셈이었던 것이다.

이준은 일전이 불가피하다고 말하고는 곧장 진격 명령을 내렸다. 관군이 고개로 기어오르자, 이시애의 군대가 포와 활을 쏘고 돌을 굴리면서 강력하게 저항하였다. 싸움은 아침에 시작되어 해 질 녘까지 계속되었다. 그리고 기세는 수적으로 훨씬 우세한 관군이 먼저 삽았나. 시간이 지날수록 이시애의 군대는 점점 밀렸고, 결국 사수하고 있던 첫 번째 봉우리를 빼앗기고 후퇴하였다.

관군이 다음 봉우리로 진격하자, 두 번째 봉우리에서는 이시애가 직접 병력 2,000을 이끌며 저항해왔다. 이준이 모든 부대를 동원하여 공격했지만 워낙 결사적으로 저항하는 탓에 방어막을 깨뜨리지 못했다.

이준은 결국 일부 병력을 측면으로 돌려 공격도록 했다. 어유소의 군대가 동쪽 봉우리를 우회하여 영마루에 오른 다음 적을 공격해 들어갔더니 마침 효과를 보았던 것이다. 이시애의 수하들은 측면에서 맞은 공격에 당황하여 허물어지기 시작했고, 그때를 놓치지 않고 이준의 본대가 중앙으로 직접 치고 들자, 이시애의 방어진은 순식간에 무너져버렸다. 그러자 이시애는 병력을 이끌고 달아나버렸다.

이 전투에서 관군은 200여 명의 적군을 죽이고, 열세 명을 사로잡았다. 이후 이준은 빠르게 적의 뒤를 쫓아 이성으로 밀고 갔다. 이튿날 다보동에 도착했는데, 그곳에는 길가와 산기슭 할 것 없이 초막으로 가득하였다. 이준이 잡혀 온 적의 군사들에게 그 연유를 물으니 이렇게 대답했다.

"이시애의 수하 장수 이명효가 사람들에게 말하길 남쪽에서 군대가 오면 도의 백성들과 처자를 모두 죽일 것이니, 자기 군사들 뒤에 있으면 살 수 있다고 해서 초막을 짓고 사는 것입니다."

그때 이성 쪽을 바라보니, 큰 연기와 불길이 하늘을 뒤덮고 있었다. 이시애의 군대가 달아나면서 이성 창고를 불태웠던 것이다. 이준이 급히 군대를 보내 불을 끄게 하였더니, 곡식은 모두 불타고 겨우 200여 곡의 낱알만 가지고 돌아왔다.

한편, 그때 이시애는 단천에 진을 치고 있었다. 관군이 마운령을 넘어 그곳으로 향하자, 이시애는 6진에 남은 모든 군사를 모아 큰 천을 사이에 두고 방어진을 펼치고 있었다. 이준은 빨리 적진을 공격하여 무너뜨려야 한다고 주장했으나 강순은 이시애 휘하의 6진의 군사가 다 모여든 만큼 예봉을 꺾기가 어렵다며 진을 치고 적진을 주시할 필요가 있다고 했다. 하지만 대개의 장수들은 이미 적의 예봉이 꺾였기 때문에 빨리 공격하는 것이 상책이라고 하였고, 그런 가운데 단천에 사는 갑사 신귀옥이 적진에서 도망쳐 와서 이런 말을 전했다.

"우리는 처음에는 나라의 의도를 알지 못하여 시애의 꾐과 협박에 넘어갔는데, 이제 관군을 보니 무엇이 옳은 길인지 알게 되었습니다. 시애는 거산 싸움에서 패배한 뒤 단천에 와서 관군을 막고자 진을 쳤으나 북청과 홍원의 군사들은 태반이 달아났습니다. 또 달아나지 않은 자들은 시애를 잡아다 바칠 궁리를 하고 있습니다. 그래서 이시애는 전장을 순찰한다고 나가서는 달아나버렸습니다."

그 말을 믿고 관군이 단천으로 진군했더니, 정말 단천 냇가엔 방어진을 형성한 흔적만 있고, 적군은 한 명도 보이지 않았다.

이시애,
목이 달아나다

이시애가 달아난 뒤로 그 수하들이 하나둘 체포되기 시작했다. 최득경과 최자상이 체포되었는데, 그들은 이시애의 심복이었다. 그중 최득경은 달아나다가 북청 만호 전영수에게 생포되었고, 최자상은 스스로 일곱 명의 수하들을 데리고 와서 투항하였다. 이시애의 심복조차 투항하는 형편이고 보면, 이시애는 이미 부하들을 모두 잃고 달아나는 중이었던 것이다. 이준은 수하 장수들로 하여금 우선 고을을 안정시키도록 하고, 이시애의 잔당들을 잡는 데 주력하였다. 그런 가운데, 8월 12일에 관군이 마천령을 넘어 영동역에 진을 치고 있는데, 길주 사람 이주

가 찾아왔다. 그는 이시애 수하의 장수였다. 이준 앞에 잡혀 온 이주는
이렇게 말했다.

"종성 갑사 이운로 등과 더불어 이시애와 이시합을 유인하여 체포
하였는데, 잠시 뒤에 데리고 올 것입니다."

그리고 관군이 임명역으로 진주하여 진을 쳤을 때였다. 이미 해가
저물 때였는데, 종성 갑사 황생 등이 정말 이시애와 이시합을 잡아서
이준에게 데리고 왔다.

이시애와 이시합을 체포하는 데 가장 큰 역할을 한 인물은 허유례
였다. 허유례는 이시애의 처조카로 당시 절제사 허종의 휘하 군관이었
다. 그런데 허종이 그를 특별히 불러 이시애의 군영으로 침투시켰다.
당시 허유례의 아버지 허숭도가 이시애의 명령을 받고 길주의 수령을
맡게 되었는데, 허유례에게 거짓으로 투항하게 하여 이시애를 사로잡
아 오도록 했던 것이다.

허종의 명령을 받고 간자로 투입된 허유례는 길주로 들어가 길에서
이시애의 장수 이명효를 만났다. 이명효는 그를 보자마자 바로 죽이려
하였는데, 허유례는 이렇게 둘러댔다.

"듣건대, 내 아버지가 길주의 임시 책임자가 되었다고 하여 투항하
러 온 것이오."

하지만 이명효는 그 말을 믿지 않고 그를 포박하여 이시애 앞으로
끌고 갔다. 이시애는 허유례를 간첩이라고 생각하고 신문하였다. 하지
만 허유례는 아버지를 만나고자 투항해 온 것이라고 하면서 자기를 죽
이면 앞으로 투항해 올 자가 없을 것이라고 말했다. 이시애가 그 말을
듣고 옳게 여겨 풀어줬다.

허유례는 곧 아버지 허숭도를 찾아가 이시애의 반역 사실을 알리고

함께 달아났다. 그리고 은밀히 이주를 만나 조정의 뜻을 알리고 이시애의 진영으로 들어가서 우위장을 맡고 있던 이운로에게도 알렸다. 이때 이미 거산 싸움에서 관군에게 크게 패하고 도주 중인 상태라 이운로 역시 이주와 함께 이시애를 체포하는 데 동참했다. 그리고 이운로는 자신의 수하들에게 이미 패색이 짙어져 형세가 완전히 기울었으므로 차라리 이시애와 이시합을 잡아 관군에게 바치고 상을 받자고 제의했다. 이에 수하들이 찬성하여 이시애와 이시합을 체포했던 것이다.

이시애가 끌려오자, 이준이 신문하여 물었다.

"왜 반역을 하였느냐?"

하지만 이시애는 인정하지 않았다.

"반역한 일이 없소. 강효문이 모반을 하였기에 먼저 병력을 일으켜 성상의 은혜를 갚으려 한 것뿐이오."

"그렇다면 왜 먼저 조정에 알리지 않았는가?"

"조정에 장계를 올려 도착할 때면 강효문을 도모할 수 없었을 것이오."

"그렇다면 강효문을 죽인 뒤에는 왜 도성으로 달려오지 않았는가?"

"도중에 해를 당하여 죽을까 염려해서요."

"그렇다면 수령들을 다 죽인 이유는 무엇이냐?"

"나는 알지 못하는 일이오."

"네가 각 유향소에 알려 죽이도록 하지 않았더냐?"

이 말에 이시애는 대답하지 않았다. 이준이 다시 물었다.

"어찌하여 스스로 절도사를 자칭했느냐?"

"인심을 모으기 위함이었소."

"그렇다면 너의 동생 이시합은 어째서 우후라고 칭했느냐?"

"알지 못하는 일이오."

"차운혁은 왜 죽였는가?"

"내가 죽인 것이 아니오."

이쯤 되자, 그냥 실토할 위인이 아니라고 판단하고 이준은 이시애를 곤장으로 몇 대 치도록 했다. 이시애가 곤장의 고통으로 신음하자, 다시 물었다.

"무슨 까닭으로 신숙주와 한명회가 모반했다고 했느냐?"

그제야 사실을 털어놓았다.

"조정의 우두머리 재상을 다 죽인다면, 일은 쉽게 이뤄질 수 있겠다 싶었소."

"그렇다면 너의 모반 계획은 언제부터 시작되었느냐?"

"나는 처음에는 반역할 마음이 없었소. 그러다 강효문을 죽인 다음에 비로소 역심이 생겼소."

이준이 그 말을 믿지 않고 다시 장을 때리자, 이렇게 말했다.

"내가 모친상을 당했을 때 역모를 계획했는데, 이미 3년이 지난 일이오. 본도는 정예한 군사와 말이 있기에 수령을 임명해두고 마음대로 살아보자고 한 것이오."

그 말에 다시 장을 치자, 이렇게 실토했다.

"이 도를 차지하고 몇 해 동안 군사를 길러서 곧장 서울로 쳐들어가려 하였소."

이렇듯 모든 신문이 끝나자, 이준은 능지형을 가하여 이시애와 이시합의 살을 도려내고 사지를 찢어서 6진에 돌려 보도록 했다.

이렇게 하여 3개월 동안 지속되던 이시애의 난은 종결되었다. 하지만 민심의 동요는 쉽게 가라앉지 않았다. 함길도의 수령들이 모두 죽었고, 함길도 백성들 중 상당수가 죽었으니, 민심이 쉽게 좋아질 리 없었다. 거기다 이시애에게 협조한 자들을 잡아 와 능지처참하는 일들이 여러 건 있었으니 함길도 백성들은 두려움에 떨며 지내야 했다. 세조는 이런 상황을 해결하기 위해 각 진에 군대를 파견하여 부대를 안정시키고, 백성들을 직접 지배하도록 했다. 또한 건주위의 여진족들도 동요되긴 매한가지였다. 이시애 사건 이후로 9월부터 12월까지 여러 차례 여진족과의 싸움이 펼쳐지기도 했다. 결국, 세조는 강순과 어유소에게 6진의 군대를 안겨 건주위를 공격하고, 그곳 추장 이만주와 고납케, 다비랄 등을 죽여 여진족을 응징함으로써 가까스로 변방을 안정시켰다.

-8-

역적의 오명을 쓰고 죽은 남이

유자광이 남이를
역모죄로 고발하다

1468년 예종 즉위년 10월 24일, 예종이 19세의 어린 나이로 왕이 된
지 두 달도 채 되지 않은 때였다. 이미 어둠이 내려앉은 뒤였는데, 병조
참지 유자광이 승정원으로 달려와 입직 승지 이극증과 한계순에게 이
렇게 말했다.

"제가 급히 임금께 아뢸 일이 있습니다."

그러자 이극증과 한계순이 합문 밖에 나가서 승전 환관 안중경에게
유자광이 급히 아뢸 것이 있어 찾아왔다고 아뢰어달라 하였다. 예종이
유자광을 불러 무슨 일인지 물으니, 유자광이 이렇게 말했다.

"지난번에 신이 내병조(궁중 시위에 관련한 일을 맡아 보던 병조 관아)에
입직하였더니 남이도 겸사복장으로 입직하였는데, 남이가 어둠을
타서 신에게 와서 말하기를 '세조께서 우리들을 대접하는 것이 아들과
다름이 없었는데 이제 국상이 생겨 인심이 위태롭고 의심스러우니, 아
마도 간신이 나라를 어지럽게 만들면 우리들은 개죽음할 것이다. 마땅

히 너와 더불어 충성을 다해 세조의 은혜를 갚아야 할 것이다' 하기에 신이 대답하기를 '어떤 간사한 사람이 있어 난을 일으키겠는가?' 하니, 남이가 말하기를 '김국광이 정사를 오로지하여 재물을 탐하니 이 같은 무리는 죽이는 것이 옳다. 또 노사신은 매우 못된 자인데, 너도 아느냐?' 하므로, 신이 대답하기를 '어찌하여 이런 말을 하는가?' 하였습니다."

예종은 원래부터 남이에 대한 시기와 질투가 많았다. 남이는 태종의 딸 정선공주의 손자인 데다 이시애의 난 때 공을 세워 25세의 나이에 병조판서에 임명되고 세조의 사랑도 받았다. 그런 까닭에 예종은 남이를 몹시 시기하고 질투하였고, 왕위에 오르자 병조판서로 있으면서 겸 사복장을 겸하고 있던 남이의 병조판서 자리를 떼버렸다. 유자광 역시 자신보다 두 살 어린 남이를 질투하였는데, 예종이 남이를 싫어하는 것을 알고 역모죄로 고발한 것이다.

유자광이 예종의 낯빛을 살피다 다시 말을 이었다.

"그런데 오늘 저녁에 남이가 신의 집에 달려와서 말하기를 '혜성이 이제까지 없어지지 아니하는데, 너도 보았느냐?' 하기에 신이 보지 못 하였다고 하니, 남이가 말하기를 '이제 천하 가운데에 있는데 은하수 가 모두 희기 때문에 쉽게 볼 수 없다' 하기에 신이 《강목》을 가져와서 혜성이 나타난 곳을 헤쳐 보이니, 그 주註에 이르기를, '은하수가 희면 장군이 반역하고 두 해에 큰 병란이 있다'고 하였는데, 남이가 탄식하 기를 '이번 것도 반드시 반응이 있을 것이다' 하고, 조금 오랜 뒤에 또 말하기를 '내가 거사하고자 하는데, 이제 주상이 선전관으로 하여금 재상의 집에 드나드는 자를 매우 엄하게 살피니, 재상들이 반드시 싫 어할 것이다. 그러나 수강궁(창경궁)은 허술하여 거사할 수 없고 반드 시 경복궁이라야 가하다' 하였습니다."

예종은 유자광의 말에 매우 민감하게 반응했다.

"그래서 경은 뭐라고 했는가?"

유자광이 대답했다.

"신이 말하기를 '이 같은 큰일을 우리들이 어찌 능히 홀로 하겠는 가? 네가 또 어떤 사람과 더불어 모의하였느냐? 그런데 주상이 아마도 창덕궁에 오래 머물 것이다' 하니, 남이가 말하기를 '내가 장차 경복궁 으로 옮기게 할 것이다' 하기에 신이 말하기를 '어떻게 하겠는가?' 하 니, 남이가 '이는 어렵지 않다' 하고, 계속해서 말하기를 '이런 말을 내 가 홀로 너와 더불어 말하였으니, 네가 비록 고발할지라도 내가 부인 하면 네가 반드시 죽을 것이고, 내가 비록 고발할지라도 네가 부인하 면 내가 죽을 것이므로, 이 같은 말은 세 사람이 모여도 말할 수 없다. 또 세조가 민가의 장정을 다 뽑아서 군사를 삼았으므로 백성의 원망이 지극히 깊으니 기회를 잃을 수 없다' 하였습니다."

그 말을 듣고 예종이 남이와 역당들을 잡을 방책을 묻자, 유자광은 밤을 타서 가서 잡으면 혹시 도망해 숨을까 두려우니, 날이 밝기를 기 다려서 명패를 가지고 부르면 된다고 하였다. 하지만 예종은 처음엔 유자광의 의견에 동의했다가 이내 불안감을 떨치지 못하고 날이 밝기 를 기다릴 수 없다고 하였다.

예종은 곧 입직 승지 이극증과 한계순을 불러 사복장 이겸과 함께 가서 남이를 잡아 오게 하였다. 그리고 곧 환관 신운을 시켜 입직한 도 총관 노사신과 강곤, 병조참판 신승선 등을 불러 입시하게 하였고, 도 총부에 명하여 군사들로 궐문과 도성 문을 지키도록 했다. 동시에 밀 성군 이침, 덕원군 이서, 영순군 이부 등 종친과 정인지, 윤필상 등 재 상들을 불러들였다.

그들이 들어오자, 예종은 남이가 반역을 도모한다고 하는데, 그에 대해 어떤 낌새를 차린 사람이 없는지 물었다. 그러자 영순군 이부가 말했다.

"7, 8일 전에 남이가 신에게 묻기를, '종친이 입직하는 것은 예전 방식대로 하는가?' 하기에 신이 대답하기를 '주상께서 나와 구성군·하성군이 졸곡卒哭(죽은 후 3개월 뒤에 지내는 제사) 전까지 날을 번갈아 숙직하도록 명하였다'고 하였습니다. 남이가 '낮에는 어떻게 하는가?' 하기에 대답하기를 '낮에는 늘 일직을 서되 연고가 있으면 나간다'고 하였더니, 남이가 말할 것이 있는 듯 머뭇머뭇하다가 나갔습니다."

이 말을 듣고 예종은 단언하듯이 말했다.

"틀림없이 염탐을 한 것이다."

역모죄로 끌려온
남이

그 무렵, 한계순이 근위병 100여 명을 거느리고 가서 남이의 집을 에워싸고 사람을 시켜 명패를 내보이며 급히 불러오라 하였다. 하지만 남이는 한밤중에 갑자기 명패를 가지고 불러대는 것이 수상하다는 생각에 일단 집에 없다고 하였다. 그리고 칼을 차고 활을 준비한 다음 담을 넘어 밖으로 나왔다. 그때 군사들이 그에게 달려들어 붙잡았다.

남이가 수강궁에 붙잡혀 온 시간은 이미 삼경 무렵이었다. 예종이 여러 종친과 재상, 판서들과 함께 있다가 묶여 온 남이를 추궁했다.

"네가 요사이 어떤 사람을 보고 어떤 일을 말하였느냐?"

남이가 대답했다.

"신이 신정보를 만나서 북방의 일을 의논하였고, 다른 말을 한 것은 없습니다."

"네가 문치빈을 만난 지가 며칠이나 되었느냐?"

"문치빈을 본 것이 며칠 되었습니다. 신이 오늘날의 폐단을 제의하려고 상소의 초안을 잡고자 하는데 문치빈으로 하여금 교정하게 하였을 뿐이고 다른 말을 한 것은 없습니다."

"어제오늘 중에 네가 어떤 사람을 보았느냐?"

남이가 기억하지 못하는 것처럼 망연히 오래 있다가 말했다.

"오늘 이지정의 집에 가서 서로 바둑을 두다가 말하기를 '북방에 일이 있으면 나라에서 반드시 나를 장수로 삼을 것인데 누가 부장을 맡을 만한가?' 하니, 이지정이 말하기를 '민서, 김견수, 장효손이 모두 남들보다 용맹이 뛰어나지만, 장효손은 외방에 있고 김견수는 이미 크게 등용되어 외방에 있으니, 오직 민서가 좋다'고 하였습니다. 신이 드디어 민서의 집에 가서 지난해 이시애의 난 때 거산의 싸움을 서로 말하고 또 북방의 동정을 말하니, 민서도 변경을 방어하는 일에 대한 것을 말하였습니다. 그리고 성변星變(별의 변고)을 말하기에 신이 대답하기를 '성변이 이와 같으면 사람이 흩어져버리게 되는데 근심이 없겠는가?' 하고 계속해서 술을 마시고 나왔습니다. 또 유자광의 집에 가서 이야기하다가 곁에 있는 책상에서《강목》을 가져다가 혜성이 나타난 한 구절만 보았을 뿐이고 다른 의논한 것은 없습니다."

예종이 남이의 말을 믿지 않고 국문을 하라 하였다. 하지만 남이는 반역의 모의 같은 것은 없었다고 하였다. 그래서 예종은 유자광과 남이를 대질시켰다. 유자광이 남이를 보고 예종에게 말한 대로 말하니,

남이는 머리로 땅을 치며 이렇게 대답했다.

"유자광이 본래 신에게 불평을 가졌기 때문에 신을 무고한 것입니다. 신은 충의한 선비로 평생에 악비岳飛(남송 대의 충의가 뛰어난 무장)로 자처하였는데, 어찌 이러한 일이 있겠습니까?"

남이의 주변 사람들을
모두 잡아들이는 예종

그렇듯 남이가 억울해하며 자신의 무죄를 주장하고 있을 때, 민서가 부름을 받고 달려왔다. 예종이 민서에게 남이와 무슨 얘기를 주고받았는지 묻자 민서가 대답했다.

"남이가 신의 집에 이르러 지난해 거산의 싸움을 말하고 또 북방의 동정에 대해 말하였는데, 신도 북방 장성의 이로움을 논하기를 '황보인이 성을 쌓을 당시에는 잘못이라고 하였으나, 지금에 이르러서는 혜택을 입는다. 옛사람 가운데에는 느릅나무와 버드나무를 서산에 심어서 오랑캐를 방어한 이가 있으니, 지금도 성을 쌓지 아니한 곳에 느릅나무와 버드나무를 심어서 야인의 충돌을 막는 것이 좋겠다'고 하였고 남이도 그에 대한 이익과 손해를 진술하였습니다. 그리고 계속 말하기를 '하늘의 변고가 이와 같으니 간신이 반드시 일어날 것인데, 나는 반드시 먼저 주륙을 당할까 염려스럽다'고 하였습니다. 신이 듣고 놀라며 말하기를 '간신이 누구인가?' 하니, 남이가 '상당군 한명회다'라고 하였습니다. 신이 '어찌하여 일찍 보고하지 아니하는가?' 하니, 남이가 '하는 짓을 자세히 알아본 뒤에 장계를 올리겠다' 하였습니다. 또 계속

해서 말하기를 '이 말은 세 사람이 모여도 발설할 수 없다' 하고서 술을 취하도록 마시고 갔는데, 신이 즉시 달려와 보고하고자 하였으나 자세히 듣지 못하였고, 또 순찰하는 장수로서 순찰할 때가 급박하고, 계책을 제대로 알지 못해 미처 보고하지 못하였습니다."

민서의 말을 듣고, 예종이 다시 남이에게 물었다.

"민서의 말이 사실이냐?"

남이가 대답했다.

"신이 민서와 그런 이야기를 나눈 것은 사실입니다. 한명회가 언젠가 신의 집에 와서 왕실의 맏아들을 즉위시키는 일에 대해 말하기에 신은 그가 반란을 꾀하는 것으로 짐작했습니다."

그 말을 듣고 한명회가 자리에서 일어나 제의했다.

"신이 남이의 집에 가서 남이와 말한 적이 없습니다. 청컨대 남이와 대면하여 해명하게 해주소서."

하지만 예종은 이미 결론을 내려놓고 있었다.

"이는 모두 남이가 꾸민 말이니 족히 분변할 것이 못 된다. 경은 자리에 앉으라."

이어 문치빈을 불러 신문하였다.

"너는 남이와 만나 무슨 말을 하였느냐?"

"지난번에 남이가 상소의 초안을 신에게 주어 교정하게 하였는데, 초안은 지금 신의 집에 있고 다른 말을 들은 바는 없습니다."

민서와 문치빈의 말을 듣고도 반역의 정황을 제대로 파악할 수 없게 되자, 예종은 남이와 친분이 있는 자들은 모두 불러와 국문하였다.

맨 먼저 잡혀 온 이는 남이의 오랜 친구인 이지정이었다. 하지만 이지정은 남이에게서 반역에 대한 말을 들은 적이 없다고 하였다. 그러자 예종은 바로 이지정에게 곤장 30대를 치게 하였다. 하지만 여전히 남이의 역모에 대해 들은 바가 없다고 주장하자, 다시 곤장 30대를 더 쳤으나 여전히 아는 바가 없다고 하였다.

이지정에게서 정황을 듣지 못한 예종은 이번에는 남이의 서삼촌 남유를 잡아다 국문했다. 하지만 남유 역시 별 아는 바가 없었다.

"지난번 신이 남이의 집에 가니 김창손·이중순이란 자가 먼저 이르렀는데, 서로 바둑도 두고 작은 과녁에 활을 쏘았으며, 다른 것은 들은 것이 없습니다."

예종이 남유에게 곤장 20대를 때리게 했지만, 여전히 아는 것이 없다고 하였다. 그러자 예종은 남이에게 이렇게 물었다.

"남유가 말하기를 네가 활 쏘고 바둑을 두었다고 하는데, 네가 어찌하여 대행대왕(세조)의 졸곡 전에 활을 쏘고 바둑을 두었느냐?"

남이가 대답했다.

"신은 무인이므로 활 힘이 장차 줄어질까 두려워하여 김창손·박자하·이중순의 무리들과 더불어 활을 쏘았고, 또 조영달·강이경과 더불어 활을 쏘았습니다."

"세조의 신령이 아직 빈전에 계시니, 너는 사실대로 말하라. 그렇다면 경복궁에 옮기겠다는 것은 무엇을 의미하는 것이냐?"

"소신이 어찌 능히 주상을 경복궁으로 옮기게 하겠습니까?"

이렇듯 남이가 끝까지 역모 혐의를 부인하자, 예종은 곤장을 계속 치도록 하였다. 하지만 그럼에도 남이는 역모 혐의를 인정하지 않았다.

그러자 한명회가 예종에게 이런 제의를 하였다.

"먼저 남이의 집 노복을 국문하여 상시로 왕래하는 사람을 묻게 하소서."

그러자 곧 노비 5, 6명을 잡아 와 일일이 물었다.

여종 막가가 두려움에 떨며 대답했다.

"요사이 정승이라 일컫는 이가 왔었습니다."

그러자 한명회가 물었다.

"지금 정승이 많은데 네가 본 이는 누구냐?"

"성명은 알지 못하고 검은 수염이 많은 사람입니다."

검은 수염이 많은 이는 영의정 강순을 지목한 것이었다. 그 말에 강순이 일어서며 말했다.

"신이 강태감의 집을 사고자 하여 남이의 집을 지나면서 들어갔었습니다."

그 말에 예종은 그저 수긍하는 듯한 태도를 보였다.

이후 남이와 함께 활을 쏘았던 자들이 한 명씩 불려와 신문을 당했다. 먼저 조영달이 이렇게 대답했다.

"신이 남이와 더불어 같은 마을에서 날마다 놀고 희롱하였을 뿐이며, 반역을 모의하는 말은 듣지 못하였습니다."

박자하의 말 역시 크게 다르지 않았다.

"신이 남이의 집에 이르니 남이가 사람을 시켜 갑옷을 수리하는데, 신에게 경계하기를 '이제 국상이 있는데 아무 연고 없이 갑옷을 수리하면 남이 듣고 반드시 이상하다고 할 것이니 너는 누설하지 말라'고 하였고, 반역을 모의하는 말은 듣지 못하였습니다."

그리고 장계지는 이렇게 대답했다.

"남이가 일찍이 신에게 묻기를, '용력이 있는 이가 누구냐?'고 하기에 신이 모른다고 대답하였고, 남이가 또 말하기를 '이제 성변이 있어 야인이 반드시 일어날 것인데, 내가 마땅히 쳐서 평정시키겠다'고 하였습니다. 오직 이 말뿐이었습니다."

강이경은 또 이렇게 대답했다.

"신은 남이와 계契를 만들었을 뿐입니다."

그러자 예종이 강이경을 다그쳐 다시 물었다.

"네가 남이와 서로 만난 것이 며칠이 되었느냐?"

"이제 겨우 5, 6일 되었습니다."

"그렇다면 무슨 말을 하였느냐?"

"남이가 말하기를 '네가 임소任所에 어느 날 가느냐?'고 하기에, 신이 근일에 간다고 대답하였더니, 남이가 '그때에 서로 보지 못하는 것이 애석하다'고 하였습니다."

당시 강이경은 군위 현감에 제수되었으나 부임하지 않았다.

변영수를 불러다 물으니 그는 이렇게만 대답했다.

"신은 의술로써 남이를 보았을 뿐입니다."

그러자 예종은 변영수의 아들 변자의에게 매질을 가하면서 계속 파고 물었지만 여전히 역모 모의에 관한 말은 듣지 못했다고 했다.

이중순을 불러 신문했더니 그가 이렇게 말했다.

"남이가 말하기를 '내가 병조판서에 제수되었는데, 김국광·노사신·한계희가 주상께 아뢰어 옮겼다. 저 사람들은 재물을 탐하여 본디 나와 더불어 좋지 아니한 자이다' 하였습니다. 신은 단지 이 말만 들었습니다."

정숭로를 불러다 남이의 역모 모의에 대해 물었으나 그는 이런 말만 하였다.

"남이가 일찍이 활을 만들 힘줄을 구하였는데, 신이 가지고 남이의 집에 이르자 마침 선전관 이계명이 표신標信(궁중 문을 드나들 때 표로 쓰는 신분증)을 가지고 와서 말하기를 '내가 분경奔競(높은 관리들을 찾아다니는 일)을 금하라는 명을 받고 왔다'고 하기에, 신이 드디어 작별하였습니다."

그렇게 예종이 여러 사람을 신문하고 있을 때, 이계명이 입시했다. 그러자 예종은 당장 쇄항鎖項(목에 쇠고랑을 채우는 것)하도록 명하였다. 이계명이 남이의 집에 갔을 때에 남이가 이렇게 말했다는 것이다.

"네가 이제 전지를 받들고 왔는데, 내가 만약 네 머리를 쳐부수면 주상이 나를 어떻다고 하겠느냐?"

그런데 이계명이 이런 말을 듣고도 무심결에 받아넘겼다는 것이다. 하지만 이계명이 남이로부터 그런 말을 듣고도 별다른 의심을 하지 않았다는 말을 누가 했는지에 대한 기록은 없다.

다음으로 탁문아를 불러 남이에 대해서 아는 대로 말하라고 하자 그는 남이가 국상이 났을 때 상복도 입기 전에 육식을 했다고 하였다.

그 말을 듣고 예종은 남이에게 이렇게 물었다.

"네가 고기를 언제부터 먹기 시작하였느냐?"

"신은 병이 있으므로 나라에서 초상이 난 지 이레 뒤에 어머니의 분부에 따라 먹었습니다."

다음으로 불려온 자는 동청주였다. 그는 원래 여진인인데 귀화하여 겸사복이 되어 금위병으로 지내고 있었다. 그는 남이의 일에 대해 이렇게 말했다.

"신정보가 홍원곶에 갈 적에 남이가 '대행대왕의 국장이 있을 때 돌아올 수 있겠는가?'라고 하니, 신정보가 돌아올 수 있다고 했습니다. 그러자 남이는 빨리 돌아오라고 했습니다."

또 다른 귀화인 이거을가개는 남이가 김계종에게도 국장이 있을 때

돌아오라고 했다고 말했다. 예종은 곧 신정보와 김계종을 잡아 오라고
하였다.

이렇듯 남이와 조금이라도 일면식이 있는 자는 다 불려 나와 문초를
당하였지만 남이의 반역 모의에 대해 명쾌한 내용을 알아낼 수 없었다.

매를 이기지 못하고
남이의 역모를 인정하는 문효량

그런데 판관을 지낸 이수붕이 와서 겸사복(금위군) 문효량이 남이의 반
역 모의를 알고 있었다고 고발하면서 남이가 모반을 도모한 일은 사실
로 굳어져갔다. 이수붕의 말은 대략 유자광이 한 말과 같았다. 또한 이
수붕이 남이가 한 말들을 임금에게 보고하려 하니, 만류하면서 이미
남이가 임금에게 모두 알렸다고 거짓말을 하였다고 했다. 거기다 이수
붕은 문효량이 임금이 내린 지시문을 베낀 것을 갖고 있었다고도 했
다. 그 지시문의 내용 중에는 '권세 있는 집안과 패를 지어 임금이 어
리고 약하다고 얕보면서 자신의 출세만 탐내고 있다'는 내용도 있었다
고 말했다.

이 말을 듣고 예종은 이수붕을 칭찬하며 술과 음식을 내리도록 하라
고 지시했다.

그때 문효량은 이미 남이와 친분이 있다는 이유로 잡혀 와 있었는
데, 예종이 그를 불러내 신문하며 다그쳤다.

"네가 남이와 더불어 무엇을 꾀하였느냐?"

문효량이 대답했다.

"신은 10월 초7일에 겸사복으로서 당번이 되어 입직하였고, 남이도 사복장으로서 입직하였는데, 밤에 신이 남이의 침소에 나아가니, 남이가 《고려사》를 읽다가 신돈·신우(우왕)의 일에 이르러 슬퍼하기를 그만두지 아니하며 이르기를, '혜성이 지금도 있느냐?'고 하기에 신이 아직 있다고 대답하니, 남이가 말하기를 '하늘의 변고는 헛되지 아니하는데 어찌하여 오랫동안 없어지지 아니하는가?' 하였습니다. 이때 운수군 이효성이 오위장으로서 입직하여 남이와 벽 하나를 사이에 두고 있었는데, 남이가 말이 들릴까 두려워하여 두세 번 불렀으나 응답이 없었습니다. 남이는 그가 깊이 잠든 것을 알고 신에게 이르기를, '이제 하늘의 변고가 이와 같으니 반드시 간신이 난을 꾀하는 자가 있을 것이다' 하기에, 신이 간신이 누구냐고 물으니 남이가 대답하지 아니하므로, 신이 억지로 물어보니, 남이가 말하기를 '한명회가 어린 임금을 끼고 권세를 오로지하려고 한다' 하였습니다. 그리고 탄식하기를 '내가 나라의 은혜를 후하게 입었고 너도 해외海外 사람으로 겸사복에 이르렀으니, 나라의 은혜를 갚기를 도모할 마음이 없겠는가?' 하기에, 신이 대답하기를 '내가 본래 공이 없는데도 겸사복이 되었으니, 은혜를 갚기를 도모할 마음이 어찌 없겠는가?' 하고, 묻기를 '이는 작은 일이 아닌데, 누구와 더불어 하려는가?' 하니, 남이가 대답하기를 '강순이 말하기를 「우리들이 나라의 후한 은혜를 받았으나 나는 늙었고 자네는 바야흐로 굳세고 씩씩하니, 난을 평정하는 일은 자네가 마땅히 맡아야 한다」라고 하더라' 하였는데, 신의 생각으로는 강순이 반드시 참여해 안다고 생각합니다."

문효량은 또 3일 뒤에 남이에게 한명회 등이 언제 난을 일으키려 하는지 물었더니 남이가 말하길 세조를 산릉에 장사 지내고 오는 날이 그들의 거사일이라고 했다고 말했다. 그래서 문효량이 남이에게 왜 임금에게 보고하지 않느냐고 물었더니 그때 가서 먼저 우두머리를 제거한 다음에 보고하려 한다고 했다는 것이었다.

하지만 이 말을 듣고도 예종은 만족하지 않았다. 예종은 문효량에게 계속 곤장을 치게 하였고, 결국 문효량은 초주검이 되어 이렇게 말했다.

"남이가 하는 말이 돌아간 임금을 장사 지내러 갈 때에 도중에서 우두머리인 장수와 정승 한명회 등을 먼저 제거하고, 다음에는 영순군과 구성군, 다음에는 전하까지 제거하고 자신이 왕이 되겠다고 했습니다."

"그렇다면 재상 가운데 음모에 참가한 자는 누구냐?"

"강순입니다."

예종은 곧장 강순에게 쇠고랑을 채우라고 명령하고 신문을 시작했다.

"경이 정녕 역모에 가담했는가?"

강순이 울면서 대답했다.

"한낱 갑사이던 제가 전하의 은덕을 입어 공신이 되었고, 가장 높은 벼슬에 올랐는데, 무엇이 부족해서 반역을 꾀하겠습니까?"

그 말을 듣고 예종이 강순을 다독이며 고랑을 벗기고 제자리에 앉도록 했다.

"과인이 경을 왜 의심하겠는가? 경은 두려워하지 말라."

반역 모의를 인정하고
강순을 수괴로 지목하는 남이

10월 27일, 유자광이 남이의 역모 혐의를 고발한 지 나흘째 되던 날이었다. 예종은 지난 3일 동안 남이와 친분이 있거나 최근에 만난 사람, 그리고 남이 집안의 종들까지 모두 끌어다 매질을 하고 신문하였다. 그리고 마침내 문효량의 입에서 남이의 역모 계획을 이끌어낸 뒤, 다시 남이를 국문토록 했다.

도총관 홍응과 도승지 권감이 예종의 명을 받고 남이에게 물었다.

"너는 왜 반역을 도모했느냐?"

하지만 남이는 부인했다.

"신이 어려서부터 활 쏘고 말 타는 것을 일삼아왔으며, 만일 변경에 일이 있으면 먼저 공을 세워 국가를 돕는 것이 신의 뜻입니다. 신은 본래 충의지사입니다."

그러자 예종이 끼어들었다.

"네가 '충의지사'라고 일컬으면서 어찌하여 상복도 입기 전에 고기를 먹었느냐?"

"병이 들었기 때문에 먹었습니다."

예종이 화를 내며 주위에 소리쳤다.

"그렇다면 왜 역모를 도모했는지 물어보라!"

하지만 남이는 역모를 도모한 일이 없다고 강력하게 부인했다. 그러자 수십 대의 곤장이 가해졌다. 이미 몸 곳곳이 터져 남이의 몸은 만신창이가 되어 있었다. 결국, 매를 이기지 못한 남이가 큰 소리로 외쳤다.

"원컨대 우선 천천히 하소서. 신이 꾀한 일을 말하자면 깁니다. 원컨대 한 잔 술을 주시고 또 묶은 끈을 늦추어주면 하나하나 진달하겠습니다."

예종이 명하여 술을 내려주고 묶은 끈을 늦추게 하니, 남이가 말을 이어갔다.

"신이 과연 반역을 꾀하고자 하였습니다. 유자광과 더불어 이야기한 말이 모두 옳습니다."

그러면서 강순을 돌아보며 말했다.

"저이는 바로 신의 당류입니다. 지난해 9월에 세조께서 승하한 뒤에 마침 성변이 있었고 강순이 밀성군과 더불어 도총부에 입직하였는데, 신이 가서 보았더니 곧 밀성군은 안으로 들어가고 강순이 신의 손을 잡고 말하기를 '바야흐로 이제 어린 임금이 왕위를 이었는데 성변이 이와 같으니 간신이 반드시 때를 타서 난을 일으킬 것이다. 만약 그렇게 되면 우리들은 세조의 은혜를 받아 장군이라 이름하였으므로 반드시 먼저 화를 입을 것이니, 장차 어떻게 할 것인가?' 하기에, 신이 응답하기를 '약한 자가 선수를 치는 것이 가능하겠는가?' 하니, 강순이 옳게 여겼습니다."

남이가 그런 말을 하는 동안 강순의 얼굴이 새파랗게 질렸다. 남이가 술을 한 잔 더 마시고는 말을 이어갔다.

"다른 날에 강순과 더불어 같은 날 입직하였는데, 강순이 신의 숙직하는 곳에 이르러 서로 더불어《고려사》를 열람하나가 강조가 그 임금 송(목종)을 시해하고 순(현종)을 세운 것을 논하기를 '그때는 잘못이라고 하였으나 후세에서는 잘했다고 하니, 지금으로 보면 형세는 달라도 일은 같다'고 하였습니다. 신이 말하기를 '계책이 이제 이미 정하여졌다. 장차 우리가 임금으로 삼을 이는 누구일까?' 하고, 영순군을 들자,

강순이 말하기를 '영순군과 구성군은 독신인 데다 그의 뒤를 이을 자도 어리다. 내가 일찍이 보성군과 더불어 국가의 일을 말하였는데 보성군이 탄식하지 아니함이 없었고, 그 아들 춘양군이 세 번 우리 집에 왔다가 갔으므로 이도 또한 마음에 없는 것이 아니니, 우리들의 계책으로는 이만한 사람이 없을 것이다. 그 뒤에 우리들이 공을 이루고 물러가 쉬면 사람들 가운데 누가 옳지 못하다고 하겠는가?' 하였습니다."

그렇게 말을 멈추자 예종이 다그쳤다.

"그것이 전부더냐?"

이미 알고 있는 것이 있다는 의미였다. 남이가 체념한 듯 또 말을 이어갔다.

"다른 날에 강순이 다시 말하기를 '성상께서 일찍이 여러 재상을 인견하고 왕릉 자리의 길흉에 대해 물었는데, 내가 듣기에는 전하의 말씀이 차분하여 참으로 명철한 임금이다. 어떤 간신이 있어 그 사이에 틈을 내겠는가? 우리 무리는 마땅히 마음을 달리하지 말고 힘써 도울 뿐이다' 하였습니다."

사지가 찢겨나간
남이와 강순

남이의 실토에 따라 강순이 역모의 주범이라는 결론을 내린 예종이 강순을 형틀에 묶도록 했다. 강순의 나이는 이때 일흔아홉이었다. 이미 노쇠한 몸이라 형장을 이겨낼 처지가 아니었다.

"경이 정녕 반역을 도모했는가?"

예종이 직접 물었다. 하지만 강순은 자신은 역모를 도모할 까닭이 없다며 전면 부인했다. 그러자 매질이 시작됐다. 단지 몇 대만 맞았을 뿐인데, 강순이 토설하겠다며 소리쳤다.

"신이 어려서부터 곤장을 맞지 아니하였는데, 어찌 참을 수 있겠습니까? 남이의 말과 같습니다."

예종이 공술서를 받으라고 하자, 강순이 붓을 당겨 즉시 이름을 쓰지 아니하고 남이를 돌아보며 꾸짖었다.

"내가 어찌 너와 더불어 모의하였느냐?"

강순의 원망 어린 말투에 남이가 대답했다.

"영공令公이 말하지 아니하였다고 하는가? 나와 같이 죽는 것이 옳다. 또 영공은 이미 정승이 되었고 나이도 늙었으니 죽어도 후회가 없을 것이나, 나 같은 것은 나이가 겨우 스물여섯인데 진실로 애석하다."

그렇게 말한 뒤, 한탄하며 중얼거렸다.

"영웅의 재주를 잘못 썼구나!"

강순은 결국 빠져나갈 방법이 없다고 판단하고, 남이가 말한 대로 진술서를 작성했다.

예종이 강순의 진술서를 보고 다시 물었다.

"다른 패거리는 없는가?"

강순이 없다고 대답하자, 남이에게 같은 질문을 했다. 그러자 남이는 이렇게 말했다.

"신도 알지 못합니다. 다만 강순이 일찍이 말하기를 '홍윤성은 기개가 활달하여 더불어 일을 의논할 만한 자라' 하고는 말을 하려고 하다가 말하지 아니하였습니다. 강순이 또 말하기를 '본향 보령의 군사 가운데 당번으로 서울에 와 있는 자가 100여 명인데, 만약 때에 임하여 말하면 반드시 따를 것이다'라고 하였습니다."

"그렇다면 난을 일으킬 계획은 어떠하였느냐?"

"창덕궁, 수강궁 두 궁은 얕아서 겉으로 드러나 거사할 때에 바깥 사람이 알기가 쉽기 때문에 산릉에 나아갈 때에 사람을 시켜 두 궁을 불지르게 하고 성상이 경복궁으로 돌아오기를 기다려서, 12월 사이에 신이 강순과 더불어 일시에 입직하기를 약속하여, 신은 입직하는 겸사복을 거느리고, 강순은 입직하는 군사를 거느려 거사하려고 하였습니다."

"그렇다면 함께하기로 한 당여들은 누구냐?"

"민서·변영수·변자의·문효량·고복로·오치권·박자하·조경치 등입니다. 그리고 미처 말하지 못한 자도 20여 인이 있었습니다."

그리고 남이가 마지막으로 이렇게 덧붙였다.

"주상께서 거룩하고 현명하신데 신이 복이 적어서 이 지경에 이르렀습니다. 또 신과 강순은 모두 1등공신이니, 원컨대 먼 곳에 유배하든지 아니면 죽음을 내리소서."

그 말을 듣고 예종이 화를 내며 소리쳤다.

"네가 이렇게 될 줄 모르고 모반한 것이냐?"

예종은 곧 강순·남이·조경치·변영수·변자의·문효량·고복로·오치권·박자하를 저자에서 환열하여 죽이게 하고 7일 동안 효수하게 하였다.

하지만 예종은 남이의 역모와 관련한 자들이 더 있다며, 승정원과 신숙주, 한명회, 박원형을 불러 관련자들을 정리하여 올리라고 하였다. 이에 신숙주와 한명회가 관련자들을 올리니, 예종은 그 명단을 보고 이렇게 명령했다.

"박자전·김창손·노경손·최완·이지정·남유·조윤신·문치빈·장계지·김실·장익지·장순지·조순종·조영달·강이경·이하·이철주·홍형생·유계량·이중순·장서·신정보·노수동·김원현은 모두 처참하고 가산을 적몰하라. 또 김계종·윤말손·경유공·김효조·정승로는 모두 종으로 삼고 가산을 적몰하며, 김연근은 종으로 삼고, 이계명은 고신을 거두고 본향에 충군하며, 윤말손·정승로는 모두 공신녹권을 거두고, 환열형을 당한 자들에 연좌된 자는 모두 율문에 의하여 처리하되 사위도 귀양 보낼 것이며, 처참한 자의 부자와 처첩·손자·형제·숙질 등은 모두 다 귀양 보내도록 하라."

남이의 사건에 연루되어 환열형을 당한 자가 7명이고, 참형을 당한 자가 24명이며, 종이 된 자가 6명, 본향에 충군된 자가 1명이다. 또 연좌된 사람들이 수백 명이었으니, 그들도 모두 유배되었다.

그리고 예종은 남이의 어머니도 환열형에 처하도록 했다. 국상 중에 아들에게 고기를 먹인 죄에다 아들이 대역죄를 지은 것도 모자라 자식과 간음을 했다는 죄까지 추가했다. 당시 세간에는 남이가 자신의 어미와 간통했다는 소문이 돌았던 까닭이다. 결국, 남이의 어머니도 저자에서 사지가 찢겨나가고 머리는 3일 동안 효수되어야 했다.

이렇듯 피해자들이 있는 반면 이 사건 덕에 공신에 오른 자들도 36명이나 되었다. 그중 1등공신에 오른 자는 유자광을 필두로 하여 신숙주, 한명회, 한계순 등의 중신들과 환관 신운이었다.

350년 만에
역적의 오명을 벗다

이렇듯 남이의 역모 사건은 숱한 사람의 목숨을 앗아갔지만, 조선의 선비들은 남이가 유자광의 모략에 걸려 억울하게 죽었다고 믿었다. 때문에 유자광은 연산군 대의 임사홍과 함께 간신의 대명사로 불리었다. 남이의 그 억울함은 350년이 지난 순조 18년에 이르러 비로소 해소되었다. 1818년 3월 10일에 우의정 남공철이 순조에게 이렇게 아뢰었다.

"강순과 남이가 죽은 지 300년이 넘도록 이름이 죄인의 명부에 남아 있고 자손들이 쇠잔하고 또 오래되도록 억울함이 해소되지 않아 나라 사람들이 원통하게 여기고 있습니다. 강순과 남이는 모두 유자광의 무고로 인하여 죄도 없이 화를 당하였습니다. 더욱이 남이는 용맹이 여느 사람보다 뛰어나서 여러 번 무공을 세웠으나 유자광이 심히 시기를 하고 시어詩語로 죄를 꾸며 법망에 끌어넣어 죽였습니다. 야사에 그 사실이 대부분 기재되어 있습니다. 전에 선조 때에 여러 신하가 그의 억울함을 말하였는데, 하교하기를 '이런 일은 후일을 기다려서 적선積善하는 좋은 일로 삼으면 매우 좋겠다' 하였습니다. 성명께서 임금의 자리에 계시면 억울한 자로서 신원이 회복되지 않은 자가 없었으니, 아직까지 못 하고 있는 조처가 오늘을 기다린 것 같습니다. 청컨대 고故 영의정 강순과 병조판서 남이에 대해 모두 그 억울함을 풀어주고 그 관작을 회복시켜주소서."

순조는 남공철의 요청을 들어주었고, 덕분에 남이와 강순은 관작과 명예를 회복하였다. 남공철의 말 속에 '시어로 죄를 꾸며'라는 말이 있는데, 이는 남이가 지은 시를 일컫는 것이다. 《지봉유설》에 그 시가 전하는데, 다음과 같다.

백두산 돌은 칼을 갈아 다 없애고
두만강 물은 말을 먹여 없어졌네.
사나이 스무 살에 나라 평정 못 한다면
후세에 그 누가 대장부라 이르리요.

-9-

시대를 잘못 만난 재사 정여립

역모죄로 고발된
정여립

선조 22년(1589년) 10월 1일, 황해도 관찰사 한준과 재령 군수 박충간, 안악 군수 이축, 신천 군수 한응인 등 황해도의 관리들이 선조에게 홍문관 수찬을 지낸 정여립이 모반을 계획하고 있다는 보고서를 올렸다.

정여립은 당시 전주 본향에 머물면서 금구현과 진안의 별장을 왕래하며 승려나 무사 또는 풍수쟁이나 초야에 묻혀 사는 선비 등 여러 층의 사람들을 사귀며 지내고 있었다. 당시 정여립은 44세의 중년이었는데, 그의 학문이 뛰어나고 세상을 보는 눈이 대단하다는 소문이 자자하여 많은 이들이 제자나 친구가 되기 위해 몰려들었다. 정여립은 그들과 함께 대동계라는 모임을 조직하고, 주기적으로 모여 함께 활을 쏘고 술을 마시며 세상 돌아가는 이야기를 하는 것을 즐겼다. 하지만 정여립의 대동계를 역적모의를 위한 단체로 보는 시선들이 많았다. 특히 서인 세력들은 정여립을 변절자로 여기고 있었기 때문에 항상 그를 공격할 기회를 노리고 있었다.

정여립은 1546년에 동래 정씨 희증의 아들로 태어났는데, 어린 시절은 줄곧 고향인 전주에서 보내다가 22세 되던 1567년에 진사가 되었고, 25세 때인 1570년에 식년 문과 을과에 급제하여 관가로 진출했다. 이후 그는 이이와 성혼에게 가르침을 받고 촉망받는 인재로 세인들의 주목을 끌었다. 하지만 선조는 정여립을 좋아하지 않았다.

이이가 이조판서 시절인 선조 16년(1583년) 10월 22일에 정여립의 뛰어난 학문을 높이 평가하여 선조에게 등용하여 쓸 것을 주청했다.

"지금 인재가 적고 문사 중에는 쓸 만한 인물을 얻기가 어렵습니다. 정여립이 많이 배웠고, 재주가 있는데, 비록 남을 업신여기는 병통이 있기는 하지만 큰 현자가 아니고서야 어찌 병통 없는 사람이 있겠습니까? 그가 쓸 만한 인물인데, 매번 쓰기를 청하여도 낙점하지 않으시니 무슨 까닭이 있으신지요?"

이에 선조가 이렇게 대답했다.

"이런 자를 어떻게 쓸 수 있겠는가? 대체로 사람을 등용할 때는 그의 명망만 보아서는 안 되고 반드시 일을 시켜본 다음에 알 수 있는 것이다."

선조는 정여립의 학문이 뛰어나고 재주가 많은 것은 인정했지만, 성정이 건방지고 다른 사람을 깔보는 습관이 있으며 무례한 인간이라고 생각하여 몹시 꺼렸다.

당시 정여립은 예조좌랑으로 정6품 벼슬에 있다가 이듬해인 1584년에 같은 품계인 홍문관 수찬으로 자리를 옮겼다. 이때 경연 자리에서 자신의 스승인 이이를 맹렬하게 공격하고, 이이와 같은 서인인 박순과 정철도 면전에서 공격하였다. 당시 정여립의 비판이 얼마나 대단했던지 정철은 경연 자리에 끝까지 앉아 있지 못할 지경이었다.

그런데 정여립이 이이를 비판할 당시 이이는 이미 죽고 없었다. 이이는 1584년 1월에 죽었는데, 선조는 정여립이 의리를 저버리고 죽은 스승을 헐뜯는다고 하여 정여립을 몹시 미워하였다. 이와 관련하여 《부계기문》엔 이런 기록이 남아 있다.

> 정여립은 넓게 배우고 많이 기억하여 경전을 통달하였으며 의론이 과격하고 드높아 바람처럼 발하였다. 이이가 그 재간을 기특하게 여겨 연접하고 소개하여 드디어 맑은 벼슬에 올려서 이름이 높아졌다. 그런데 이이가 죽은 뒤에 여립은 도리어 이이를 헐뜯으므로 임금은 미워하였다.

이 기록처럼 정여립은 원래 이이와 성혼에게 배워 정철과 함께 서인의 당이 되었는데, 이이가 죽은 뒤에 이이와 정철을 비판하며 동인이 되었던 것이다. 그때 정여립의 의견을 적극 변호한 인물이 대사간으로 있던 이발이었는데, 그는 당시 동인의 거두로서 정철과 대립 관계에 있었다.

선조는 정여립이 당을 바꾸자, 이를 변절이라고 비판하였고, 여러 차례 그를 불러 꾸지람을 하였다. 또한 서인들도 앞다퉈 정여립을 비판했는데, 의주 목사로 있던 서익은 1585년 5월 28일자의 상소를 통해 이렇게 말한다.

"도로에서 서로 전하는 말을 번거롭게 위에 아뢰는 것이 마땅치 않기는 합니다만 그것이 사실과 다르더라도 무슨 해될 것이 있겠습니까? 신이 삼가 듣건대, 정여립이 경연에서 이이를 공격하고 드디어 박순·정철에까지 이르렀기 때문에 박순과 정철이 자리에 있기가 미안하여 은총을 피해 물러갔다고 하니, 그 말이 사실입니까? 이 일은 다른 사람이라면 그럴 수 있어도 여립은 그렇게 할 수가 없습니다. 여립은 본래 이이의 문하생으로서 몸에 학사의 명함名街을 띠고 조정에 들어와 성상을 뵙게 된 것이 모두 이이의 힘이었습니다."

며칠 뒤인 6월 1일엔 서익에 이어 이이의 조카 이경진이 정여립이 동인의 영수 유성룡을 비난하는 편지까지 공개하며 정여립의 변절을 극력으로 비판하는 상소를 올렸고, 결국 정여립은 벼슬을 버리고 전주로 낙향해버렸다.

한편, 정여립이 당을 배반하고 동인이 되어 죽은 이이와 서인의 영수 정철을 비난하자, 정철은 정여립을 몹시 미워하게 되었다. 거기다 정철은 1585년 8월에 동인으로부터 조정 내부에 파당을 만들어 나랏일을 그르치려는 무리로 지목되어 사간원과 사헌부의 탄핵을 받고 벼슬에서 물러났다. 이때 많은 서인들이 함께 물러나 조정은 동인이 장악하게 되었는데, 그때부터 동인들은 여러 차례에 걸쳐 전주에 내려간 정여립을 불러 크게 써야 한다고 요청했다. 하지만 선조는 그때마다 동인들의 청을 들어주지 않았다.

그런 상황에서 정여립이 모반을 계획하고 있다는 황해도 관리들의 보고가 올라오자, 선조는 승지와 정승 그리고 판서들을 불러놓고 이렇게 물었다.

"정여립은 어떤 사람인가?"

그러자 영의정 유전과 좌의정 이산해는 모두 그의 인품은 잘 모른다고 대답했다. 그러자 우의정 정언신이 이렇게 말했다.

"그가 독서하는 사람이라는 것만 알고 다른 것은 모릅니다."

그 말에 선조는 황해도에서 올라온 정여립의 모반에 대한 고발장을 내던지며 소리쳤다.

"독서하는 사람의 소위가 곧 이와 같단 말인가?"

그러고는 승지를 시켜서 고발장을 읽도록 했다. 그 내용들이 모두 정여립의 모반 계획에 관한 것이었기에 조정을 장악하고 있던 동인 세력들은 몸을 바들바들 떨어야 했다.

선조는 곧 금부도사를 전라도로 파견하여 정여립과 그 일당을 체포해 도성으로 압송하라는 명령을 내렸다. 또 역모를 고변한 자들도 모두 잡아들이고, 관련된 자들도 모두 색출하여 의금부로 압송하라고 하였다. 그야말로 일대 피바람이 일어날 징조였고, 그동안 정여립을 비호하며 그를 등용하여 그의 뛰어난 능력과 학문을 크게 써야 한다고 주장하던 동인들은 앞이 캄캄한 처지가 되었다.

뛰어난 언변과 학식, 탁월한 통솔력을 지녔던 정여립

선조가 물었듯이 정여립은 어떤 사람일까? 도대체 어떤 사람이기에 당대의 명유 율곡과 성혼이 칭찬을 아끼지 않았고, 상대 당의 당수 이발조차 탐을 내고 자기 당인으로 끌어들였을까? 또한 당대의 선비라면 한번쯤은 그의 이름을 들어보지 않은 자가 없었다고 하니, 과연 뛰어난 인물이었던 것만은 분명하다.

율곡 이이도 인정하듯 정여립은 비범하고 재능이 뛰어난 인물인 것만은 분명했다. 선조 역시 그의 뛰어난 학문과 재능은 인정하고 있었다. 또한 서인이든 동인이든 정여립의 능력을 몹시 탐낸 것도 사실이다. 그만큼 정여립은 학문이 뛰어나고 지식이 광범위했으며, 언변이 정확하고 논리가 분명했다. 또한 사람을 사로잡는 매력과 대중을 이끄는 능력도 탁월했다.

《조야기문》은 그에 대해 '기백이 굉장하고 말솜씨가 좋아서 입을 열기만 하면 그 말이 옳고 그른 것을 불문하고 좌석에 있는 이들이 칭찬하고 탄복하였다'고 쓰고 있다. 그만큼 언변이 뛰어났다는 뜻이다.

정여립은 언변만 뛰어난 것이 아니라 통솔력도 탁월했다. 《선조수정실록》의 다음 이야기는 그의 탁월한 통솔력을 잘 보여주고 있다.

> 정해년(1587년) 왜변에 여러 고을이 군사를 징발하였는데 전주 부윤 남언경이 조처할 바를 알지 못하였다. 그래서 여립을 청하여 군대를 나누게 하였더니, 여립이 사양하지 않고 담당하여 한 번 호령하는 사이에 군병이 모였는데, 부서를 나누어 정리하는 데 하루가 안 되어 마무리 지었다. 여립은 그 장령들을 모두 대동계에 들어 있는 친밀한 무사를 썼다. 적이 물러가고 군사를 해산하자 여립이 장령들에게 훗날 혹시 변고가 있으면 각각 부하들을 거느리고 일시에 와서 기다리라고 하였고, 그 군사들의 명부 하나를 여립 자신이 가지고 갔다. 언경이 감탄하여 이 사람은 유학의 능력만 갖춘 것이 아니니 그 재능을 따를 수 없다고 하였다.

정여립은 경전의 해석에 대해서도 매우 자유분방한 인물이었다. 《조야기문》과 《혼정록》에 정여립은 이런 말을 남기고 있다.

"천하는 공물이니 어찌 일정한 주인이 있으리요? 요임금, 순임금, 우임금이 임금의 자리를 서로 전한 것이 성인이 아닌가?"

이 말은 성씨가 다른 사람에게 왕위를 전하는 것이 오히려 성인다운 행동이라는 뜻으로 자칫 곡해해서 들으면 그가 역심을 품고 있다고 해석할 수도 있는 위험한 내용이었다. 하지만 그는 제자나 벗들을 앞에 놓고 이런 말을 서슴없이 하였다고 한다. 그리고 이런 말도 남겼다.

"충신은 두 임금을 섬기지 않는다고 한 것은 왕촉이 죽을 때에 일시적으로 한 말이고 성현의 통론은 아니다."

왕촉은 제나라의 충신이었는데, '충신은 두 임금을 섬기지 않고, 열녀는 두 남편을 섬기지 않는다'는 말을 남긴 인물이다. 그리고 연나라에 항복하지 않고 목을 매어 죽었다. 그런데 정여립은 왕촉의 그 말은 죽음을 앞에 두고 일시적으로 한 말이지 성현들이 일반적으로 주장하는 내용은 아니라고 한 것이다. 말하자면 충신이라 해서 반드시 한 임금만 섬기는 것이 아니라는 뜻이다. 이는 해석하기에 따라서는 역심을 드러낸 것으로 비칠 수도 있는 위험한 말이었다.

그러면서 그는 이렇게 덧붙였다.

"유하혜가 누구를 섬기든 임금이 아니겠는가?"

유하혜는 공자와 같은 시대의 현인인데, 공자는 유하혜를 백이와 비교하며 '백이는 성인의 맑음을 갖춘 사람이요, 유하혜는 성인의 조화로움을 갖춘 사람이다'라고 말한 적이 있다. 정여립은 유하혜가 여러 임금을 섬긴 것을 거론하며 신하가 임금을 선택하는 것도, 여러 임금을 섬기는 것도 충이 될 수 있다고 말했던 것이다.

이렇듯 정여립은 성리학이 성행하던 당시로서는 매우 혁신적이고 위험한 발언들을 쏟아놓는 인물이었다. 그래서 그의 제자들은 이런 말을 했다고 한다.

"선생의 이러한 의론은 고금의 유현들이 아직까지 말하지 못했던 것이다."

광포하고
독단적인 성정의 정여립

정여립이 비록 지식이 풍부하고 재능이 뛰어난 것은 사실이었지만 인간성이 매우 훌륭했던 것 같지는 않다. 율곡도 인정하듯 남을 업신여기고 자신이 최고라는 생각을 버리지 못했다. 또한 남을 배려하거나 겸손한 것과는 거리가 멀었다. 거기다 형제와 주변 사람들과는 매우 사이가 좋지 못하였고, 성질이 사나워서 그와 관계가 나빠지면 어떤 비방과 고발을 당해야 할지 두려움에 떨어야 할 정도였다.

《선조수정실록》에 전하는 다음의 내용들은 범상치 않았던 그의 어린 시절을 잘 보여주고 있다.

여립은 동래 정씨이다. 선조 때부터 전주 동문 밖에 거주하였는데 가세가 한미하였다. 아버지 정희증이 비로소 문과에 올랐으나 벼슬이 첨정에 그쳤고 현용顯用되지 못하였다. 일찍이 꿈에 전조(고려)의 역신 정중부를 보고 나서 여립을 잉태하였는데 출산하는 날 밤이 되자 또 중부를 만나는 꿈을 꾸었다. 이웃 사람이 남자아이를 낳은 것을 하례하였으나 희증은 기뻐하는 빛이 없었다. 집안 식구들만은 그 뜻을 알았다.

정여립이 장성하게 되자 체구가 장중하고 얼굴빛이 청적색이었다. 나이 겨우 7~8세에 여러 아이들과 장난하고 놀면서 칼로 까치 새끼를 부리에서 발톱까지 토막 냈다. 희증이 누가 한 짓이냐고 꾸짖으며 묻자 그의 집 어린 여종이 여립을 가리켜 말하였는데 그날 밤 여립이 그 아이의 부모가 이웃집에 방아 찧으러 나간 틈을 타서 칼을 가지고 몰래 들어가 그 아이를 찔러 죽여 피가 자리에 흥건히 흘렀다. 그 부모가 그것을 보

고 울부짖으면서 몸부림쳤으나 그 이유를 알지 못하였다. 온 마을 사람
이 모여 구경하고 있는데 여립이 서서히 나와 말하기를 "이 아이가 나를
일러바쳤으므로 내가 죽였다" 하는데, 말씨가 태연하였다. 이 말을 들은
사람들은 크게 놀랐고 어떤 사람은 악한 장군이 태어났다고 하였다.

겨우 초등학교 1학년 정도의 나이에 까치 새끼를 잡아 부리에서 발
톱까지 모두 토막으로 잘랐다는 사실만으로 아연실색한 일인데, 그런
자신의 잘못을 일러바친 아이를 칼로 죽일 정도의 잔인성까지 가졌다
면 요즘 말로는 사이코패스라 할 만하다.

이와 거의 같은 내용의 이야기가 《혼정록》에도 전하는데, 이 책에서
는 정여립이 혼자 있는 아이의 배를 갈라 죽였다고 했으며, 그 부모가
통곡하여 울고 사람들이 저자같이 그 집 주변에 모여 있는데, 어두운
구석에 숨어 있다가 나와서 "내가 한 일이니 괴이하게 여기지 말라"고
말하면서 조금도 기가 꺾이는 기색이 없었다고 전한다.

이런 잔인한 구석이 있던 정여립의 소년 시절의 행동 역시 평범하지
는 않았다. 《혼정록》은 그때의 일화 하나를 다음과 같이 전하고 있다.

여립의 나이 15~16세가 되었을 때에 그 아버지 희증이 현감이 되었는
데, 여립이 따라가서 한 고을 일을 전부 제 마음대로 처단하니, 아전들
은 여립의 말만을 따르게 되었고, 희증은 혀만 찰 따름이었다.

이와 비슷한 이야기가 《선조수정실록》에도 전하는데, 다음과 같다.

여립이 아비 슬하에 있으면서도 항상 모든 일을 제 마음대로 결단하였

다. 아비가 익산 군수로 있을 적에도 관의 일을 천단하여, 아랫사람을 아비가 하는 것처럼 형장으로 때렸으나 아비는 금지하지 못하고 혀를 차며 속으로 두려워할 뿐이었다.

정여립은 이렇듯 어린 시절부터 아버지조차도 마음대로 다스리지 못한 강한 성정을 가진 인물이었다. 또한 자신의 주장이 강하고 고집이 셌으며, 자신이 가지고자 하는 것은 반드시 가져야 직성이 풀리는 성격이었다. 그러다 보니 형제들과 불화하기 일쑤였고, 친척들과도 매우 사이가 나빴다.《혼정록》은 그 내용을 이렇게 전한다.

그의 성질이 흉악하여 형제가 5, 6명이나 되어도 다 서로 용납하지 못하고 안팎의 친척들이 원수가 되지 아니한 이가 없었다. 이웃에 사족의 청상과부가 있었는데, 재가할 뜻이 없었다. 여립이 그 과부가 집 안에 강도를 붙여두었다고 관청에 무고하여 그 집 노비를 잡아 가두게 하고 밤에 가서 강간하여 마침내 첩으로 삼았다.

이와 비슷한 이야기가《선조수정실록》에도 기록되어 있다.

금구현의 아전이 사노비에게 장가들어 아내로 삼아 딸 애복을 낳았는데 뛰어난 자색이 있었다. 그 주인의 사촌동생이 그녀를 취하여 첩으로 삼은 지 수년 만에 고질로 죽자, 애복은 죽음을 맹세하고 수절하였다. 1년이 채 안 되었는데 여립은 그녀가 미색이라는 소문을 듣고 현령 김요명을 통하여 그의 부모와 형제를 가두고 차례로 형벌을 가하여 딸을 바치게 하였다. 애복이 땅굴을 파고 몸을 숨겼는데 일족이 함께 찾아내니 스스로 목을 매었으나 죽지는 않았다. 드디어 여립에게 시집보내니 여립이 크게 고혹하였다.

이렇듯 정여립은 어릴 때부터 성질이 매우 사납고, 주장이 강했으며, 자신이 마음먹은 일은 반드시 하고야 마는 성격이었다. 또한 애복을 취한 사건에서도 보듯 자신이 가지고 싶은 것이 있으면 무슨 짓을 해서라도 가져야 직성이 풀리는 악독한 구석이 있었다.

정여립의
모반 소문이 퍼지다

정여립은 관직을 그만두고 고향으로 내려간 뒤엔 신분에 구애되지 않고 여러 계층의 사람들을 사귀었다. 이런 인맥을 바탕으로 대동계라는 조직을 만들었는데, 대동계의 조직원들은 무사, 승려, 공노비와 사노비, 초야에 묻혀 사는 선비, 전직 관료 등 그 출신이 다양하였다. 그는 대동계의 계원들과 매월 15일에 모임을 가졌는데, 모임에서는 대개 활쏘기를 하거나 술을 먹고 세상 돌아가는 이야기를 나누었다. 또한 계원들은 정여립이 명령을 내리면 어디라도 달려갈 준비가 되어 있을 만큼 정여립의 열렬한 신봉자들이었다.

정여립은 이렇듯 자신과 뜻을 같이하는 사람들에 대해 집 안에 거처를 마련해주고 함께 머물렀는데, 그들은 신분이나 남녀에 관계없이 같은 공간을 사용했다고 한다.

정여립과 함께 대동계의 중심인물로 꼽힌 인물은 떠돌이 시인 지함두와 승려 의연이었다.

《일월록》에 따르면 지함두는 본명이 경함으로 한양 출신이었다. 그는 젊었을 때 가까운 친척과 간통한 사실이 발각되어 이름을 고치고 도망자 신세로 살았다. 그런데 그는 제법 글을 읽고 시도 잘 지었기 때문에 스스로 처사라고 하면서 세상을 떠돌아다니며 살았다. 그는 정여립과 친해진 뒤엔 그의 편지를 가지고 다니면서 지방 수령들을 찾아다니며 대접을 받곤 했다. 당시 정여립의 위세가 얼마나 대단했던지 전라 감사 이광조차도 지함두가 정여립의 편지를 지니고 다니는 것을 보고 속세를 떠난 높은 대사로 여기며 대접할 정도였다고 한다.

또 한 명의 대동계 중심인물인 승려 의연은 원래 전라도 운봉 사람인데, 스스로 중국 요동 사람이라고 말하고 다녔다. 그 역시 지함두처럼 세상을 떠돌며 살았는데, 이런 말을 퍼뜨리고 다녔다고 한다.

"내가 요동에 있을 때 동쪽 나라에 왕기가 서렸음을 알아보고 한양에 이르니, 왕기는 전라도에 있고, 전라도에 오니 그 기운이 전주 남문 밖에 있다."

이는 전주 남문 밖에서 새로운 왕이 일어날 것이라는 요설을 퍼뜨린 격이었는데, 은근히 정여립이 왕이 될 것이라는 소문을 낸 것이다.

지함두와 의연은 황해도 지역에 이런 소문도 퍼뜨렸다.

"정팔룡은 신비하고 용맹한 사람인데, 마땅히 왕이 되어 계룡산에 도읍을 정할 터인데, 머지않아 군사를 일으킬 것이다."

당시 세간에 널리 퍼져 있던 《정감록》의 내용 중에 이씨가 망하고 정씨가 일어날 것이라는 예언이 있었는데, 이 내용에 의지하여 정팔룡이라는 가상 인물을 만들어 퍼뜨린 소문이었다. 그런데 팔룡은 원래 정여립의 별칭이었는데, 사람들은 그런 사실까지는 몰랐다.

또 황해도 지역에는 이런 소문도 돌았다.

"호남 전주 지방에 성인이 일어나서 우리 백성을 구제할 것이다. 그때는 수군과 보병의 병역과 친족과 이웃에게 지우는 부역, 달아난 자들을 쫓는 일 등을 모두 감면할 것이고, 공노비와 사노비 그리고 서얼을 벼슬시키지 않는 법을 모두 없애게 된다."

하지만 이런 소문이 돌고, 정여립의 집에 잡다한 사람들이 모여들게 되자, 혹 무슨 반역 모의라도 하지 않을까 염려하는 사람들이 많았다. 정여립의 형 정여복도 그중 한 명이었는데, 정여복은 동생 여립에게 편지를 보내 '문하에 무뢰한 자제들을 거하게 하고 접하면 반드시 후환을 끼치게 될 것이다'라고 경고하였다. 하지만 정여립은 형이 자신의 답장을 근거로 삼아 관아에 고발할지도 모른다는 생각에 답장을 보내지 않고 직접 찾아와서는 자신은 전혀 다른 뜻이 없다고 하였다. 장성에 사는 선비 정운룡도 처음엔 정여립의 명성을 듣고 학문을 나눴으나 정여립이 하는 말들을 듣고 깜짝 놀라 장성 현감 이계에게 고발하려다 증거가 없어 그만둔 일이 있었다. 정여립의 사위 김경일도 민간에 떠도는 말을 듣고 정여립을 찾아가 모반 계획에 대해 물었다. 그때 정여립은 이렇게 대답했다.

"나를 원수로 여기는 자가 이런 말들을 지어낸 것이니 절대로 입에 담지 말고 또 문자로 드러내지도 말라."

이렇듯 정여립에 대한 소문이 악화되자, 대동계 내부에서도 이탈하는 자들이 속출했다. 승려 도잠과 설청은 정여립과 친분이 매우 두터운 사람들이었는데, 혹 반역당으로 몰릴까 두려워 대동계를 이탈하여 도망쳐버렸다.

거사 계획과
고발 과정

정여립이 모반을 할 것이라는 소문이 전라도 지역과 황해도 지역에 파다하게 퍼지자, 정여립은 결국 혁명을 실천하려는 의지를 드러낸다. 이미 소문이 났고, 곳곳에서 고발하려는 움직임까지 있는 마당에 아무리 아니라고 변명해봤자 소용없을 것이라는 판단에서였다.

정여립의 계획은 이랬다. 대동계의 계원들을 중심으로 초겨울쯤에 서남 지방에서 동시다발적으로 군대를 일으킨 뒤, 강과 나루터에 얼음이 얼면 곧바로 한양을 침범하여 무기고를 불태우고 강에 있는 창고를 점령한다는 것이었다. 그런 상황에서 도성 내부에 심복들을 배치하여 내응하도록 하고, 자객들을 이용해 대장 신립과 병조판서를 죽이고, 왕의 지시를 사칭하여 각 지역의 병마사와 관리들을 죽인다는 계획이었다. 또 사헌부에 청탁을 넣어 전라 감사와 전주 부윤을 탄핵하여 파면하고 그 틈을 노려 거사를 감행하기로 했던 것이다.

이런 계획은 황해도 지역의 대동계 계원들에게도 전달되었는데, 승려 의엄이란 자가 그 내막을 파악하고 재령 군수 박충간에게 비밀스럽게 말했으나, 박충간은 증거도 없고 함부로 고발했다가 자신이 오히려 당할까 봐 고변하지 못했다. 그런데 당시 안악 군수로 있던 이축에게 고변이 들어왔다. 고변한 사람은 이축의 친척 동생인 진사 남절이었다. 그래서 이축은 남절에게 진상을 좀 더 살펴보라고 지시했다. 남절은 정여립의 제자임을 자처하고 다니는 조구를 주목했다. 당시 조구는 여러 사람들과 어울리며 술을 사곤 하였는데, 함께 어울린 사람들에게 후추와 부채를 나눠주곤 했다. 그리고 조구의 집에는 정여립의 호 오산이라고 적힌 여러 편지들이 있었는데, 남절이 그것을 이유로 조구를 몰아세우자, 조구가 정여립의 반역 계획을 털어놓았다.

남절로부터 정여립의 거사 계획을 들은 이축은 재령 군수 박충간, 신천 군수 한응인과 연명하여 황해도 감사 한준에게 보고하게 된다. 그리고 한편으로는 재령 군수 박충간이 정여립의 대동계 계원으로 파악된 이수를 잡아다가 신문하였더니, 역시 조구와 같은 말을 하였다. 이후 박충간은 직접 선조에게 정여립의 역모에 대한 장계를 올렸고, 황해도 감사 한준도 역시 같은 내용의 장계를 올렸다.

정여립의 죽음과
와해되는 대동계

그 무렵, 정여립에게도 박충간과 한준이 조정에 자신을 고발했다는 말이 전해졌다. 대동계 계원인 변숭복이 조구가 고변했다는 말을 듣고 말을 달려 정여립에게 알린 것이다. 정여립은 곧 관군이 들이닥칠 것이라 판단하고 야밤에 달아났다. 정여립이 대동한 인물은 자신의 아들 정옥남과 변숭복, 심복 박연령의 아들 박춘룡이었다.

정여립이 달아난 뒤, 금부도사 유담이 정여립의 거처인 금구와 전주 두 곳을 기습하였으나, 이미 달아난 뒤였다. 유담은 집안사람들을 모두 신문하여 정여립의 행방을 찾았지만 아무도 알지 못했다.

정여립은 그때 진안현의 죽도에 숨어 있었다. 죽도에도 정여립의 서재가 있었는데, 근처 지리를 잘 알고 있었기 때문에 거기에 숨었던 것이다.

정여립을 잡지 못했다는 보고가 올라오자, 도성이 발칵 뒤집혔다. 선조는 곧 비상사태에 대비하라는 엄명을 내렸고, 민심은 뒤숭숭하였다.

그때 조정은 이산해, 정언신 등의 동인들이 정승 자리에 있었고, 이발과 백유양 등이 조정의 의론을 이끌었는데, 이들은 정여립을 고변한 자들은 모두 이이의 제자들이라며, 정여립의 반역 사건은 모두 꾸며진 일이라고 주장했다. 정언신은 어전에서 하늘을 쳐다보고 웃으면서 "정여립이 어찌 역적이 될 수 있단 말인가?"라고 말하기도 하였다. 그는 고변한 자들을 모두 잡아서 죽여야 한다고 주장하기까지 했다.

서인들 중에도 상당수가 이런 말을 하기도 했다.

"정여립이 마음씨는 부정할망정 어찌 반역이나 배반할 이치가 있을까?"

그 무렵, 역적모의에 참가했다는 백성 두 사람이 잡혀 왔는데, 황해도 감사 한준이 잡아 큰칼을 씌워 도성으로 압송시킨 자들이었다. 선조가 두 사람을 직접 국문을 했는데, 두 사람 모두 거지나 다름없는 궁핍한 자들이었다. 그래서 선조가 웃으면서 주변에 이렇게 말했다.

"여립이 비록 반역을 도모했다고는 하나 어찌 이런 무리와 공모했겠는가?"

그러면서 그들에게 물었다.

"너희들이 반역을 모의했느냐?"

그러자 그들이 대답했다.

"반역하는 것은 모르옵고, 반국을 하고자 하였습니다."

선조가 그 말을 듣고 의심쩍게 물었다.

"반국은 무슨 뜻이냐?"

"반국은 먹고 입는 것이 넉넉한 것입니다."

그 말을 듣고 선조는 헛웃음을 쏟아내며 그들을 놓아주려 하였다.

그로부터 10여 일 뒤에 죽도 주민의 신고로 정여립이 죽도에 은신하고 있다는 사실이 밝혀졌다. 그러자 신고를 받은 진안 현감 민인백이 관군을 거느리고 죽도의 은신처를 에워쌌다. 민인백은 정여립을 절대 죽이지 말라고 부하들에게 명령했다. 선조가 생포해서 잡아 오라고 어명을 내렸기 때문이다.

그러나 정여립은 포위망이 좁혀오자, 더 이상 달아날 길이 없다고 판단하고 죽기로 결심했다. 그래서 함께 동행한 변숭복을 먼저 죽이고, 자신의 아들 정옥남과 박연령의 아들 박춘룡을 칼로 내리쳤다. 그리고 마지막으로 자신은 칼을 땅에 거꾸로 꽂아놓고 칼날에 목을 그어 자살하였다. 정여립이 죽을 땐 황소울음 같은 괴성이 들렸다고 한다. (《동소만록》에는 정여립이 자살한 것이 아니라 선전관 이용준과 현감 민인백이 두들겨 패서 죽인 뒤 자살했다고 거짓으로 보고했다고 전하고 있어, 정여립의 죽음에는 의혹이 남아 있다.)

하지만 정옥남과 박춘룡은 죽지 않고 살아 있었기 때문에 도성으로 압송되었고, 정여립의 시신과 변숭복의 시신은 도성으로 옮겨져 백관들이 둘러서서 보는 가운데 저자에서 갈가리 찢겼다.

이후 정옥남과 박춘룡에 대한 국문이 시작되었고, 결국 그들의 입을 통해 반역 모의가 드러났다. 그 내용은 조구와 이수가 말한 내용과 같았다. 그래서 선조가 친국을 하여 정옥남에게 물었다.

"너의 집에 왕래하던 자들은 누구누구였느냐?"

옥남이 대답했다.

"모주는 길삼봉이고, 고부에 사는 한경, 태인에 사는 송간, 남원에 사는 조유직과 신여성, 황해도에 사는 김세겸, 박연령, 이기, 이광수, 박익, 박문장, 변승복 등 10여 명이 항상 찾아왔습니다. 그리고 지함두와 중 의연은 어디 사람인지 모릅니다."

정옥남이 모의의 주범으로 지목한 길삼봉은 수십 년 전에 나타났다가 사라진 화적 두목이었다. 그래서 실제 존재하는지 여부도 알 수 없는 자였다. 어쨌든 선조는 군사를 풀어 정옥남이 지목한 자들을 모두 잡아들였다.

황해도에서 이광수가 잡혔고, 박연령은 중국으로 달아나려고 횡성으로 갔다가 그곳에서 잡혔다. 정여립의 친척 이진길, 형 정여복과 그의 형제, 한경, 조유직과 신여성도 잡혀 왔는데, 그들은 곤장을 맞으면서도 끝까지 반역 모의는 없었다며 결백을 주장하다 죽었다. 의연은 도망 다니다가 김제의 어느 대숲에서 잡혔는데, 결국 사살되었다. 하지만 모주 길삼봉은 끝내 찾지 못했다.

그리고 지함두도 잡혔는데, 그는 잡힌 뒤에 이렇게 소리쳤다고 한다.

"패공이 죽었으나 어찌 천하에 패공이 될 만한 사람이 또 없겠는가?"

패공은 곧 한 고조 유방을 가리키는 것으로 비록 정여립은 죽었지만 다시 나라를 일으킬 사람이 또 없겠느냐는 말이었다.

이렇듯 정여립과 대동계의 핵심 인사들이 모두 죽고 관련된 백성 수백 명이 죽게 됨으로써 정여립 사건은 종결되는 듯했다. 하지만 그것으로 끝난 것은 아니었다.

기세 오른 서인,
쫓겨나는 동인

정여립이 반역의 우두머리인 것이 기정사실화되자, 조정은 엄청난 소용돌이에 휘말렸다. 《괘일록》은 당시 상황을 이렇게 적고 있다.

> 큰 변고가 일어나니, 서인들은 기뻐 날뛰고 동인들은 기운이 죽어갔다. 이것은 임금이 서인을 싫어하여 이산해를 이조판서 자리에 10년 동안이나 두는 사이에 서인들은 모두 한산한 자리에 있게 되어 기색이 쓸쓸하더니, 여립의 역변이 일어난 후에는 갓을 털고 나서서 서로 축하하였으며 동인들은 스스로 물러나고, 서인은 그 자리에 올라서 사사로운 원한을 보복하기에 꺼리는 바가 없었다.

《괘일록》의 기록대로 서인들은 영수 정철을 필두로 조정으로 돌아와 위관이 되어 정여립 사건을 직접 취조하였고, 그동안 정여립을 비호한 이발 등의 동인 대신들을 싸잡아 공격하기 시작했다.

그러자 우의정 정언신이 소를 올려 스스로 위관을 사퇴하면서 이런 말을 하였다.

"신은 역적과 처음부터 길이 다르고 나이도 같지 않으며, 또 서울과 지방에 멀리 떨어져 살아서 서로 왕래하는 교분이 없음은 나라 사람들이 다 아는 바입니다."

이 소는 정언신의 아들 정율이 지은 것인데, 그 후에 정언신이 정여립에게 보낸 편지들이 발각되면서 정율은 자살하였다.

또 이조판서 이양원도 스스로 소를 올려 사직했는데, 그는 황해도사를 지내고 물러나면서 정여립을 천거한 바 있었다.

이렇듯 동인들이 몸을 웅크리고 두려움에 떨고 있을 때, 선조는 정철을 우의정에 앉혔다. 정철은 우의정에 오른 지 나흘 만에 동인 세력의 중심인 정언신, 정언지, 홍종록, 정창연, 이발, 이길, 백유양 등을 역당으로 몰았다. 선조는 그들을 친국하였는데, 이들의 이름이 정여립의 조카 정집의 공초에 올랐기 때문이었다. 정집의 공초에 '정언신 등이 역모에 동참하여 장차 내응하려 하였다'고 했기 때문에 그들이 역당으로 몰린 것이다.

백유양이 정여립에게 보낸 편지에 선조에 대해서 비난하는 말이 있었는데, 선조는 그중 가장 심한 것을 골라내 국청에 내려보냈다. 백유양이 정여립에게 보낸 편지에는 선조에 대해 '시기심이 많고 모질고 고집이 세다', '조금도 임금의 도량이 없다'고 평가하고 있다. 이 때문에 선조는 백유양을 역적으로 규정하고 처단하라고 했다. 하지만 정철이 만류하자, 무섭게 화를 내면서 대신이 권력을 제 마음대로 한다고 소리쳤다. 결국, 백유양은 국문을 당하다 곤장을 맞아 죽었으며, 그의 아들들인 백진민과 백홍민도 곤장을 맞아 죽었다. 그들 형제가 붙잡혀 온 것은 정철이 백유함, 이춘영 등과 함께 내시 이몽정으로 하여금 선조에게 이런 말을 하게 했기 때문이다.

"외방 공론에 의하면 길삼봉의 거처를 백진민 형제가 소상히 안다고 합니다."

그때 백진민 형제는 아버지 묘에서 시묘살이를 하고 있었는데, 느닷없이 들이닥친 의금부 관원들에 의해 붙잡혀 가서 매를 맞다 죽었던 것이다. 정철과 함께 이들 형제를 죽인 백유함은 백유양의 사촌동생이었는데, 서로 의견을 달리하여 죽이는 데 앞장섰던 것이다.

이렇듯 정여립 사건은 동인 정권이 밀려나고 서인 정권이 들어서는 계기로 작용했다. 그런 까닭에 이 사건을 서인들에 의해 조작된 것으로 보는 시각도 있다. 황해도에서 정여립의 반역을 고변한 사람들 대다수가 서인 세력이고, 황해도에 율곡의 제자가 많았기 때문에 서인들에 의한 조작설을 전혀 터무니없는 주장이라고 일축할 수는 없는 듯하다. 또한 정여립이 어리석지 않았다면 스스로 왕이 된다거나 전주에서 왕이 난다는 말을 고의로 퍼뜨렸다는 기록들도 쉽게 납득할 수 없는 부분이다.

　하지만 정여립이 반역자로 몰린 배경엔 스스로 그 원인을 제공한 측면도 있다. 대동계를 조직하고, 스스로 그 수장 노릇을 하고 있었기 때문에 반역도로 의심받을 가능성은 충분했다. 왕조 국가에서는 왕이나 관리가 아닌 자가 세력을 형성하는 것 자체가 매우 위험한 일이었다. 심지어 그의 형제들이나 주변의 지인들까지 그가 반역을 꾀하는 것이 아닌지 의심할 정도였으니, 정적들이 그를 역적으로 몰아가기는 어렵지 않았을 것이다.

　정여립 역시 자신의 행동과 말들이 위험하다는 사실을 모르진 않았을 것이다. 그럼에도 불구하고 폭넓은 지식과 신분을 따지지 않는 자유로운 사상을 기반으로 대동계와 같은 자생 조직을 만들고, 그 조직을 기반으로 관군조차 제대로 물리치지 못하던 왜구를 막아내기도 했다. 말하자면 백성들에겐 영웅적인 인물이었던 셈인데, 시대를 잘못 만난 까닭에 영웅이 아닌 역도로 몰려 비참한 죽음으로 생을 마감한 것이다.

-10-

자기 꾀에 걸려
역적으로 죽은 허균

국문도 받지 않고
역적으로 몰려 죽은 허균

《홍길동전》의 저자로 잘 알려진 허균은 흔히 뛰어난 문인으로 알기 십
상이지만, 실제론 대담한 정치꾼이었고, 음흉한 정략가였다. 그는 서경
덕 문하에서 성장하여 문장가로 이름을 날린 허엽의 아들이었고, 여류
시인으로 중국에까지 알려진 허난설헌의 동생이었으며, 임진왜란 직
전에 일본에 서장관으로 다녀온 허성의 이복동생이기도 했다.

그는 명문가 출신답게 머리가 명석하고 문재가 뛰어났다. 1569년생
인 그는 다섯 살 때에 이미 글을 익혔으며, 아홉 살에 시를 지을 줄 알
았다. 그는 영남학파의 거두 유성룡에게서 학문을 배웠고, 당나라 시
에 능하여 최경창, 백광훈과 함께 삼당시인으로 불린 이달에게서 시를
배웠다. 그리고 26세 때인 1594년에 문과에 급제하여 관직에 나갔고,
1597년에는 문과 중시에 장원으로 급제하였으며, 이듬해 황해도 도사
가 되었다. 이후 춘추관 기주관, 형조정랑 등을 지낸 뒤, 1604년에 이
르러서는 수안 군수가 되었다.

그는 꽤 자유분방한 사고를 가진 인물이었는데, 유학을 했음에도 불교에도 밝았고, 실제 불상을 모셔놓고 염불과 참선을 행하기도 했다. 그리고 천추사가 되어 명나라에 갔을 땐 천주교 기도문과 서양 지도를 가져오기도 했다. 그러나 그는 불교를 신봉한다는 이유로 수안 군수 시절과 삼척 부사 시절에 탄핵을 당해 두 번이나 관직에서 쫓겨났다.

하지만 그의 자유로운 행동 양식은 쉽게 변하지 않았다. 시를 좋아하여 산천을 유람하며 시를 짓기도 했고, 그 과정에서 시 짓는 기생으로 유명했던 계생(매창)을 만나기도 했다. 또 천민 출신 시인 유희경과도 친밀했으며, 서자들과도 절친하게 지냈다. 이렇듯 다양한 계층의 사람들과 사귀기를 좋아했는데, 이것이 결국, 그의 인생에 화근으로 작용했다.

황해도 도사로 부임했을 땐 한양의 기생을 데리고 갔다 하여 탄핵되었고, 서양갑, 심우영 등과 관계된 '칠서의 난'이 일어났을 땐 그들과 친분이 두터웠다는 이유로 불안에 떨어야 했다. 결국, 그는 신변의 안전을 도모하기 위해 이이첨에게 접근하여 대북파의 일원이 되었다.

대북파에 들어간 그는 형조판서, 의정부 좌참찬 등을 지내며 권력의 핵심으로 성장했다. 그리고 대북파와 함께 인목대비 폐모론을 주장하며 광해군의 최측근이 되기도 했다. 이 과정에서 폐모론을 반대하던 북인의 거두 기자헌과 대립하는 사태가 벌어졌고, 결국 기자헌은 유배되는 처지가 되었다.

그 무렵, 도성 안에는 괴이한 격문이 나돌았다. 격문 속에는 광해군이 서자로서 왕위에 오른 것을 비방하는 것을 비롯하여 대북파를 주도하던 이이첨과 허균을 역적으로 규정하는 내용들로 가득했다. 그런 상황에서 기자헌의 아들 기준격이 이 격문들은 모두 허균이 만든 것이라는 고발 상소를 올렸고, 이 문제로 허균은 기씨 집안과 목숨을 건 싸움을 벌여야 했다.

그런 가운데 인목대비에 대한 폐모론은 한층 더 크게 대두되었고, 그 과정에서 허균은 이이첨과 뜻을 달리하여 둘 사이에 앙금이 생기게 되었다. 허균은 이이첨에 의해 대북당이 되었는데, 어느덧 광해군으로부터 이이첨보다 더 총애를 받는 신하로 성장해 있었던 것이다. 이를 시기한 이이첨은 결국 도성 안에 떠돌던 흉서를 근거로 허균을 역적의 수괴로 몰아 죽이게 된다. 하지만 허균을 역적으로 몰아간 과정엔 미심쩍은 요소들이 많았다. 심지어 역적의 수괴로 지목되었지만 제대로 국문도 받지 않았고, 대질신문도 받지 않았다. 어쨌든 이이첨과 대북당도들은 허균을 빨리 죽여 입을 막기에 급급했고, 광해군은 그 내막을 알아내기 위해 애를 쓰지만 대북당의 재촉에 밀려 허균을 능지처참하기에 이른다. 도대체 대북당은 허균의 입을 막아 무엇을 감추려 했던 것일까?

의금부 옥에서 일어난 의문의 죽음

1617년(광해군 9년) 5월 19일 아침, 의금부 옥에 갇혀 있던 신점이란 자가 죽은 채로 발견되었다. 그 전날까지만 해도 말도 잘하고 밥도 잘 먹던 자였다. 거기다 아직 젊고 체격이 건장하여 병색이라고는 찾아볼 수 없었는데, 갑자기 죽은 것이다.

신점은 그해 1월에 발견된 흉서 사건에 연루된 자였다. 당시 흉서가 처음 발견된 곳은 궁궐 내약방 동쪽 뜰이었다. 그 흉서의 내용 중엔 광해군을 비방하고 헐뜯는 말이 많았는데, '서자로 외람되이 왕위에 올랐으며, 아비를 죽이고 형을 죽였다'는 말도 적혀 있었다. 당시 같은 내용의 격문이 화살에 매달린 채 인목대비가 유폐되어 있던 경운궁(서궁, 덕수궁)에도 날아들었고, 영의정 기자헌과 판의금부사 박승종의 집에도 날아들었다. 그 때문에 기자헌과 박승종이 광해군에게 이런 말을 하였다.

"이번의 이 흉서는 그 말이 사실이 아니라는 것을 지혜로운 자가 아니더라도 알 수가 있습니다. 그 말을 얽어서 성상께 욕을 끼침에 있어서 이르지 않는 곳이 없으니, 그 사악하고 화를 즐기며 나라에 일을 만들어낸 정상이 갖가지여서 가리기가 어렵습니다. 글은 비록 교묘하지만 더더욱 그 속마음을 볼 수 있는바, 그 이름을 감춘 자를 잡아내어서 토막으로 저미지 못하는 것이 한스럽습니다."

이들 두 사람이 이토록 분노한 것은 그 격문의 내용 중에 '유씨를 협박하고 박씨를 몰아치고 기씨를 강제한다'는 구절이 있었기 때문이다. 여기서 말한 유씨는 광해군의 처남 유희분을 가리키는 것이고, 박씨와 기씨는 곧 그들을 가리키는 것인데, 흉서엔 그해 1월 28일에 병력을 일으킨다고 했으니, 그들 세 사람을 반역의 동조자로 끌어들인다는 뜻이었다.

이에 대해 기자헌은 이렇게 말했다.

"지난가을에 신의 집에서도 이와 같이 화살에 매어 쏘아 넣은 일이 있었는데, 이것은 신 한 사람만 지적하였기에 익명서라 치부하고서 내버려두었습니다. 지금 삼가 화살에 매어진 글을 보니, 그 말이 흉악하고 참혹하여 차마 볼 수가 없었습니다. 만약 이것이 참말이라면 그가 어찌하여 드러내놓고 위에 아뢰지 않고서 이와 같이 익명으로 하겠습니까? 신이 지난번에 헌의獻議하면서 이른바 '그의 뜻으로 말하자면 차마 아뢰지 못하겠다'고 한 것이 바로 이러한 일을 두고 한 말입니다. 무릇 드러내놓고 고하는 경우에도 사실이 아닌 경우가 오히려 많은데, 더구나 이런 익명서이겠습니까? 신과 관련해서는 흉서에 '기씨를 강제한다[勒奇]'고 하였는바, 이것은 신을 모함하고자 하다가 성공치 못하자, 이에 감히 이와 같은 일을 한 것입니다. 신은 감히 의논드리지 못하겠습니다."

또 박승종은 이렇게 말했다.

"이번의 흉서는 말이 아주 흉악하고 참혹하여서 반도 채 읽기 전에 간담이 찢어지는 것 같습니다. 인심이 이와 같으니 무슨 짓인들 하지 못하겠습니까? 그 가운데 '구박驅朴' 두 자가 있는데, 비록 어떤 사람을 두고 한 말인지 모르겠으나, 상신相臣이 이미 '늑기勒奇'라는 말이 있다는 이유로 감히 헌의하지 못하였는바, 생각건대 흉인이 반드시 신을 모함하고자 해서 이 말을 한 것입니다. 신 역시 감히 의논드리지 못하겠습니다."

그리고 유희분은 뒤늦게 입궐하여 이런 말을 하였다.

"신은 늦게야 경운궁의 뜰에 격문을 화살에 묶어 투서한 변이 있었다고 들었는데, 신의 성 역시 흉서에서 얽어 넣은 기운데 들어 있다고 합니다. 신은 두렵고 떨려서 가슴이 찢어지는 듯합니다. 전문을 보지 못하여 날조한 것이 어떠한지는 알 수 없습니다. 그러나 이미 간사한 역적이 성을 거론하면서 모함하려 하였으니, 신하의 의리에 있어서 결단코 얼굴을 들고 반열에 나아가기를 보통 사람과 같이 해서는 안 되고, 마땅히 답답함을 하소연하면서 체직시켜주기를 청하고는 즉시 떠

낮어야만 합니다. 다만 생각건대 조용히 조섭하고 계신 중이어서 번거롭게 아뢰기가 두려워 며칠 동안 머뭇거리면서 감히 외람스럽게 진달드리지 못하였습니다. 지금 대신이 이로 인하여 서둘러 물러가고 뭇사람들은 모두 놀라고 있습니다. 그런데 신이 유독 어떤 사람이라고 완연히 움직이지 않으면서, 위로는 청명한 조정에 수치를 끼치고 아래로는 자신의 죄를 중하게 하겠습니까? 삼가 바라건대 성상께서는 어리석은 신의 위태롭고 절박한 정을 곡진히 살피시어 속히 신을 체직시키도록 명하여서, 시골로 돌아가 엎드려 있으면서 여생을 보전할 수 있게 해주소서."

당시 광해군은 이 사건에 대해 이렇게 말했다.

"이것은 바로 대비전에 쏘아 넣어 먼저 거사하는 뜻을 고하려고 하다가 미치지 못하여서 발각된 것이다. 경에게 있어서는 조금도 간여된 사실이 없으니 안심하고 사직하지 말라. 다만 이미 모함하기를 도모한 간사한 역적이 누구인지를 알았으면 곧장 그 사람이 누구인지를 말하여서 나라에 일을 만들어낸 죄를 바루는 것이 마땅하다."

광해군이 범인을 색출할 것을 명령하자, 2월 12일에 유학 손활과 박문근이 고변하길 자신의 친척인 신점이 사건에 대해 알고 있었다고 말했다는 것이었다. 그래서 의금부가 신점을 잡아들여 국문하였는데, 국문 과정에서 매를 친 일도 없었다. 그런데 갑자기 옥에서 죽어버린 것이다. 그래서 도승지 한찬남이 신점의 사망 경위를 조사하기 위해 금부도사 민진원을 추궁하였다. 그랬더니 옥졸의 탓으로 돌렸다. 그래서 옥졸을 추궁하였으나 역시 죽은 원인은 밝혀지지 않았다. 그런데 신점이 죽던 날에 그를 고변한 박문근이 의금부에 들어와 있었다는 사실이 밝혀져 박문근이 잡혀 오고, 박문근을 의금부에 들어올 수 있도록 한 서리 마응룡이 잡혀 와 국문을 당하였다. 하지만 신점의 죽음에 대해 아무것도 밝혀내지 못했다. 결국, 흉서 사건은 미궁에 빠졌다.

일파만파로 번지는 흉서 사건

흉서 사건이 일어난 뒤, 신하들 사이에선 범인에 대한 논란이 자자했다. 그런 가운데 1617년 2월 1일에 행사용 민인길이 이런 상소를 올렸다.

"신이 오늘 아침에 별장別將의 직소에 있었는데, 학관 이원형이 와서 신을 보고는 말하기를 '이번의 흉격을 이재영이 지은 일을 교산이 영공令公에게 말하였는데, 영공이 여러 집들에 전하였다고 어떤 사람이 나에게 말하였다. 영공은 그 사실을 알고 있는가?' 하기에, 신이 답하기를 '그 말을 비록 듣지 못하였으나, 이미 그런 말이 있다면 너는 어느 곳에서 그 말을 들었는가?' 하였습니다. 그러자 이원형이 말이 나온 곳을 말하지 않고 다만 말하기를 '나에게 말해준 사람에게 다시 물어서 말해주겠다'고 하였습니다. 신은 이 말을 듣고서는 심신이 놀라서 안정할 수가 없어서 곧바로 이원형의 집으로 뒤쫓아가서 누가 말하였는지를 묻자, 또 명확히 말하지 않으면서 '오늘 저녁에 그곳에 가서 상세히 들어보고서 다시 통보해주겠다'고 하였습니다. 신은 이 말을 듣고서는 이어 생각하기를 흉격을 지은 사람이 반드시 있을 것이라고 여겼습니다. 이에 일각도 입 다물고 있을 수가 없어서 삼가 죽음을 무릅쓰고 아룁니다."

이 상소문에 나오는 교산은 곧 허균의 호였다. 민인길의 상소에 따르면 흉서를 지은 자는 이재영이고, 그 말을 허균이 민인길에게 전했고, 민인길이 여러 집에 그 내용을 알렸다는 것이며, 그 말을 자신에게 한 사람은 학관 이원형이라는 것이다.

그러자 다음 날엔 훈련도정 성우길이 상소를 올려 민인길의 상소에 반박했다.

"정월 26일에 신이 문창부원군 유희분을 만나보니, 유희분이 신에게 말하기를 '이번의 흉격을 이재영이 지었다는 설을, 민인길이 허균의 집에서 듣고서 그와 친한 사람에게 전하였다고 한다. 이재영 역시 혈기가 있는 사람인데, 그가 어찌 이처럼 패역스러운 말을 얽어서 임금을 욕하기를 한결같이 이렇게까지 할 리가 있겠는가? 그대는 이재영과 친척이니 모름지기 번거롭게 여기지 말고 상세히 물어보라'고 하였습니다. 이에 신이 이재영을 불러서 그 곡절을 물어보자, 이재영이 깜짝 놀라면서 말하기를 '이것은 나를 모함하는 말에 불과하다. 마땅히 이원형을 시켜서 가서 민인길을 만나보고 말을 만들어낸 자를 상세히 캐내어 와서 알려주겠다'고 하였습니다. 이에 신은 이재영이 와서 알려주기를 기다려서 사유를 갖추어 상달하고자 하였습니다. 지금 듣건대 민인길이 이원형이 와서 물어본 일로 상소를 올렸다고 합니다. 이것은 반드시 이재영이 신의 말을 듣고서 이원형을 시켜서 가서 물어보았기 때문에 상소를 올린 것으로, 황공함을 금치 못하겠습니다. 이에 삼가 죽음을 무릅쓰고 아룁니다."

이렇듯 두 사람의 상소에 모두 허균의 이름이 거명되자, 허균이 상소를 올려 자신의 결백을 주장했다.

"오늘 새벽에 민인길이 신에게 와서 말하기를 '어제 이원형이 와서 말하기를 「이번의 흉격은 이재영이 지었는데, 그것을 교산이 듣고서 영공에게 말하자, 영공이 명가名家에 말하였다고 하는데, 그것을 알고 있는가?」하기에, 내가 절대로 그런 일이 없다고 대답하였다. 그리고 이어서 삼촌 조카사위인 유충립이 와서 말하기를 「이 일을 기수발이 삼촌인 문창부원군 유희분의 집에서 말하였으니 형세상 감추기가 어렵다」고 하였다. 이에 내가 이원형이 먼저 고할까 염려되어 즉시 어제저녁에 상소를 올렸다'고 하였습니다. 신은 이 말을 듣고는 몹시 놀라워서 그 까닭을 헤아릴 수 없었는데, 이 말이 기수발을 통해서 발단되었으니 말이 나온 곳이 어디인지 알 수 있을 것이라고 여겼습니다. 신은 이 일에 대해서 전혀 들어보지 못하였고 또한 민인길에게도 말한 적이 없으니, 그 말이 허망하다는 것을 곧바로 알 수가 있습니다. 더구나 신하로서 이런 말을 들었다면 급히 상달하여야 마땅하지, 어찌 말을 민인길에게 전하고는 곧바로 진달드리지 않을 수 있겠습니까? 민인길의 상소에서 이른바 교산이라 한 것은 바로 신의 별호입니다. 신은 이미 그 상소 안에 이름이 들어 있기에, 불가불 그 곡절을 진달드려서, 그 말이 근거가 없음을 증명하는 것입니다. 삼가 죽음을 무릅쓰고 아룁니다."

이쯤 되자 광해군의 처남인 문창부원군 유희분도 그냥 있을 수 없게 되었다. 그 역시 상소를 올려 이렇게 말했다.

"어느 날 신의 삼촌 조카 유충립이 신을 찾아와서 말하기를 '나의 처삼촌 아재비 민인길이 일찍이 허균의 집에 출입하면서 이번의 흉격은 이재영이 지었다고 들었다고 하였다' 하기에, 신이 꾸짖으면서 말하기를 '이재영은 죄를 깨끗이 씻어주는 성대聖代의 은혜를 외람되이 입어서 과거에 급제해 벼슬까지 하였다. 그러니 성상께서 그에게 무슨 저버린 일이 있어서, 감히 이러한 흉역스러운 글을 지어서 임금을 욕하며 역적모의를 하였겠는가' 하였습니다. 이달 27일에 신이 도감의 제조로서 호위하는 곳에서 직숙하였는데, 신과 사돈 관계가 되는 대장 성우길이 신을 찾아왔습니다. 이에 신이 성우길에게 묻기를 '일찍이 듣건대 대장은 이재영과 친척 관계라고 하는데, 그런가?' 하자, 성우길이 말하기를 '과연 친척 관계에 있으며, 또한 서로 잘 알고 있다'고 하였습니다. 이에 신이 전에 들은 말을 가지고 성우길을 설득하며 말하기를 '이재영 역시 혈기가 있는 사람인데, 그가 어찌 차마 이런 흉역스럽고 부도한 글을 지어서 임금을 욕하기를 이처럼 심하게 하였겠는가? 이 글을 지은 역적을 적발해내지 않을 수 없으니, 영공이 한번 이재영을 불러서 비밀히 물어보면서 그의 기색을 살펴보라'고 하였습니다. 그러자 성우길 역시 놀라면서 그러겠다고 하고 갔습니다. 그러나 그 뒤 며칠이 지나도록 아무런 말이 없었습니다. 그런데 어제저녁에 전해 듣건대, 민인길이 상소를 올려 자신에 대해 해명하였다고 합니다. 이에 신은 그사이의 곡절을 잘 알고 있기에 번거롭게 아룀을 피하지 않고 감히 이렇게 다 진달드립니다."

한편, 허균의 상소에 거명된 기수발 역시 그냥 있을 수 없는 노릇이었다. 기수발은 기자헌의 조카였다. 그 역시 상소를 올려 자신을 변명하였다.

"이번에 민인길이 상소를 올려 진달드린 일로 인하여 허균이 신의 이름을 거명하면서 말하기를 '기수발이 문창부원군 유희분에게 말하였다'고 하였는데, 유희분이 만약 신에게서 그 말을 들었다면 그의 차자에서 반드시 신의 이름을 거명하여 증거로 삼았을 것으로, 신이 비록 가리고자 하더라도 가릴 수 있겠습니까? 신이 이러한 말을 하지 않았는데 허균이 만들어내었음을 여기에서 알 수가 있습니다. 그리고 신은 나이 어린 사람으로서 일찍이 한 번도 유희분과 만나지 않았습니다. 그런데 허균이 말을 조작하기를 이렇게까지 하였으니, 교묘하고도 참혹합니다.”

이렇듯 기수발은 모든 것이 허균이 조작한 것이라고 단정했다. 그리고 유희분의 상소에서 거명된 유충립이 상소를 올려 자신을 변명하였는데, 그 상소문 속에 허균이 흉서를 짓고 의금부검상 이정원이 흉격을 짓는 것을 보았다는 말이 있었다. 이 때문에 이정원이 격분하여 상소를 올렸다.

“삼가 듣건대, 유충립의 상소 안에 ‘이정원이 흉격을 지을 즈음에 마침 그곳에 들어가서 보았다’고 하였다 합니다. 신은 이 말을 들은 이후로 간담이 모두 찢어졌습니다. 흉격이 어떠한 글입니까? 그것을 지은 자는 필시 대역부도한 자입니다. 대역부도의 모의를 하는 자가 어찌 다른 사람이 참여하여 보게 하겠으며, 신이 참으로 어떠한 사람인데 역시 어찌 참가하여 볼 리가 있겠습니까? 유충립이 근거도 없는 망측한 말로 반드시 죽을 곳에다 신을 빠뜨리려고 하는 것은, 그 유래가 오래되었습니다. 신은 이미 허균과 서로 상종하지 않아서 한 번도 그의 집에 가보지 않았으니, 어떻게 글을 지을 때 볼 수가 있었겠습니까? 삼가 바라건대 성상께서는 속히 신을 의금부에 내려서 유충립과 더불어 따져보게 하소서. 그러면 죄가 있는 자가 죽게 될 것입니다. 신은 절박하고도 통분스러움을 금치 못하겠습니다.”

결국, 이 모든 상소문들은 허균이 흉서를 만들었다고 지목하고 있었다. 하지만 당시 허균은 광해군의 신임을 받고 있는 신하였다. 그래서 쉽사리 상소를 올린 자들을 불러 국문할 수가 없었다.

또 이와 관련하여 1617년 3월 9일의 기사에는 이런 내용이 실려 있다.

이 당시에 이이첨, 박승종, 유희분 세 집안이 모두 왕실과 인척 관계를 맺은 권세를 끼고 각자 도당을 세워 서로 알력이 있었는데, 이이첨이 폐모론을 주도하면서부터는 기세가 몹시 치성하여 유희분과 박승종이 대적할 수가 없었다. 이이첨이 허균을 사주하여 화살에 묶어서 격문을 쏘아 넣은 데 미쳐서는, 격문 안의 말이 몹시 흉패스러워서 심지어는 '얼자가 외람되이 왕위에 올랐으며, 아버지를 독살하고 어머니를 잡아 가두었으며, 형을 죽이고 동생을 죽였다'는 등의 말이 있기까지 하였다. 영상 기자헌이 이에 대한 단서를 발하고 민인길 등이 서로 이어서 고변하여, 왕이 허균이 한 짓임을 알았다. 그러나 이 일을 계기로 하여 대비를 폐하는 일을 성사시키고자 해서 내버려둔 채 불문에 부쳤다. 그러나 박승종과 유희분 등이 몹시 몰아붙여 이이첨의 처지가 크게 궁색하게 되었다. 이에 감언이설로 유희분과 박승종을 꾀어 동맹을 맺어서 대북大北(이이첨의 당파), 중북中北(정창연의 당파), 소북小北(유희분·박승종의 당파)을 균등하게 등용하기로 약속하였다.

기자헌을 유배시키는 허균

이렇듯 흉서 사건은 대충 덮고 지나가는 형국이었다. 그런데 그해 10월 10일에 좌윤 김개가 이런 상소를 올렸다.

"허균이 신에게 서찰을 보내 말하기를 '김진은 바로 김계남의 괴수이니 급히 대장에게 통지하여 이를 붙잡아 엄하게 신문한다면 종묘와 사직의 복이 될 것이다'라고 하였습니다. 신은 이미 지난 일을 징계하여 침묵을 지키고만 있을 수 없어서 대장에게 통지는 하였습니다만, 김진의 사람됨은 신이 모르는 일임을 입계합니다."

김개는 한성부 좌윤이었고, 상소에 언급된 대장은 포도대장 김예직을 지칭하는 것이며, 김계남은 인목대비의 아버지 김제남의 친족으로 얼자였다. 김개의 상소를 읽은 추관들은 역적 사건 같은 중대한 일을 도적이나 잡는 포도청 대장에게 알리게 한 허균의 행동이 사리에 맞지 않는다며 신문해야 한다고 했다. 하지만 그 이전에 허균에게 알린 현응민과 차극룡을 신문하는 것이 순서라고 보고했다.

그 말을 듣고 다음 날 허균이 상소를 올렸다. 허균은 이때 형조판서에 올라 있었다.

"저의 얼족 현응민이 와서 하는 말이 '김제남의 친족으로 도망 중에 있는 죄인 김계남이 은밀히 오영난의 집에 오가는데 행동이 수상하다'고 하기에, 신이 묻기를 '이 말을 어디에서 들었는가?' 하니, 응민이 대답하기를 '이것은 바로 내가 아는 차극룡이란 자가 말한 것이다'라고 하였습니다. 차극룡이 신을 보고 말하기를 '김제남의 반역 음모는 계남이 필시 모를 리가 없다. 만일 김계남 등이 흉측한 음모가 없었다면 몰라도 반역 음모를 꾀하였다면 김진이 필시 먼저 선동하였을 것이다. 전후하여 발생한 흉측하고 요사스러운 일은 이 무리들의 소행이 아니라고 단정할 수 없다'고 하였습니다."

그때 옥에 갇혀 있던 김계남과 그의 동생 그리고 절친한 인물들을 모두 잡아들여 국문해보았지만, 모두 반역에 가담할 정도의 사람들은 아니었다.

이후 허균에게 김계남을 고발한 현응민에 대한 추국이 시작되었다. 현응민은 자신이 김계남이 숨은 곳을 알게 된 경위를 이렇게 설명했다.

"9월 20일경에 모전茅廛 근처에서 알고 지내던 차극룡이 말하기를 '오늘 군기시 앞에서 김계남이 얼굴을 가리고 동구로 들어갔다. 계남은 바로 김제남의 친족으로서 처음에 도망하여 붙잡지 못한 사람이다. 그대와 함께 협력해서 붙잡았으면 한다' 하기에, 답하기를 '그가 머무는 곳을 어떻게 알겠는가?' 하니, 극룡이 말하기를 '군기시의 근처에 있는 김계남의 사위 오응난의 집으로 들어갔다'고 하였습니다. 그날 8촌인 허판서(허균)에게 가서 말하니, 판서는 말하기를 '네가 자세히 알아보고 붙잡아서 고하도록 하라'고 하였습니다. 이달 6일 허판서가 작은 종이쪽지에 글을 써주면서 낙천군(김개)에게 전하게 하였습니다. 7일에 낙천군이 허판서에게 사람을 보내어 말하기를 '김계남은 이미 붙잡혔기 때문에 우리들은 공로가 없다'고 하였습니다. 그날 차극룡이 허판서에게 와서 김진의 문제에 대하여 말하기를 '김진은 전에 임해군 시학청 별감의 행수로서 처음에 도망쳤다가 요사이 서울에 들어와서 이름을 찬한으로 고치고 의관이 되었다. 이 사람은 글에 능숙하고 약삭빠른데 이놈의 죄는 김계남과 차이가 없다'고 하였습니다. 허판서가 작은 종이쪽지에 편지를 써서 낙천군에게 보내는 것을 곁에서 보았을 뿐이고, 김진의 행적에 대해서는 전혀 모릅니다."

그러자 다음엔 차극룡에 대해 신문하였는데, 현응민의 말과 일치하였다. 이후 이 사건은 유야무야되었고, 그간 지속되던 폐모론이 다시 대두되었다. 폐모론이 크게 대두된 것은 허균의 사주에 의한 것이었다. 인목대비에 대한 폐출을 주장한 대표적인 세력은 허균을 따르는 성균관 유생들이었다. 1617년 11월 25일에 성균관 유생 수십 명이 상소를 올려 인목대비가 무당을 시켜 의인왕후 능묘를 저주하는 등 열 가지 큰 죄를 지었다며 폐출해야 한다고 주장했다. 하지만 인목대비의 폐출에 대해 영의정 기자헌과 돈영부사 이항복이 반대하고 있었다. 그 때문에 이들에 대한 처벌 상소가 빗발쳤고, 결국 기자헌은 유배되었으며, 이항복은 낙향하게 하였다. 기자헌이 유배된 것에는 허균의 주장이 크게 작용했는데, 이후 허균은 광해군의 신임을 얻어 의정부 좌참찬으로 옮겨갔다.

허균을 역적의 수괴로
지목하는 기준격

그러자 그해 12월 24일에 기자헌의 아들 예조좌랑 기준격이 역모의 주모자로 허균을 탄핵하는 장문의 상소를 올렸다.

기준격의 상소는 비밀리에 광해군에게 전달되었는데, 그 내용은 매우 길었다. 요약하자면 허균이 역적의 주모자이고, 김제남과 공모하여 서울을 옮기자는 주장을 한 적이 있으며, 정도전을 흠모하여 항상 그를 현인이라고 불렀다고 주장했다. 또 칠서의 난을 주도한 서양갑이 허균의 수하이고, 한때 영창대군을 받들어 왕을 삼고 인목대비로 하여금 수렴청정을 시키며 자신은 원상이 되어 권력을 한 손에 쥐고자 했다고 썼다.

기준격은 이어 또다시 비밀 상소를 올려 허균을 역적의 주모자로 몰아갔다. 이에 허균은 기준격의 말에 대해 변명하고, 자신의 결백을 주장하는 상소를 올렸으나, 그 내용은 소실된 것으로 기록되어 있다. 이후 유학 이국광, 이국헌 등이 상소를 올려 허균과 김개 등을 충성스러운 인재라고 칭송하고 더 크게 쓸 것을 주문했다.

그런 상황에서 사헌부와 사간원에서 기자헌과 기준격, 허균 등 3인을 국문하여 진상을 파악해야 한다며 이런 요청을 하였다.

"기준격은 허균이 임금을 모해했다는 것으로 장문을 올려 고변하였습니다. 실지로 그러한 일이 있었다면 허균은 더할 나위 없는 역적인 것이며, 날조하여 무고한 것이라면 준격도 큰 역적인 것입니다. 어느 쪽이든 간에 이미 역적인 이상 역적을 성토하는 거조를 잠시라도 늦추어서는 안 됩니다. 기준격의 상소가 두 번씩이나 올라왔고 허균도 이미 상소를 올려 자책을 가하였는데, 국문을 실시하라는 명은 아직도 지연되고 있으니, 이 문제가 얼마나 큰 문제인데 이처럼 심상하게 보십니까? 기준격과 허균의 상소가 비록 비밀리에 올려졌다고는 하나 온 나라에 벌써 소문이 나 사람들은 모두 들어서 알고 있으며, 여론이 답답하게 여기면서 분명하게 조사하여 확실한 형벌을 가하기를 바라지 않는 자가 없습니다. 신들이 임금의 눈과 귀 역할을 하는 관직에 몸담고 있는 이상 어찌 비밀 상소라는 이유로 핑계 대고, 정성을 다하여 역적을 성토하는 일을 조금이라도 늦출 수가 있겠습니까? 기준격의 상소는 사실 기자헌의 지시에서 나온 것입니다. 청컨대 기자헌, 기준격, 허균에게 모두 국문을 실시해서 실정을 밝혀냄으로써 신명과 사람의 분함을 씻도록 하소서."

하지만 광해군은 서서히 결정하겠다고만 말하고 별다른 비답을 내리지 않았다. 그렇게 1617년이 지나가고, 1618년이 되었다. 새해가 시작되자, 다시 폐모론이 크게 일어났다. 우의정 한효순이 100여 명의 신하들과 함께 인목대비를 폐출해야 한다는 주장을 하였다. 폐모론을 주장하는 글은 이이첨이 지었다. 하지만 광해군은 폐모에 대해 반대하며 다시는 이런 글을 올리지 말라고 하였다.

그래서 폐모론으로 인해 한동안 허균과 기준격의 일은 잠시 거론되지 않았다. 그러다 1월 7일에 허균과 기자헌, 기준격을 신문해야 한다는 사헌부와 사간원의 합계 요청이 있었다. 그들은 자신들을 해임시켜 달라면서 강경하게 이들의 신문을 요구하였다.

그날 허균이 상소를 올려 기자헌 일가가 사람을 시켜 자신을 죽이려 했다며, 이는 과거에 영창대군의 편을 든 일이 드러날까 염려해서라고 했다.

그런 상황에서 1월 12일에 또 다른 흉서에 대한 고발 상소가 올라왔다. 이날 성균관 유생들인 진사 하인준, 생원 정기, 진사 민심, 생원 김상하 등이 이런 상소를 올렸다.

"종묘사직과 군부君父를 위해 대궐에 엎드려 잇달아 소장을 올린 것은 화의 근본을 제거할 목적에서였습니다. 그런데 어제 원궤에게 전해진 흉서를 얻어 보건대, 그 속에 신 등 네 사람의 이름이 들어 있었음은 물론이고 예조판서 이이첨, 좌참찬 허균, 좌부승지 김질간, 부수찬 서국정 등의 이름까지 모두 거론하고는 역모를 꾀했다고 무고하는 것이었습니다. 흉서를 봉하여 올리니 원궤를 잡아다 신문하여 흉서의 출처를 조사함으로써 신들의 지극한 원통함을 씻도록 해주소서."

그리고 원궤의 사건과 관련하여 당시 권력의 핵심이었던 이이첨이 상소를 올려 그 내막을 자세히 적었다. 내용을 요약하자면 비암이라는 호를 쓰는 자가 원궤에게 편지를 보냈는데, 그 내용 속에 유감이란 자가 가까운 기일 안에 거사를 일으켜 하인준, 김상하, 정기, 민심 등을 먼저 제거하고 역모를 꾀한 이이첨, 허균, 김질간, 서국정 등을 함께 제거한다는 내용이었다. 하인준은 허균의 조카이고, 민심은 서국정의 손위 처남이고, 정기는 이이첨의 패거리이며, 김상하는 김질간의 조카였다.

결국, 원퀘는 의금부로 잡혀 와 국문을 당하게 되었는데, 우의정 한효순이 2품 이상의 관리들과 함께 광해군에게 의견서를 올려 기자헌의 아들 기준격과 허균 두 사람도 국문하도록 해달라고 하였다. 한효순이 이런 요청을 한 것은 이이첨이 사주한 것인데, 당시 광해군의 허균에 대한 총애가 강해지자, 시기하여 허균을 견제하려는 속셈이었다.

하지만 광해군이 요청을 들어주지 않자, 한효순은 사직을 청했다. 그럼에도 광해군은 허균을 국문하라는 명을 내리지 않았다.

대립하는
이이첨과 허균

허균과 기씨 부자에 대한 국문 요청이 계속되는 가운데, 다시 폐모론이 크게 대두되었는데, 폐모론을 주도하던 인물은 권력의 핵심인 대북파 영수 이이첨이었다. 이이첨은 처음엔 광해군의 비위를 맞추기 위해 폐모론을 이끌었는데, 이것이 막상 실제로 벌어질 상황이 되자, 후에 비판받을 것을 염려하여 한 걸음 물러섰다. 그래서 명나라에 보고한 후 인목대비를 폐출해야 한다고 주장하게 되었는데, 이는 인목왕후 폐출을 늦추거나 현실화시키지 않으려는 의도였다. 하지만 허균의 주장은 조금 달랐다. 허균은 명나라에 알릴 것 없이 바로 폐출하여 서인을 만들어야 한다고 주장했다.

이로써 폐모론은 이이첨과 허균의 주장으로 나뉘게 된 것이다. 그런데 광해군은 두 주장 사이에서 고민하고 있었다. 이는 흡사 허균의 주장을 받아들이는 것으로 여겨져 이이첨의 입지를 매우 불안하게 만드는 요소였다. 결국, 이 사건은 허균과 이이첨 사이에 틈이 벌어지는 계기가 되었다.

이후 허균과 기준격을 국문하라는 상소가 끊임없이 이어지지만, 광해군은 받아들이지 않았다. 또한 인목대비를 폐출하라는 상소도 줄을 이었다. 그러나 광해군은 때가 아니라는 듯 그 일도 허락하지 않았다.

남대문에
다시 걸린 흉서

허균과 기준격, 기자헌을 국문하라는 상소가 계속되는 가운데 1618년 8월 10일, 갑작스럽게 국청이 설치되었다. 추국관은 이이첨, 윤선, 김개, 집의 임건, 사간 신광업 등이었고, 국문을 당하고 있던 자는 성균관 유생 하인준이었다. 하인준이 국문을 당하게 된 것은 이른바 '남대문 흉서 사건' 때문이었다. 이 사건을 광해군에게 보고한 사람은 사헌부 장령 한명욱이었다.

한명욱은 그날 오전에 비밀리에 광해군을 찾아와 이런 보고를 하였다.

"오늘 아침 유생 하인준이 신에게 와서 말하기를 '방금 남대문 밖에서 흉서 한 장을 보았다' 하였습니다. 신이 대궐로 나아올 때 그 문을 지나면서 자세히 살펴보니 이른바 흉서라는 것은 이미 없었습니다. 잠시 뒤 본부의 금난리(사헌부에서 단속을 담당하는 서리) 김애천이 그 흉서를 가지고 사헌부와 사간원의 관리들이 다 모인 대간청에 따라와서 말하기를 '남대문 별장 등이 군사를 시켜 가져오게 하여 찢어서 부엌 아궁이에 처넣었는데 주워 가지고 왔다' 하였습니다. 신이 이미 인준의 말을 듣고 또 흉서를 보니 심장과 쓸개가 모두 찢어지듯 몹시 경악스러웠습니다. 그것을 밀봉하여 올립니다."

성균관 유생 하인준은 허균의 조카였다. 그는 그해 1월부터 여러 유생들과 함께 경운궁에 유폐된 인목대비를 폐출하라는 상소를 올린 자였다. 또한 1월에 발생한 흉서의 내용 속에 하인준, 정기, 민심, 김상하 등이 예조판서 이이첨, 좌참찬 허균, 좌부승지 김질간, 부수찬 서국정 등과 함께 역모를 꾀했다고 하는 말이 들어 있었다. 이와 관련하여 이미 하인준이 상소를 올려 자신들은 흉서와 무관함을 주장한 일이 있었다.

광해군은 그런 사실들을 모두 알고 있었기 때문에 한명욱의 그 말을 듣고는 추국청을 차리게 했던 것이다.

"흉서를 붙인 자를 체포하여 보고하지 못한 것은 수문장과 별장의 죄이다. 더구나 흉서를 본 뒤에 즉시 와서 고하지 않았을 뿐만 아니라 군사를 시켜 몰래 찢어버리게 해서 그 자취를 숨기려고까지 하였으니 그 정상이 매우 수상하다. 숭례문 별장 장응명, 한진하, 서유일 등을 모두 잡아다 추국하라."

먼저 추국청이 마련되자, 추관들이 광해군에게 건의했다.

"장응명 등과 군사를 전교에 따라 이제 신문할 것입니다. 그런데 하인준이 흉서를 처음 본 것과 김애천이 찢어진 것을 찾아 가져온 경위를 아울러 붙잡아다 물은 뒤에야 그 정상을 알 수 있을 것입니다."

광해군이 추관들의 건의를 받아들이자, 본격적으로 추국이 시작되었다. 먼저 흉서를 고발한 하인준을 국문하였다. 추관들이 흉서의 고발자인 하인준을 국문한 것은 그가 허균의 조카인 데다 이미 1월의 흉서와 연관된 인물이었기 때문이다.

"문밖에 붙어 있는 흉서를 문을 나갈 때 어떤 연유로 볼 수 있었으며 본 뒤에는 즉시 수문 장사에게 힐문하지 않고 단지 한명욱에게만 가서 말을 전한 전후의 곡절을 일일이 바른대로 고하라."

말하자면 남대문에서 흉서를 보았으면 즉시 수문장에게 알릴 것이지, 일개 유생 따위가 왜 사헌부 장령 한명욱에게 알렸는지 그 이유를 묻는 것이다.

하인준이 대답했다.

"신이 중대한 논의와 관련하여 상소를 올리고 상소를 올리는 대청에 있다가 조회하기 전에 남대문을 나가는데 행인들이 많이 모여서 문을 바라보고 있었습니다. 신이 말을 타고 지나가면서 흘깃 보니 대장이라고 쓴 글 아래에 서명을 하였고 첫머리에는 '조선'이라는 두 자를 썼는데 그 이하의 말은 극히 흉악하고 참담하여 신하로서는 차마 눈뜨고 보지 못할 것이었습니다. 그래서 바로 장령 한명욱을 찾아가서 인사말을 나눈 뒤에 이르기를 '방금 남대문에 걸린 방을 보았는데 매우 흉악하였다' 하니, 명욱이 놀라며 '다시는 말하지 말라'고 하였습니다. 신이 돌아갈 때에 보니 없었는데 문을 나오면서 방을 보았을 때가 진시(오전 7시~9시) 말엽인 듯합니다. 신은 몇 해 전 원궤의 익명서 사건 때에 신의 이름이 그중에 끼어 있었으므로 인심이 좋지 못한 것을 마음속으로 항상 통탄해하고 있었습니다. 그러므로 이 일을 한명욱에게 말한 것인데 장차 대간을 만나고 다음 날 성균관에서 소를 올릴 때 마땅히 그 일에 대해 언급할 계획이었으므로 수문장에게 힐문하지 않은 것뿐입니다."

하인준이 말한 남대문 흉서의 내용은 지난 1월에 내약방 동쪽 뜰에서 발견된 것과 거의 같은 것이었다. 광해군을 비방하고, 조정의 중신들을 역도로 모는 내용이었던 것이다.

하인준에 이어 서리 김애천이 끌려와 국문을 당하였다. 김애천은 장령 한명욱에게 찢어진 흉서를 가져다준 자였다. 추관들이 그 경위를 물으니, 김애천이 이렇게 대답하였다.

"한 장령이 남대문 밖에서 들어와 저를 불러 묻기를 '이 문에 방이 붙어 있었다는데 네가 아는가?'라고 하기에 모른다고 답하니, 장령이 말하기를 '네가 별장에게 물어보고 즉시 와서 알려라' 하였습니다. 별장에게 가서 그 방이 간 곳을 물으니 별장과 포도부장 김진명이 서로 돌아보고 안색이 변하면서 서로 미루었습니다. 그러다 김진명이 '이 일을 끝내 숨길 수는 없다'고 하고는 부엌에서 가져다주었습니다. 그래서 바로 그 방문을 가져다 대간에 바쳤습니다. 대간이 곡절을 물었을 때도 단지 이와 같이 진술했을 뿐입니다."

그때 광해군은 남대문에 괴문서를 붙인 자를 색출하라고 엄명을 내리고 있었다. 8월 11일에 추국청에서 광해군에게 이렇게 아뢰었다.

"신들이 흉서를 가져다 보니 내용이 극히 흉악하고 참담하여 저도 모르게 심장과 쓸개가 찢어지는 듯하였으니 바로 이 역적을 잡아 그 살점을 먹고 가죽을 벗겨 깔고 싶었습니다. 다만 생각건대 이와 같은 흉서는 전부터 비록 얻는 바가 있더라도 모두 그 단서를 얻지 못했습니다. 이번에는 더욱 근거할 만한 단서가 없으니 비록 수색하여 적발하고자 하여도 장차 어떻게 신인神人의 분통을 풀 수 있겠습니까? 이는 반드시 크게 간특한 사람이 도성에 숨어 있으면서 망측한 일을 꾸며댄 것으로 전후의 흉패한 말들이 한 사람의 손에서 나온 듯합니다. 우선은 대신이 출사하기를 기다려 함께 모여서 의논해 처리하겠습니다."

하지만 광해군은 대신이 나오지 않더라도 추관들이 먼저 결정하여 대책을 마련하여 처리하라고 지시했다. 하지만 추관들은 별다른 소득을 얻지 못한 채 시간만 보내고 있었다. 그래서 광해군은 추국은 대신들이 출사한 뒤에 하라고 다시 명령했다.

그리고 며칠 뒤에 유학 김상립 등 22명이 연명하여 상소를 올려 하인준을 석방해달라고 탄원하였다.

"하인준은 역적을 토벌하는 의리를 맨 먼저 창도하여 전후의 피를 쏟는 듯한 정성이 해와 달을 꿰뚫을 만했는데 불행히 작은 죄로 옥중에 갇히기까지 하였습니다. 신들은 한 번 묻고는 바로 풀어주리라고 여겼는데 여러 날을 질질 끌고 있으니 안타깝게 여기고 있습니다. 이에 도깨비 같은 무리들이 이 기회를 틈타 다투어 죄를 얽어 모함하고 있으니, 어찌 통탄스럽지 않겠습니까? 생각건대 이 흉서는 반드시 대낮에 붙인 것이 아닙니다. 인준이 지나갈 때 해가 중천에 솟아 있었다고 하였으니 그렇다면 인준이 대관에게 말한 것도 이미 늦었다 할 것입니다. 이 사람이 어찌 잡아두고 오랫동안 신문해야 할 자이겠습니까? 인준은 평소에 충성스러운 의기를 지니고 임금을 사랑할 줄 알았기에 대관에게 전하여 임금에게 이르도록 하고자 한 것이니 그 정성이 가상합니다. 원컨대 전하께서는 쾌히 그를 석방해주셔서 인심을 진정시키소서."

하지만 하인준은 풀려나지 못했다. 광해군은 오히려 하인준을 압슬형으로 다스려 흉서와 관련 여부를 캐내라고 명령했다.

사지로 내몰리는
허균

하인준이 하옥된 상태에서 그해 8월 16일에 유학 한보길이 포도청에 찾아와 역적으로 잡혀 있던 우경방이란 인물을 풀어줄 것을 요청했다. 또 허균이 포도대장에게 편지를 보내 이렇게 썼다.

"우경방은 당초부터 나의 눈과 귀가 되어 유생들을 불러 모아 대론(폐모론)에 대한 소장을 올리는 일을 돕느라 안팎에서 일을 다했으니, 종사에 공이 있는 사람이다. 지난번에 들으니, 상을 원망하는 패들이 우리를 해치려고 하는데 경방은 미천한 사람이기 때문에 반드시 먼저 해치려고 몰래 김내옹을 꾀어 그가 인장을 위조하였다고 무함하게 하자, 경방은 혹독한 형벌 아래에서 죽음을 늦추어보려고 거짓 자복을 했다고 한다. 이 말을 듣고 견딜 수 없을 정도로 마음 아프고 근심스러웠다. 훗날 공 있는 사람을 죽였다는 이름이 없도록 하면 다행이겠다."

허균의 이 편지를 받고 포도대장 김예직은 우경방을 풀어줬다. 그러자 5일 뒤에 사헌부와 사간원이 합세하여 포도대장에게 압력을 행사한 허균을 삭탈관직할 것과 김예직을 잡아다 국문할 것을 요청했다.

그런데 뜻밖에도 광해군은 사헌부와 사간원의 요청을 들어주며 허균을 삭탈관직하고 국문할 것을 허락했다.

"죄인 김윤황을 형을 가하여 추국하고 엄히 국문하라. 경운궁에 격문을 던져 넣은 사건에 대한 곡절을 현응민에게 포도대장의 보고서를 통해 먼저 공초를 받으라. 포도대장에게 편지를 보내 극악한 역적 우경방 등을 풀어주기를 청한 실정을 아울러 허균에게 묻도록 하라. 그리고 현응민과 우경방 등이 무뢰배들과 체결하여 종적이 수상했다 하

니, 우경방을 의금부로 옮겨 수감하고 현응민과 더불어 대궐로 올려보
내 엄히 국문해서 실정을 알아내라."

겸사복 김윤황은 1617년 1월에 내약방 동쪽 뜰에서 흉서를 발견하
여 가지고 온 자였고, 현응민은 허균의 얼자 친족으로 허균에게 인목
대비의 아버지 김제남의 친족인 김계남에 대해 고발한 자였다. 또한
우경방은 허균의 수하로 무뢰배들과 어울려 다닌 행적이 수상하여 포
도청에 갇혀 있던 자였다. 광해군은 이들 셋이 모두 흉서와 관련 있다
고 보았던 것이고, 그들이 모두 허균의 수하인 점과 허균이 우경방을
포도청에서 빼낸 점에 근거하여 허균을 흉서의 작성자로 판단했던 것
이다.

먼저 우경방을 국문하며 허균과의 관계를 물으니, 형신을 견디지 못
하고 그가 이렇게 대답했다.

"신은 임진년 적을 토벌할 때 군공으로 은혜를 받아 임시 훈련원정
이 되었습니다. 작년 7월에 상경하였는데 이구라고 하는 사람이 신에
게 이르기를 '우리 왕에게 불공대천의 원수가 있다'고 하기에, 신이 답
하기를 '삼사와 묘당이 모두 있거늘 어찌하여 그 원수를 제거하지 않
는가?' 하니, 이구가 말하기를 '삼사와 묘당은 할 수 없으니 초야의 유
생들이 상소를 올리면 좋을 것이다' 하였습니다. 신이 박몽준, 설구인,
한보길과 함께 상소를 하고자 하였으나 이미 소를 지을 사람도 없었
고 또 고증할 곳도 없던 차에 우연히 허균의 집에서 김응진을 통해 이
구가 지은 소의 초안을 허균에게 올렸습니다. 허균이 열어보고서 말하
기를 '이것이 어찌 우연이겠는가? 이가 어떤 사람인가?' 하기에, 신이
신의 이름은 말하지 않고 단지 박몽준 등의 이름만 거론하여 말하였더
니, 허균이 곧 정서하여 몽준 등으로 하여금 올리게 하였습니다. 그 후

에 조정과 성균관에서 일제히 대론(인목대비 폐비론)이 발론되었는데 허균의 집에는 명사들이 많이 모여 있었기 때문에 신처럼 노복과 같은 무리들은 거기에 끼지도 못했으므로 허균을 만나보지 못했습니다. 그러다가 신은 포도청에 잡혀서 인신印信을 위조한 죄로 곤장을 맞아 운신을 할 수가 없었습니다. 신이 일찍이 정지문을 알고 있었는데 지문이 또한 허균에게서 편지를 받아 대장한테 전했다고 하였습니다. 신은 허균의 집에서 현응민을 딱 두 번 보았을 뿐이요, 허균은 멀리서 한 번 바라보았을 뿐입니다. 이미 서로 절친하지도 않았고 귀에 대고 말 한마디 한 적도 없었는데 자기의 눈과 귀였다니 천부당만부당한 일입니다. 다만 작년 8월에 문인도 아니고 무인도 아닌 몸으로 감히 상소를 올린 죄는 있으나 '유생을 불러 모아 안팎에서 협력했'고 하는 데 있어서는 신이 알고 지내는 박몽준, 설구인, 한보길 등의 무리들은 바로 용렬한 촌놈들인데 어찌 유생이라고 할 수 있겠습니까? 이 사람들은 다른 사람들이 비난하는 소리를 듣고는 다 시골로 내려갔습니다. 신이 허균의 눈과 귀가 되었다는 말은 극히 원통합니다."

한편, 우경방을 풀어주라는 편지를 쓴 사연에 대해 허균은 이렇게 해명했다.

"작년 7월에 전라도 임피 유생 한보길, 경상도 함양 유생 박몽준, 광주 유생 한천정, 죽산 유생 설구인 등이 여러 번 찾아와서 말하기를 '나라에 화근이 있어 군부가 바야흐로 물불 속에 있는 것과 같으니 소장을 진달하여 속히 변에 대처하게 하여 종사를 안정시키고자 한다' 하였습니다. 신은 그들의 뜻을 매우 가상히 여겨 '너희들이 어느 곳에 머물고 있는가?' 하니, '2, 3월부터 우경방이란 자의 집에 머물고 있다. 경방이 5, 6개월 동안 음식을 대주고 있는데, 한때의 역적을 토벌하려는 사람들과 의거를 하고자 함께 모의했다'고 대답하였습니다. 신은 이후로 보길 등을 권하여 잇달아 상소를 진달하게 하였습니다. 그런데 지난달에 보길이 와서 말하기를 '우경방이 죄도 아닌 것으로 포도청에 갇혀서 장차 죽을 지경에 이르게 되었다. 우리들이 진정서를 올려 풀어주기를 청하려고 하니 공의 편지 한 통만 얻어 가서 구원했으면 한다'고 하였습니다. 신은, 경방이 대론을 세우고자 하여 유생들에게 음식을 대주었던 것을 생각하여 그 수고를 잊을 수 없었습니다. 그래서 즉시 청하는 편지를 써서 보길에게 주어 도사 민심에게 전하여 그로 하여금 대장에게 전하도록 하였는데, 결국은 대론을 주장했던 유생들의 진정서로 올라가게 된 것입니다. 신은 단지 경방과 보길이 합심하여 역적을 토벌하는 일을 했다는 것만 알았을 뿐, 그들이 극악한 도적으로 간사한 모의를 했다는 것은 알 길이 없었습니다."

이때만 해도 허균은 자신이 역적 수괴로 몰려 죽을지 몰랐다. 하지만 이미 이이첨이 대북파의 힘을 앞세워 빠져나갈 수 없는 그물을 쳐놓고 있었다. 광해군도 대북 세력이 쳐놓은 그 그물을 쉽게 걷어낼 수도 이겨낼 수도 없는 처지였다. 이이첨이 허균을 자신의 정적으로 판단하여 죽이기로 결심한 이상, 광해군도 허균을 살릴 방도가 없었던 것이다.

매에 못 이겨 터져 나온 허균의 죄상

허균의 죄상은 김윤황의 입에서 터져 나왔다. 압슬형을 가해도 흉서와 무관함을 주장하던 김윤황이 결국 계속되는 가혹한 형신을 견디지 못하고 자복하기에 이르렀다.

"지난해 정월 18일 초저녁에 허균이 군기시 다리에 들러서 흉격을 직접 주며 말하기를 '네가 이 화살을 가지고 있다가 경운궁 안에 두되 마치 밖에서 쏘아 넣은 것처럼 하라' 하였습니다. 그 뒤 19일 입번하던 날 밤에 던져 넣고 20일 아침에 주워서 바쳤습니다. 당초 화살을 받을 때에 허균이 다른 곡절은 말해주지 않았습니다."

하인준 역시 뼈가 부서지는 압슬형을 견디지 못하고 결국, 허균이 모든 일을 벌였다는 내용을 이렇게 고했다.

"올해 정월에 황정필이 반 폭짜리 백지에 주홍색으로 쓴 익명의 언서(한글로 된 글)를 가지고 왔는데, 그 글의 내용은 대략 '이이첨·김개·허균 등이 반역을 모의하여 사람을 많이 죽이고 주상으로 하여금 나쁜 짓을 하게 하니, 이제 신령스러운 병력이 크게 일어나 이이첨 이하 하인준·민심·황정필 등을 죽일 것이다. 앞으로라도 조금 대론을 늦추면 화를 면할 수 있으리라'는 것이었습니다. 그 글에 '신장神將(신령스러운 장군)'이라고 쓰고 그 아래에 서명을 하였으니 일이 남대문 흉서와 어찌 같지 않습니까? 그때 이 흉서를 함께 본 자는 임징지, 민심, 이휘이었습니다. 그들이 본 후에 몰래 신에게 보여주었는데 신은 그것을 본 후에 머리를 저으며 나갔습니다. 그중의 사설은 이에 그칠 뿐만이 아닌데 잊어버려서 다 기억하지 못하겠습니다. 허균이 이 흉서를 짓고 아울러 자기 이름을 써넣은 것은 이 흉서로 도성의 백성들을 두렵게 만들고, 자기 이름을 이이첨의 줄에다가 섞어 씀으로써 보는 자로 하여금 저의 소행이라고 의심하지 않게 하여 자취를 없애고 사람을 속여 흉계를 이루고는, 자기는 빠져나가려는 속셈이었습니다. 황정필이 스스로 자기 이름을 쓴 것도 허균이 스스로 자기 이름을 쓴 것과 같은 이유입니다. 민심은 또한 이 일을 알지도 못했는데 이름이 글 안에 섞여 들어갔습니다. 대개 흉서는 허균이 만든 것이요, 자획은 현응민의 필적인 듯합니다. 방을 붙인 사람은 현응민이나 황정필인 듯한데 어떻게 확실히 알 수 있겠습니까? 붉은 글씨로 쓴 언서는 황정필 자신이 알 것입니다. 정필은 허균과 체결했기 때문에 지난 정시 때와 올 회시 초장에서 허균이 글을 지어주었습니다. 만약 신을 흉격에 동참했다고 여기신다면 매우 억울합니다."

김윤황과 하인준은 모두 허균이 흉서를 짓고 그 수하들로 하여금 베끼게 하여 곳곳에 퍼뜨렸다고 실토했다. 허균이 더 이상 빠져나갈 방도는 없게 된 것이다.

허균을 꼼짝 못하게 하기 위해서는 그의 수하로 지목된 황정필의 자백이 필요했다. 황정필에게 심하게 매질을 하고 국문하자, 그는 이렇게 말했다.

"금년 정월에 서소문 밖에서 새벽에 일어나 소변을 보러 문을 나오다가 붉은 글씨로 쓴 작은 종이를 보았습니다. 열어보니 한문으로 신의 이름이 쓰여 있었고 그 아래에 언문으로 쓰기를 '너와 하인준·민심·김상하·정흔이 5부에 있는 유생들을 독촉해서 관학의 대론(폐모론)에 대한 소에 동참하게 하였다. 만약 끝까지 이렇게 한다면 네 부모의 분묘에 말뚝을 박고, 네가 사는 집에 불을 지를 것이며, 네가 고향에 내려갈 적에 길에서 기다리고 있다가 활을 쏠 것이다. 하인준과 민심·정흔 및 명사들에게도 이러한 뜻을 고하고 예조판서에게도 말하라. 지금 만약 그만두지 않으면 너는 죽어도 죄가 남을 것이다. 허균이 대론을 위하여 관학의 유생들을 몰아대고 5부의 유생들을 위협하는데 옛날에도 이와 같은 때가 있었는가' 하였습니다. 그것을 보고는 깜짝 놀라 이 익명서를 이흰과 하인준에게 보여주면서 말하기를 '이것은 필시 우리가 대론을 위하는 것을 미워하여서 이런 글을 지었을 것이다. 이 일을 어떻게 하면 좋겠는가' 하니, 이흰 등이 말하기를 '모른 체하고 그대로 대론을 위하는 것이 가하다. 이 흉서를 어찌 상달할 수 있겠는가? 즉시 불에 던져버려야 한다' 하였으므로 마침내 불에 태워버렸습니다. 그 후 하인준이 관학의 장의(성균관 학생회장)가 되었는데 신이 어떤 일로 그를 욕보이자 신을 몹시 미워하였습니다. 남대문의 흉방과 허균의 흉모에 대해서는 전혀 알지 못합니다."

황정필에게서 남대문 흉서 사건에 대한 의문이 풀리지 않자, 이번에는 허균의 첩 추섬을 잡아다 형벌을 가했다. 거의 초주검이 된 추섬의 입에서 이런 말들을 얻어내 공초문에 올렸다.

"경운궁의 흉격과 흉서, 남대문의 흉방은 허균이 모두 스스로 한 짓입니다. 흉역스러운 일은 현응민과 함께 모의했고, 방을 붙인 사람은 응민이 항상 왕래하였으니 이 사람이 반드시 하였을 것입니다. 추대하려던 곡절에 대해서는 알지 못합니다. 그리고 '의창군을 사람들이 추대하고자 한다'고 매양 말했는데, 현응민과 장응기 등도 그렇게 말했습니다. 허균이 역모를 꾸민 지 이제 3년이 되었는데, 밤에 소리를 쳐서 도성 중 사람들을 다 나가게 한 뒤의 그 계획은 반드시 까닭이 있었을 터인데 그 모의는 알지 못하겠습니다. 승군僧軍과 포수를 이끌고 8월을 기한으로 삼았으며 거사는 15일로 정했다고 하였습니다. 추대하는 사람은 모두 허균의 일족으로 아랫사람인 허실·허부·허채 및 허채의 형인데, 허채의 형은 이름이 기억나지 않습니다."

물론 매를 이기지 못하고 추관들이 부르는 대로 말한 내용임이 뻔했다.

허균의 입막음에
급급한 대북파

엄청난 매질로 김윤황과 하인준, 추섬에게서 허균의 죄상을 이끌어낸 추관들은 공초문을 들고 광해군에게 이런 요청을 하였다.

"김윤황과 하인준의 공초가 이와 같습니다. 죄인을 잡았으니 온 나라의 경사입니다. 윤황·인준은 모두 적 허균과 같은 당으로서 이미 승복하였으니 적 허균에게는 다시 물을 만한 일이 없습니다. 면질시키는 조항은 본래 이와 같은 경우에는 시행해서는 안 되니, 율문에 의거하여 결안을 받아서 나라의 형벌을 바루소서."

말인즉, 김윤황과 하인준이 모두 허균을 주모자로 말했으니, 허균과 대질할 필요도 없다는 것이었다. 추관들은 그들을 대질시키지 않고 허균을 주범으로 몰고, 나머지를 종범으로 몰아 죽이면 된다는 뜻이었다. 허균을 직접 국문하여 이들의 말이 사실인지 여부를 확인조차 않고 처형하려는 의도였다.

광해군은 선뜻 받아들이지 못했다.

"단지 윤황 등의 승복만으로 결안을 받는다면 근래 당을 모아 역모를 한 일은 결안 중에 넣지 않을 것인가? 그렇다면 단지 흉격 등의 일로만 정형에 처할 것인가? 다시 상세히 의논하여 아뢰라."

말하자면 사건의 내막을 정확하게 파악하지도 않은 상태에서 무조건 두 사람의 증언만으로 마무리 지을 수 없다는 뜻이었다. 그래서 이렇게 덧붙였다.

"역적 허균은 물을 만한 일이 많으니 지레 먼저 정형에 처해서는 안 된다. 윤황과 하인준의 공초 내용과 옥당에서 차자로 논한 일 및 그의 복심, 같은 당인, 추대하려던 사람 등에 관해 일일이 다시 물어 아뢰어라."

그러나 추관들은 이상하게도 광해군의 말에 계속 토를 달았다.

"윤황과 하인준은 그 흉모를 행한 정황과 절차를 이미 다 승복하였습니다. 지금 만약 승복한 내용 중 사안의 의미들을 추출하여 조목조목 적 허균에 관한 사항을 묻는다면 스스로 나라의 형벌을 피하기 어려운 줄 알고서 하룻밤 사이에 자살할 근심도 없지 않으니 우선 기다렸다가 내일 조사하소서."

추관들은 김윤황과 하인준이 허균과 대질하는 것을 노골적으로 방해하고 있었다. 또한 허균에 대해서는 국문을 더 진행하지 않고 있었다. 추관들이 이런 행동을 보인 이유에 대해《광해군일기》의 한 사관은 이렇게 적고 있다.

하인준과 황정필이 대체로 공초에 자복하였으나 또한 서로 미루고 핑계 대어 옥사의 실정을 다 캐내지 못했는데 국청이 급급히 허균을 아울러 죽이고자 계청하였으니, 이는 대개 이이첨이 옥사를 완결 짓고자 했기 때문이다. 이후에 형을 받은 사람들은 불과 한두 차례의 형신에 잇달아 죽어나갔으니 그 음험하고 비밀스러운 상황을 알 수 있다.

이는 허균이 한 일들이 이이첨과 밀접하게 관련되어 있음을 시사하고 있다. 당시 승정원에서 빨리 허균을 죽여야 한다고 재촉했는데, 이에 대해 한 사관은 이런 글을 남기고 있다.

한찬남 등이 아뢴 것이다. 급급히 이런 의논을 올리고 또 이어서 존호를 올리기를 청한 것은 같은 당의 자취를 엄폐하는 한편, 빨리 옥사를 완결하려고 했기 때문이었다.

당시 조정을 장악하고 있던 이이첨과 대북파는 빨리 허균을 죽여 입을 막으려고 하였다. 승정원에 이어 성균관 유생들도 나서서 빨리 허균을 죽여야 한다고 하였다. 그들 유생들 뒤에는 이이첨이 있었다.

광해군도 그들이 왜 허균을 빨리 죽이려 하는지 잘 알고 있었던 듯하다. 그래서 이렇게 교지를 내렸다.

"근일에 국청에서 신문하는 것이 자못 허술한 일이 많다. 김윤황과 하인준이 공초한 일 중에 다시 신문할 만한 단서가 있는데도 상세하게 캐묻지 않고 먼저 역적의 괴수를 정형할 것을 청하니 극히 타당하지 못하다. 금후로는 죄인이 공초한 일에 대해서는 다시 더 반복하여 상세하게 물으라."

또 이렇게 덧붙였다.

"역적 허균이 저지른 각 항목을 일일이 엄히 국문한 후에 통쾌하게 왕법을 시행하는 것이 가할 것이다."

그리고 나서는 결국, 친국하겠다고 나섰다. 친국장에서 우경방과 현응민이 광해군에게 직접 말하였다.

"전후의 흉서는 모두 신이 한 짓으로 허균은 모르는 일입니다. 단지 신만을 정형하소서. 허균이 죽는 것은 억울합니다."

그 말을 듣고 우의정 박홍구와 의금부 당상 이이첨 등이 나서서 말했다.

"적 허균이 흉역을 행한 정상은 우경방과 김윤황의 초사에서 이미 드러났습니다만, 이제 비로소 흉격을 보니 입으로는 차마 말할 수 없을 정도였습니다. 어제 형을 늦춘 것도 이미 극도로 지체된 것이므로 현재 상하의 인심이 답답해한 지 벌써 오래입니다. 죄인이 이에 붙잡혀 나라 사람들이 경하하고 있으니 속히 정형을 명하소서."

허균이 잡혀 와 의금부에 하옥된 지 불과 8일밖에 되지 않은 상황이었다. 그런데도 이들은 허균을 죽이는 일이 너무 늦어졌다고 성화였다.

광해군이 대북파의 우두머리 이이첨을 앞으로 나오라고 해서 직접 요청했다.

"정형을 속히 해야 마땅하겠지만 물어야 할 것을 물어본 뒤에 정형을 하는 것이 어떻겠는가?"

하지만 이이첨은 광해군의 말을 전혀 수용하지 않았다.

"도당들이 모두 승복했으니 달리 물어볼 만한 것이 없습니다. 죄인을 이에 잡아내어 도성의 백성들이 기뻐 날뛰고 있으니, 즉시 정형을 해야 한다고 생각됩니다. 오늘도 지연시키면 뭇사람들의 마음이 답답하게 여길 것입니다. 무슨 다시 물어볼 만한 일이 있겠습니까?"

같은 당인들인 박홍구, 승지 한찬남, 의금부 당상 유희발, 대사헌 남근, 대사간 윤인 등이 떼로 나서서 빨리 허균을 죽여야 한다고 강하게 주장했다. 결국, 광해군도 어쩔 수 없이 그들의 의견을 따랐다.

대북 세력의 희생양으로
죽은 허균

당시 대북 세력이 허균을 죽이기에 혈안이 된 이유에 대해 한 사관은 이런 기록을 남기고 있다.

이때에 이이첨과 한찬남의 무리들은 허균과 김개 두 적이 다시 국문하는 것으로 인하여 사실대로 공초하면 그들의 전후 흉모가 여지없이 드러나 다 같이 주륙을 받게 될까 두려워하였다. 그래서 자기들의 심복을 몰래 시켜 허균과 김개에게 말하게 하기를 "잠깐만 참고 지내면 나중에는 반드시 벗어날 수 있을 것이다"라고 하고, 또 균의 딸이 바야흐로 뽑혀서 후궁으로 들어갈 참이므로 다른 근심이 없으리라는 것을 보장한다면서 온갖 수단으로 사주하고 회유하였다. 그러나 그 계책은 실로 두 적을 급히 사형에 처하여 입을 없애려는 것이었다. 친국에 입시해서는 왕이 정상을 캐물으려고 하자 이첨의 무리들은 황황히 어쩔 줄을 몰라 하면서 그 당류들과 더불어 탑전에서 정상을 막고 은폐하며 같은 말로 협박하고 쟁론해서 왕으로 하여금 다시 캐묻지 못하게 하였다. 왕이 마음대로 할 수 없어서 그들의 청을 따라주자 이첨의 무리가 서둘러 허균을 끌고 나가게 하였다. 적 허균은 나오라는 재촉을 받고서 비로소 깨닫고 크게 소리치기를 '하고 싶은 말이 있다' 하였으나, 국청의 상하가 못 들은 척하니, 왕도 어찌할 수가 없어서 그들이 하는 대로 맡겨둘 따름이었다.

결국, 친국이 열린 1618년 8월 24일 그날, 허균은 하인준, 현응민, 우경방, 김윤황과 함께 서쪽 저잣거리에서 사지를 찢기고 죽었다. 결국, 제대로 국문도 받지 못하고, 그에 대한 공초도 제대로 작성되지 않은 채 허균은 그렇게 비참하게 처형되었다. 이에 대해 사관은 이런 토를 달고 있다.

허균은 협박하여 공초를 받지 못하게 하고 단지 기준격의 전후 소 중에 나타난 흉모의 곡절과, 김윤황을 사주하여 흉격을 화살에 매어 경운궁 가운데 던지게 한 것과, 남대문의 흉방에 대해서 하인준이 허균이 했다고 이른 것, 몰래 승도들을 모아 난을 일으키려고 모의한 것, 산에 올라가 밤에 소리쳐서 도성의 백성들을 협박하여 나가게 한 것, 유구琉球의 군대가 원수를 갚으러 와서 섬에 숨어 있다고 한 설 등이 모두 허균이 한 것이라고 전후의 흉모에 대해 윤황과 하인준이 일일이 승복한 죄인데, 허균은 아직 승복하지 않았으므로 결안할 수 없다면서 붓을 던지고 서명하지 않으니, 좌우의 사람들이 핍박하여 서명케 하였다. ○적 하인준은 흉방에 동참한 죄이다. ○적 현응민은 역적 균의 이목과 복심이 되어 밤낮으로 함께 거처하면서 무릇 그가 행하는 일은 참여하여 알지 못하는 것이 없었다는 것과, 남대문의 흉방을 응민이 썼고 산에 올라 밤에 소리친 것을 응민이 하였다는 설이 허균의 첩인 추섬의 공초에서 나온 죄이다. ○적 우경방은 군목에 같은 당인의 성명을 나열해 쓰고 또 결사맹문結死盟文을 지어 한보길 등과 죽음을 각오한 교유를 맺었다는 것과, 은밀히 흉계를 꾸밈에 있어 적 허균의 지휘를 받지 않은 것이 없었다는 것, 또 더욱 흉참한 갑자甲子를 나무에 새기는 등 역모에 동참한 죄이다. ○적 김윤황은 허균의 지시와 사주를 듣고 흉계를 이루려고 흉격을 화살에 싸서 경운궁 안에 던져 넣은 죄이다. 연좌와 적몰, 집을 부수고 못을 파는 일, 그 지역의 수령을 파직하는 일, 그 읍호를 강등하는 일 등을 모두 율문에 따라 시행하였다. 기자헌은 허균이 죽었다는 말을 듣고 말하기를 "예로부터 형신도 하지 않고 결안도 받지 않은 채 단지 공초만 받고 사형으로 나간 죄인은 없었으니 훗날 반드시 이론이 있을 것이다" 했다고 한다.

이런 앞뒤 정황과 당시 사정을 고려할 때, 이러한 계략을 제시한 장본인은 허균이었을 것이고, 그 배후는 이이첨과 대북당이었을 것이다. 그들 대북 세력이 이런 일을 꾸민 것은 서궁에 유폐된 인목대비를 폐출하고 동시에 남아 있던 서인들을 완전히 제거하기 위함이었을 것이다. 그런데 같은 북인인 기준격에 의해 허균이 흉서를 작성한 장본인으로 지목되자, 대북 세력은 그 화가 대북당 전체에 미칠 것을 염려하기에 이르렀다. 그런데 폐모론을 주장하는 과정에서 뜻하지 않게 이이첨과 허균이 대립하는 상황이 벌어지자, 이이첨이 대북 당인들과 합세하여 허균을 역적으로 몰아 죽임으로써 대북당에 미칠 화근을 잘라낸 것이다. 결국, 허균은 스스로 만든 술책 때문에 역적으로 몰려 죽은 셈이고, 이이첨과 대북당은 허균을 희생양으로 삼아 흉서 사건의 배후라는 의심에서 벗어날 수 있었던 셈이다. 이이첨으로선 라이벌도 없애고 대북당도 구했으니 일석이조였던 것이다.

-11-

천하를 삼 일 동안 호령했던 이괄

도성을 버리고
달아나는 인조

1624년(인조 2년) 2월 8일 밤, 창덕궁은 피란길을 준비하느라 분주했다. 예조판서 이정구는 종묘사직의 신주를 받들고 먼저 길을 나섰고, 인조와 왕비 한씨 그리고 인목대비가 북풍을 맞으며 야음을 틈타 창덕궁을 빠져나갔다. 인목대비와 왕비 한씨는 가교를 탔으며, 인조는 작은 여를 타고 명정문을 빠져나간 뒤 말로 갈아타고 시급히 달아났다.

인조의 행렬이 숭례문에 이르자, 숭례문이 자물쇠로 굳게 잠겨 있었다. 승지 홍서봉이 하인에게 명령하여 돌로 자물쇠를 부수게 하였다. 숭례문이 열리자, 공조정랑 이진영이 먼저 말을 타고 한강 나루터로 달렸다. 하지만 한강 나루엔 한 척의 배도 없었고, 건너편 언덕에 몇 척의 배가 보였지만, 아무리 불러도 오지 않았다. 그 무렵, 인조가 나루터에 도착했지만 발만 동동 구를 뿐 어찌할 바를 몰랐다.

그때 무사 우상중이 칼을 뽑아 들고 강으로 뛰어들었다. 우상중은 헤엄을 쳐서 건너편에 있는 배로 다가가 배 위에 있던 사공을 죽이고

노를 저어 나루터로 돌아왔다. 그때 전라 병사 이경직도 배를 하나 얻어 윤숙에게 노를 젓게 하여 나루터로 다가왔다.

배가 나루터에 닿자, 왕을 따라 나섰던 무리들이 서로 강을 먼저 건너려고 우르르 몰려들었다. 전라 병사 이경직은 이들을 저지하기 위해 칼을 뽑아 들고 함부로 배에 오르는 자는 베겠다며 소리쳤다. 그러자 무리가 모두 물러섰고, 인조는 한숨을 쏟아내며 배에 올랐다. 배에 오른 사람은 인조와 환관 넷, 승지 한효중, 사관 이성신과 이경석, 전라 병사 이경직과 윤숙이었다. 이경직과 윤숙은 칼을 뽑아 들고 경계심을 늦추지 않고 선 채로 주변을 살폈고, 그런 가운데 병조판서 김류가 배에 올랐다.

그때서야 인조는 대비와 왕비에 대해 물었다.

"대비전은 이미 강을 건넜는가?"

승지 한효중이 대답했다.

"한준겸의 군관이 와서 말하길 대비전을 수종하는 관원이 잘못 알고 양화도로 길을 잡아 강화도로 향했다고 합니다. 그래서 도감 대장이 사람을 보내 뒤쫓아가서 고하게 하였지만 미처 모셔 오지 못하였습니다."

인조가 그 말을 듣고 몹시 화를 냈다.

"그렇다면 승지가 가서 모셔 오라!"

하지만 난감한 일이었다.

"이쪽에서 달려가자니 말이 없고, 저편으로 건너가려니 배가 없습니다."

"무슨 수를 쓰든 가서 모셔 오라! 무엇 하고 있는가? 어서 달려가지 않고!"

인조가 그렇게 성화를 부리자, 한효중이 하는 수 없이 일어나 배를 불러 건너가려 하였다. 그때 이귀, 구굉, 김자점 등의 대신들이 배를 타고 뒤따라와서 보고했다.

"대비전이 길을 잘못 잡았다기에 이미 송영망을 보내 모셔 오라고 했습니다."

그 말에 인조는 명령을 거두고 배를 재촉했다. 하지만 병조판서 김류가 배를 그냥 강 가운데 머물게 하고 건너편 언덕에 대면 안 된다고 하였다. 건너편에 적군이 이미 도착해 있으면 포로로 잡힐까 염려한 까닭이었다.

인조는 별수 없이 한강 한가운데 떠 있는 채로 있었야만 했다. 아직 겨울 뒤끝이라 강바람이 몹시 차가웠다. 인조는 추위에 떨면서 장막을 가져오지 않았는지 물었다. 그러자 환관이 너무 갑작스럽게 몽진 길에 오르는 바람에 미처 가져오지 못했다고 하였다.

그때 도성을 돌아보니 백성들이 궁궐을 불태우는 바람에 불꽃이 하늘로 치솟았다. 그렇게 새벽이 밝아올 때까지 강 한가운데 머물러 있었는데, 해 뜰 무렵 중에 중전과 대비 일행이 나루터에 당도했다. 인조가 인목대비를 접하고 강을 건너 길을 재촉했다. 목적지는 공주성이었다.

역적으로 몰리자
반역을 도모하는 이괄

인조가 이렇듯 급작스럽게 피란길에 오르게 된 것은 북병사 이괄이 휘하 정예 병력 1만을 이끌고 도성으로 쳐내려왔기 때문이다. 이괄은 인조와 함께 반정에 참여하여 공신 반열에 오른 인물이었는데, 반정 1년 도 되지 않아 인조를 내쫓고 새로운 왕을 옹립하고자 군대를 움직였던 것이다.

이괄이 역심을 품은 것은 전적으로 중앙의 신하들이 그를 역적으로 몰았기 때문이다. 당시 조정은 반정 이후 매우 혼란스러운 상황이었 다. 광해군을 몰아내고 집권한 서인들은 또 다른 반란을 염려하여 매 우 긴장된 상태에 있었고, 파벌이 사분오열되어 스스로의 정치적 입지 를 다지기에 여념이 없었다. 각 계파들은 상대 계파를 몰아세워 자기 계파의 입지를 다지기 위해 혈안이 되어 있었고, 급기야 역모설을 퍼 뜨려 반대파를 제거하려는 시도까지 하였다.

이괄의 난을 촉발시킨 것은 이괄이 반란을 꾀하고 있다는 문회 등 의 고변이었다. 1624년 1월 17일에 문회, 이우, 권진, 정방열, 윤안형, 한흔 등이 함께 대궐에 나가 임금에게 직접 이괄과 그의 아들 이전 그 리고 한명련, 정충신, 기자헌, 현집, 이시언 등이 역모를 꾀하고 있다고 고변한 것이다. 이들 중 기자헌과 이시언은 광해군 시절에 영의정과 훈련대장을 지낸 인물이었다. 서인들은 이들 북인 세력을 제거하기 위 해 역모 고변을 했던 것이다. 하지만 이들은 북인이었음에도 인목대비 의 폐출을 반대하거나 인조의 반정을 도운 인물이었다. 그래서 인조의 신임을 받고 있었는데, 서인 측에서는 여전히 이들을 제거하려 했다.

역모 고변이 있자, 인조는 우선 고변자들을 추국하라고 하였고, 추 국관들은 조사 끝에 고변이 무고라는 결론을 내리고 고변자들을 처단 할 것을 요청했다. 하지만 역모 고변자들이 하나같이 서인들이라 조정 을 장악하고 있던 서인들은 이괄을 부원수에서 해임하고 중앙으로 소 환하여 국문해야 한다고 주장했다. 하지만 인조는 이괄을 소환하는 것은 거부하고 대신 이괄의 아들 이전과 한명련을 소환하여 국문할 것을 지시했다. 인조는 섣불리 이괄을 건드렸다간 정말 역심을 품고 휘하 대군을 이끌고 도성으로 밀고 내려올 수도 있다는 판단을 했다. 하지만 서인 중신들의 주장이 워낙 강하여 꺾을 수가 없자, 타협책으로 내놓은 것이 이전과 한명련을 소환하여 국문하는 것이었다.

하지만 추관들은 끝내 이괄을 잡아 와 국문해야 한다고 주장했다. 이 과정을 기록한 인조 2년(1624년) 1월 21일의 기사는 다음과 같다.

밤에 국청의 신하들을 인견하였다. 좌찬성 이귀가 아뢰기를

"이괄이 몰래 다른 뜻을 품고 강한 군사를 손에 쥐었으니, 일찍 도모하지 않으면 뒤에는 반드시 제압하기 어려울 것입니다. 더구나 역적들의 공초에 흉모가 드러났으니, 왕옥王獄에 잡다가 정상을 국문하지 않을 수 없습니다."

하니, 상이 이르기를

"이괄은 충의스러운 사람인데, 어찌 반심을 지녔겠는가? 이것은 흉악한 무리가 그의 위세를 빌리고자 한 말이다. 경은 무엇으로 그가 반드시 반역하리라는 것을 아는가?"

하자, 이귀가 아뢰기를

"이괄의 반역 모의는 신이 잘 모를지라도 그 아들 이전이 반역을 꾀한 정상은 신이 잘 알고 있습니다. 어찌 아들이 아는데 아버지가 모를 리가 있겠습니까?"

하였다. 상이 이르기를

"사람들이 경이 반역한다고 고한다면 내가 믿겠는가? 이괄의 일이 어찌 이와 다르겠는가?"

하니, 이귀가 아뢰기를

"고변한 사람이 있다면 어찌 신이라 해서 아주 놓아두고 묻지 않을 수 있겠습니까? 잡아 가두고 국문하여 그 진위를 살핀 뒤에 처치해야 할 것입니다."

하였으나, 상이 답하지 않았다.

그러자 다음 날에는 사헌부와 사간원이 합세하여 이괄을 잡아 와 국문할 것을 요청했다. 하지만 인조는 끝내 이괄을 두둔했다.

"이괄은 충의스러운 신하인데, 어찌 두 마음을 품었을 리가 있겠는가? 흉악한 무리의 근사近似하지 않은 말만을 믿고 의심하지 않아야 할 사람을 의심하게 된다면, 이는 스스로 흉악한 사람의 계책에 빠지는 것이다. 어제 이귀가 두세 번 국문하기를 청한 것을 내가 매우 괴이하게 여겼는데, 너희들이 또 이 일을 논하니, 생각하지 못한 것이 심한 것이 아니겠는가? 옥사를 다스리는 방도는 진위를 밝히는 데에 있는 것이다. 부원수의 직임은 이괄이 아니면 맡을 수 없으니 다시 번거롭히지 말라."

이런 논란 끝에 한명련과 이전을 도성으로 압송하게 되었던 것이다. 그때 이괄은 평안 병사 겸 부원수로 임명되어 영변에 머물고 있었다. 그는 인조반정 때 군대를 지휘하여 가장 큰 역할을 했지만 막상 논공행상을 할 때엔 2등공신에 책록되는 데 그쳤다. 거기다 병조판서 정도의 벼슬은 기대했는데, 평안도 병마사로 임명되어 변방으로 떠나게 되었다. 그 때문에 이괄은 다소 불만을 품고 있었지만 역심을 품지는 않았다. 오히려 변방에 도착하여 휘하 군대를 다잡고 혹시 모를 침략에 대비하여 전시에 준하는 대비 태세를 갖추고 있었다.

이괄이 반란을 일으킨 것에 대해 《인조실록》은 논공행상에 대한 앙심 때문에 벌인 일이라고 단정하고 있지만, 이는 결과론적인 시각에 불과하다. 당시 평안 병사는 조선의 최전선을 책임지고 있었기 때문에 조선의 운명이 그에게 달렸다고 해도 과언이 아닌 상황이었다. 따라서 인조가 그를 평안 병사로 삼은 것은 그를 그만큼 신뢰했기 때문이라고 해석해야 할 것이다.

인조가 그를 평안 병사로 보낸 배경엔 도원수 장만의 의견이 크게 작용했다. 당시 북방엔 여진족이 크게 일어나 후금을 세우고 명을 위협하는 상황이었다. 그래서 광해군은 명과 후금 어느 쪽 편도 들지 않으면서 강홍립으로 하여금 군대를 이끌고 후금에 항복하게 함으로써 은근히 후금을 지원했었다. 하지만 인조가 반정을 일으켜 광해군을 내쫓은 뒤로는 후금을 적대시하고 명을 섬기는 정책을 노골화하였다. 이 때문에 후금과 조선 사이에 전쟁의 기운이 감돌고 있었다. 말하자면 준전시 상황이었다. 그 때문에 인조는 평안 병사로 누굴 선택할지 몹시 고민했다. 인조는 이서와 이괄, 둘 중에 한 사람을 택하고자 했는데, 도원수 장만이 이괄을 천거하여 부원수로 삼고 영변으로 보내자고 했던 것이다.

당시 북방 수비대의 총병력은 1만 5,000 정도였다. 그중에 5,000을 평양에 머물던 도원수 휘하에 두었고, 1만을 영변에 머물던 부원수 휘하에 두었다. 또한 부원수 휘하의 1만은 그야말로 전선을 지키는 최정예부대였다. 따라서 인조가 이괄을 신뢰하지 않았다면 북방을 책임진 1만 군대를 맡겼을 리 만무하다.

그런 인조의 마음을 알았기 때문에 이괄은 영변에 도착하여 부하들을 조련하고, 침입에 대비하는 만반의 준비를 하고 있었던 것이다.

그런데 느닷없이 자신이 믿고 신임하는 순변사 한명련이 역모 혐의로 체포되어 압송되고 있다는 소식이 들렸다. 또한 자신의 아들 이전도 같은 혐의로 압송된다는 소문이었다. 이괄은 이것이 결국 자신을 겨냥한 조치임을 알았다. 그리고 반정 때부터 자신과 대립했던 김류 등이 이 일을 꾸몄을 것으로 판단했다.

상황이 이렇게 되자, 역적으로 몰려 죽느니 차라리 군대를 이끌고 내려가 도성을 장악하고 임금을 바꾸는 것이 낫겠다는 판단을 했다. 그래서 그는 즉시 군대를 보내 압송되던 한명련을 구출했다. 또한 그의 아들 이전을 잡으러 온 선전관 김지수와 중사 김천림, 의금부 도사 심대림과 고덕률을 죽여버렸다. 이때가 1월 21일이니, 곧 '이괄의 난'의 시작이었다.

파죽지세로
밀고 내려오는 반군

군대를 일으킨 이괄은 장수들을 모아놓고 자신의 결의를 드러내며 이탈하는 자는 죽이겠다고 으름장을 놓았다. 그리고 다음 날 포로로 잡은 왜군 100여 명을 선봉으로 삼아 남하하기 시작했다. 빨리 도성에 도달하기 위해 장만이 지키고 있던 평양을 피해 곧장 황해도를 거쳐 개성으로 내달리려는 계획이었다. 이괄은 군대를 이끌고 내려가면서 신뢰하는 수하들을 각 진영에 보내 이렇게 전하도록 했다.

"도성에 변이 생겼으니 군사를 이끌고 들어가 구원할 것이다."

하지만 이괄의 전언을 듣고 의심하는 관리들도 있었다. 정주 목사

정호서는 이 말을 듣고 이괄이 반란을 일으킨 것으로 짐작하고 이괄의 사자를 죽여버렸다. 그리고 군대를 챙겨 장만에게로 향했다.

그때 도원수 장만은 미처 이괄이 난을 일으킨 것을 몰랐는데, 군관 남두방이 사적인 일로 영변에 갔다가 이괄에게 붙잡혔다. 그런데 이괄은 그를 죽이지 않고 그의 상관 남이홍에게 편지를 전하게 했다. 하지만 남이홍은 이괄이 이간책을 쓰는 것으로 판단하고 장만에게 편지를 바쳤다. 장만이 그 내용을 뜯어보니, '밝은 임금이 위에 계신데, 흉악한 무리가 조정에 가득 찼으니 임금 옆의 악한 무리를 숙청하지 않을 수 있겠는가'라고 적혀 있었다.

사실, 그때 장만은 건강이 매우 좋지 않았다. 거동도 제대로 못하는 처지였기에 직접 군대를 지휘할 형편이 되지 못했다. 그래서 휘하 장수들을 불러놓고 누운 채로 이렇게 말했다.

"역적이 부원수의 칭호를 가지고 1만 명의 군사를 거느린 채 바로 올라오니, 그 예봉을 경솔히 범할 수는 없다. 내 비록 명칭은 원수이나 거느린 군사는 수천 명도 되지 않으니 힘으로는 싸우기가 어렵다. 그러니 여러 고을에 전령을 보내고 군사를 재촉하여 평양에 들어와 지키는 방도를 택해야 하겠다."

그때 역적으로 거명된 안주 방어사 정충신이 장만을 찾아왔다. 그는 안주를 숙천 부사 정문익에게 지키게 하고 장만에게 자신의 계책을 알리기 위해 온 것이었다. 장만은 그를 보자 바로 체포하라고 하였다. 그러자 정충신은 이렇게 말했다.

"이괄의 계획은 빨리 서울로 진군하려는 것이므로 안주를 거치지 않을 것입니다. 그리고 설사 안주를 거친다고 하더라도 안주의 군사로는 그를 막아낼 수 없습니다. 그래서 안주를 고수하는 것보다는 원수부에 와서 도원수의 명령을 따르는 것이 옳다고 판단하여 왔습니다."

그 말을 듣고 장만은 정충신에게 정예 기병 100여 기를 주고 일단 안주성을 지키라고 하였다. 하지만 정충신이 안주로 돌아가는 길에 이괄의 부대가 이미 안주를 거쳐 개천으로 향했다는 말을 듣고 다시 원수부로 돌아왔다.

그 무렵, 이괄은 정충신이 장만에게로 갔다는 말을 들었다. 이괄은 대다수의 장수들은 대수롭지 않게 여겼지만, 정충신에 대해서만큼은 두려움을 가지고 있었다.

"정충신은 절대 가볍게 보아서는 안 된다. 숫자만 믿고 그에게 함부로 덤비지 말라."

이괄이 그런 두려움을 가질 정도로 정충신은 매우 뛰어난 장수였다. 병법에도 밝았고, 용맹과 기개도 있었으며, 판단력도 대단했다. 그런 정충신을 신뢰하며 장만이 이괄의 계책에 대해 물었다.

"지금 이괄의 계획은 어떠하겠는가?"

정충신은 그 물음에 이렇게 대답했다.

"이괄의 계책은 세 가지 중 하나인데, 상책은 빠르게 달려가 한강을 건너 임금의 행차를 공격하는 것이니, 이렇게 되면 성패를 알 수 없어 매우 위험하게 될 것입니다. 중책은 평안도와 황해도에 걸쳐 모문룡 세력과 연합하는 것으로써 조정에서 쉽사리 제압할 수 없을 것입니다. 하책은 도성으로 달려가 빈 성만 지키고 앉아 있는 것인데, 만약 이 하책을 쓴다면 역도들은 오래가지 못할 것입니다."

정충신은 이괄과 연합할 수 있는 세력으로 모문룡을 거론했는데, 모문룡은 명나라 장수로 1621년에 누르하치에 의해 선양과 라오닝이 함락되자, 압록강변으로 도주하여 패잔병과 난민 1만여 명을 이끌고 평안도 철산 앞바다의 섬 가도에 진을 치고 있었다. 정충신은 이괄이 모문룡의 군대와 합쳐서 도성을 공격할 경우, 방어하기가 매우 어려울 것이라고 판단했던 것이다.

그 무렵, 도성에서는 역도로 거명되어 의금부 옥에 갇혀 있던 사람들의 처리를 놓고 조정 대신들끼리 팽팽하게 대립하고 있었다. 좌찬성 이귀는 일단 국문부터 하고 사실을 밝힌 후에 죄의 경중에 따라 처리해야 한다고 주장했고, 의금부 판사 김류는 역적 이괄이 쳐내려오고 있으므로 곧 서울에 당도할지도 모르기 때문에 이들을 모두 죽여야 한다고 주장했다. 인조는 이 두 주장 중에 어느 쪽을 택해야 할지 쉽게 결정을 내리지 못했는데, 조정 대신들의 대세가 김류 쪽으로 흘렀다. 그래서 결국 기자헌에게 사약을 내리고 성철, 성효량, 한욱, 이시언, 윤수겸 등 수감되어 있던 37명의 목을 베었다. 이 사실을 뒤늦게 알게 된 영의정 이원익은 정승이 되어 이 일을 막지 못했다면서 한탄하였다.

그때 장만은 수하 장수 남이홍을 불러 이렇게 물었다.

"적은 숫자가 많고 우리는 적은데, 어떻게 하면 이기겠는가?"

그러자 남이홍이 대답했다.

"적의 장수 유순무, 이신, 이윤서는 비록 적중에 있으나 적과 같은 마음은 아닐 것입니다. 그들에게 편지를 보내 달랠 수 있을 것입니다."

남이홍의 이 계책은 먹혀들었다. 장만이 이윤서의 종 효생을 적진에 잠입시켜 자신의 편지를 전하게 했다. 그랬더니 남이홍이 언급한 장수들이 수하들을 이끌고 적진을 이탈하여 원수부로 왔다. 그들은 오면서 병사들에게 역적을 따르지 말라며 고함을 쳐댔는데, 이 효과로 이괄의 부대에서 3,000여 명이 이탈하였다.

하지만 이괄은 거침없이 남진했다. 황주에서 독전어사 최현이 이괄을 상대로 싸웠으나 패퇴하였고, 이어 수안에서 싸움이 붙었는데 역시 관군이 대패하였다. 또한 경기도 평산에서 다시 관군이 패퇴하였다. 그러자 조정에서는 도성을 버리고 도망갈 방도를 모색하기에 이르렀다.

허둥대는 조정,
달아나기에 급급한 인조

이괄의 부대가 평양을 피해 황해도로 내려오고 있다는 소식을 들은 조정의 중신들은 인목대비를 강화도로 피신시켜야 한다고 주장했다. 그러자 병조참지 장유가 인조를 직접 만나 인목대비를 강화도로 대피시키려는 계획을 철회해야 한다고 주장했다.

"역적 이괄이 군사를 일으킨 이래로 궐내의 인심을 살펴보니, 근심하고 두려워하는 빛이 전일보다 훨씬 더합니다. 그런데 이런 때에 자전께서 먼저 나가시면, 인정이 동요하여 수습할 수 없어 장차 싸우지 않고 저절로 무너질 것이니, 종사가 어찌 되겠습니까?"

하지만 인조는 장유의 말을 쉽게 받아들이지 않았다. 장유의 말대로 왕실에서 먼저 피란길에 오르면 도성의 백성들이 이괄의 군대에 호응하여 사태가 걷잡을 수 없게 될 것이 뻔했다. 인조가 대답이 없자, 장유는 한층 강하게 설득했다.

"지금의 계책으로서는 도성의 백성을 진정시키고 한마음으로 수어守
禦하여 저돌적으로 쳐들어오는 적을 막아 국세를 반석에 놓아야 할 뿐입니다. 그러면 자전께서 절로 편안하실 것입니다. 만약에 먼저 모시고 나감으로써 백성들의 본보기가 되어 사기가 꺾이고 백성들의 마음이 흩어져서 적병으로 하여금 기회를 타게 한다면, 자전께서 먼저 강화도로 피하시더라도 어찌 편안할 수 있겠습니까? 전하께서는 자전에 대해 말씀하시고 부모가 있는 조정 신하들 각자 자기 부모를 염려하여 먼저 피해 나간다면, 잇달아 소요하는 폐단이 여기에서 시작될 것이니, 한창 기세를 떨치는 적을 무슨 수로 제압할 수 있겠습니까?"

하지만 여전히 인조는 아무 말도 하지 않았다. 장유의 의견을 받아들일 수 없다는 뜻이었다. 그러자 이번엔 최명길이 나서서 장유의 말이 옳다고 하면서 인목대비를 강화도로 피신시키는 일은 중지하자고 하였다.

다음 날 인조는 이렇게 하교했다.

"밤새 다시 생각하니, 장유의 말이 매우 사리에 맞는다. 자전께서 거둥하시는 일은 결코 할 수 없으니, 승지 권진기를 빨리 소환하라."

그리고 인조는 조정과 한양 백성들을 안정시키기 위해 도원수 장만에게 이런 말을 내렸다.

"역적 이괄이 은덕을 저버리고 감히 반역할 생각을 한 것은 신인神人이 함께 분개하고 천지가 용납하지 않는 바이다. 내가 친히 삼군을 거느리고 기일을 정하여 섬멸할 것이니, 경은 알라."

이렇듯 인조는 결전의 의사를 드러내며 이괄의 족속과 처족 그리고 그들과 가까운 자들을 모두 하옥시키라고 했다. 그러자 의금부에서는 이이첨, 이위경, 박정길 등 대북 세력의 자손들을 모두 가둬야 한다고 주장했다. 하지만 인조는 만약 그럴 경우 도성 인심이 나빠져 혹 과거 북인과 관련된 도성 백성들이 모두 적군이 될까 두려워하여 이렇게 말했다.

"이이첨 등의 자식들이 무슨 죄가 있어 가두기를 청하는가? 그 뜻을 모르겠다."

이때 이귀는 이괄의 역모를 고변한 자들의 공초문에 적이 왕으로 옹립하려 했다는 인성군(선조의 아들)을 잡아 가둬야 한다고 주장했다. 하지만 인조는 이것도 받아들이지 않았다.

"이는 나라를 망칠 말이다. 폐조廢朝가 망한 것은 오로지 동기를 살해한 데에서 말미암은 것인데, 경이 늘 이런 말을 하니 내가 매우 그르게 여긴다."

그런 가운데 1월 29일에 도원수 장만이 낭보를 전해왔다.

"역적 이괄이 남은 군사 수천을 거느리고 강동江東으로 향하였으므로, 신이 선봉장 정충신을 보내어 정예 병력을 거느리고 요격하게 하였습니다. 오는 27일에는 접전하게 될 것인데 적병은 날로 흩어집니다. 의주의 군사 3,000과 순찰사가 거느리는 군사 수천이 합세하여 진격하니 관군은 날로 강성해지고 적의 형세는 날로 줄어들므로, 의주의 군사는 돌아가 의주를 지키게 하였습니다."

하지만 이괄의 부대는 승전을 거듭하고 있었다. 그러자 2월 2일에 호조참의 권첩이 상소하여 군 지휘부를 탄핵했다.

"도원수 장만, 부원수 이서, 순찰사 이상길·임서 등이 지체하면서 싸우지 않은 죄를 다스리고 빨리 가까운 신하 중에 품계가 높은 자를 보내어 전쟁을 감독하게 하소서."

결국, 인조는 병조판서 김류를 총독 군문이라 호칭하고 도원수 이하 군 지휘부를 감독하도록 했다. 그 소식을 듣고, 도원수 장만이 적을 평정하지 못했다며 죄줄 것을 청했다.

이렇듯 전장의 형세가 급박해지자, 인조는 이괄의 아내를 잡아들이게 하고, 이괄의 수하인 윤인발의 형제와 처자를 모두 잡아 가뒀다.

그때 이미 이괄의 부대는 황주에서 정충신과 남이흥의 부대를 크게 격파했고, 관군의 선봉장 박영서는 포로로 잡혔다가 죽었다. 그 소식을 들은 인조는 이괄의 아내를 죽이고, 이괄의 동생 이돈도 죽였다. 그리고 이전의 아내와 이괄의 장인 이방좌도 죽였다.

그때 어영사 이귀가 인조에게 요청했다.

"상께서 친림하여 병력을 사열하시면 군사들의 마음에 용맹을 불러일으킬 수 있을 것입니다."

그러자 인조가 이렇게 대답했다.

"내가 처음에는 가려고 하였으나, 왕래하는 사이에 군대의 방책에 방해가 있을까 염려되므로 정지하였다."

이후에도 여러 차례 이귀가 인조로 하여금 병사들을 직접 찾아 위무할 것을 청했지만 인조는 아무 대답도 주지 않았다.

그런 상황에서 이괄과 관군이 경기도 평산 마탄에서 맞붙었다. 결과는 관군의 대패였다. 방어사 이중로와 이성부가 전쟁 중에 죽기까지 했다.

그 소식을 듣고 전라 병사 이경직이 군사를 이끌고 올라와 인조를 만난 뒤 출전을 명령해달라고 하였다. 전라도 병력은 이미 1월 말경에 도성으로 올라와 주둔하고 있었다. 하지만 전라도 병력까지 출전해버리면 왕을 호위할 병력이 사라질 것을 염려하여 인조는 그를 만류하며 말했다.

"경은 서생이니, 우선 여기서 기다리라."

그때 조정의 중신들이 몰려와 빨리 피란을 가야 한다고 재촉하였다. 그리하여 결국, 공주로 몽진하기로 하고, 도성을 버리고 서둘러 도주하였던 것이다.

인조의
고통스러운 피란길

2월 9일 아침, 인조가 강을 건너 모래 위에 의자를 놓고 앉으니, 교리 정백창이 훈련도감의 군사들로 도성을 지켰으면 적을 물리칠 수 있었는데, 대사간 정엽이 먼저 도성을 버리고 피란가자고 한 것은 잘못이라며 그에게 죄주기를 청했다. 하지만 인조는 받아들이지 않았다.

그때, 정엽은 인목대비를 잘못 수행하여 엉뚱한 길로 갔던 신하들을 벌주라고 하자, 인조는 그렇게 하라고 지시했다.

그런데 이날부터 인조는 몸이 좋지 않았다. 제대로 잠을 못 잔 데다 음식도 제대로 먹지 못한 탓이었다. 그러자 신하들은 혹시 모르는 일이니 세자를 빨리 세워야 한다고 주장했다. 혹 인조가 몽진 길에 병을 얻어 죽기라도 하면 후사가 문제라는 것이었다. 하지만 인조는 아직 원자가 나이가 어리기 때문에 전란 중에 바쁘지 않은 일을 요청한다며 짜증을 냈다. 이때 원자(소현세자)의 나이는 열두 살이었다.

이때 홍문관 관원들이 신경진, 윤숙 등의 무관들로 하여금 나가서 적과 싸우도록 해야 한다고 주장하자, 인조가 장유를 보내 그들에게 나가 싸우라고 주문했다. 하지만 그들과 휘하 군사들은 자신들의 처자가 모두 성안에 있기 때문에 나가 싸우려고 하지 않았다.

이번에는 옥당 관원들이 적을 막아내지 못한 도원수 장만을 죄주자고 하였다. 하지만 인조는 전란 중에 장수를 죄주면 사태가 더 악화될 것이라고 판단하여 허락하지 않았다.

비록 왕이라고 하나 주변을 지키는 군사는 수십 명에 불과했고, 따라온 대신들도 몇 명 되지 않았다. 그리고 급하게 도주하느라 먹을 것조차 제대로 챙기지 못하여 다들 아침도 못 먹고 양재역으로 향했다. 양재역에 이르자, 유생 몇 명이 콩죽을 받들고 와서 바쳤다. 인조는 말 위에서 콩죽을 마시고, 서둘러 과천으로 내달렸다. 과천에 도착하자, 인조는 화를 내며 자신을 따라오지 않는 내사복시 관리 유지신의 관작을 삭탈하라고 명하고, 대비가 양화진으로 향했을 때 승지 한효중에게 모셔 오라고 했는데 핑계를 대며 가지 않았다고 잡아다가 신문하라고 했다.

인조가 저물녘에 과천을 떠나 사근현 고개를 올라서니, 벌써 밤이었다. 그런데 들판 곳곳에 불이 붙어 있어 적병이 뒤쫓아온 것이라는 말이 돌아 사람들이 두려워서 어쩔 줄을 몰랐다. 거기다 인목대비가 몸이 편치 않아 어가가 머물러 있었는데, 적군이 뒤쫓아왔다는 말이 돌아 군대의 대오가 헝클어지고, 달아나는 자들이 속출하였다.

인조는 겁을 먹고 빨리 가자고 재촉하였지만, 말도 굶고 사람들도 굶은 터라 걸음이 느릴 수밖에 없었다. 또한 인조도 걸어서 가야만 했는데, 길이 온통 진창이라 푹푹 빠지면서 걸어가야 했다. 그리고 밤늦게야 수원부에 도착하였는데, 그곳 아전들과 관리들이 모두 흩어져버린 바람에 횃불조차 밝히지 못했고, 음식을 내오지도 못했다.

다음 날 인조는 전라 병사 이경직에게 부산에 가서 왜관에 머무는 왜병에게 도움을 청하라는 지시를 내렸다. 그러나 이내 인조는 마음을 바꿨다. 만일 왜인들에게 도움을 청했다가 왜군이 대대적으로 쳐들어오면 더 큰 난리가 날 것이라는 판단에서였다.

한편, 인목대비는 신하와 백성들에게 지시문을 내려 의병을 일으킬 것을 주문했지만, 백성들은 혼란에 휩싸여 두려움에 떨고 있었다.

그때 인조의 어가는 도성이 이미 이괄의 군대에 함락되었다는 소식을 들고 달아나 2월 12일에 천안에 이르렀다. 그리고 그곳에서 머물렀는데, 도성에서 관군이 크게 승리하였다는 낭보가 날아들었다. 이때 사헌부와 사간원의 관원들이 합세하여 도원수 장만을 탄핵했지만, 인조는 받아들이지 않았다.

그때 이괄이 도성에서 패하고 이천과 여주로 달아났다는 소식이 들려왔다. 인조는 그들이 인조의 행렬을 습격할지도 모른다는 판단에 천안을 떠나 공주로 향했다. 2월 13일에 어가가 금강 나루에 이르니 전라도 관찰사 이명이 군사 2,000명을 이끌고 나와 맞이하였다. 그제야 인조는 한숨을 돌리고 다음 날 공주성에 도착하였다.

삼일천하로
반역의 깃발을 내린 이괄

인조가 도성을 버리고 달아난 2월 8일, 이괄은 개성을 점령했다. 그리고 2월 9일 오후 선발대 30여 기병이 먼저 도성에 도달하여 소리쳤다.

"도성의 백성들은 두려워하지 마라. 새 임금이 즉위하였다."

그 무렵, 인조는 양재역을 벗어나 과천을 향하고 있던 중이었다. 만약 기병을 급하게 몰아 뒤쫓았더라면 그날 어가 행렬을 잡을 수도 있는 거리에 있었다. 하지만 선발대만으로 어가를 쫓는 것은 무리였다. 그들 선발대는 본대가 오길 기다리며 도성 점령을 자축하였다.

다음 날인 2월 10일 새벽에 이괄은 한명련과 함께 말을 나란히 타고 도성에 입성하였다. 그때 이괄의 아우 이수는 이충길과 이시언의 아들 욱 등을 데리고 이미 수천 명의 군사를 모집한 채 그들을 맞이하였다.

그때 인조의 어가는 수원에 당도했는데, 만약 이때 이괄이 군대 일부를 떼어 어가를 뒤쫓게 했다면 상황이 어찌 될지 알 수 없는 노릇이었다. 하지만 이괄은 도성을 장악했다는 기쁨에 도취되어 거기까지 생각이 미치지 못했다. 정충신의 의견에 따르자면 이괄은 세 가지 책략 중에 가장 하책을 썼던 것이다.

이때 어가를 따라갔던 흥안군 이식이 한강을 건넜다가 이내 도성으로 돌아온 터였다. 이괄이 흥안군을 만나보니, 사람됨이 못마땅하였다. 하지만 일단 그를 왕으로 세웠는데, 사람들은 제왕감이 되지 못하는 자를 세웠다며 은근히 이괄의 세력이 오래가지 못할까 걱정하였다.

이괄은 도성에 입성한 이후 우선 군사들을 배불리 먹였다. 그리고 방을 붙여 '신민들은 안심하고 각기 자기 일을 지키라'고 알렸다.

그 무렵, 도원수 장만은 파주에 도착하여 인조가 파천하여 몽진 길에 올랐다는 사실을 전해 들었다. 그런 상황에서 장만은 만약 이괄의 군대가 도성을 오래 장악하고 있으면 주변의 세력들이 모두 이괄에게 붙을 것을 염려했다. 그래서 부하 장수들에게 이렇게 말했다.

"지금의 계책으로는 두 가지밖에 없다. 하나는 만약 더 지체하여 신민이 모두 저들에게 붙게 되면 싸우기 힘들 것이니 곧바로 진격하여 결사적으로 싸우는 것이고, 둘은 사방의 길을 차단하고 각 도의 군대가 당도할 때를 기다려 함께 공격하는 것이다."

그러자 정충신이 말했다.

"이미 죽도록 힘을 다했으나 적을 격파하지 못해 임금께서 파천하셨으니, 이미 우리는 만 번 죽어도 할 말이 없습니다. 그렇다고 함부로 달려들었다간 개죽음을 당할 것이 뻔하고, 또 그냥 지켜보고 있을 수도 없습니다. 옛말에 북쪽 산을 먼저 점령하는 쪽이 이긴다고 했으니,

우리는 안령을 먼저 점령하여 도성을 내려다보게 된다면 적은 우리를 공격하지 않을 수 없을 것입니다. 그런데 적이 수가 많아도 위를 쳐다보고 공격하는 것이니 우리에게 승산이 있습니다."

여러 장수들이 정충신의 의견에 동의하자, 정충신은 지체 없이 수하들을 데리고 안령으로 진격했다. 그리고 순식간에 안령을 장악했다. 이어 장만은 군대를 이끌고 도성 쪽으로 진군하여 낙산을 장악하고 진을 쳤다.

이렇듯 관군이 모두 고개와 산마루에 진을 치자, 위협을 느낀 이괄은 병력의 우세를 믿고 공격을 개시했다. 공격할 때 이괄은 안령에 진을 친 관군의 숫자가 적음을 얕잡아 보고 소리쳤다.

"저놈들을 격파하고 돌아와서 밥을 먹자."

이괄은 그처럼 단숨에 안령을 차지할 것으로 판단했다. 백성들에게 방을 붙여 좋은 싸움 구경을 하라고 하였다. 하지만 막상 싸움이 시작되니, 전세는 전혀 딴판으로 전개되었다. 처음에는 바람이 산 아래서 위로 불어 전세가 유리하였다. 그래서 한명련이 왜군을 선봉대로 삼아 관군을 거의 무찔렀다고 생각했다. 그런데 바람의 방향이 갑자기 바뀌고 흙바람이 일어났다. 그 때문에 한명련의 군대가 잠시 당황하며 물러났는데, 그사이에 정충신의 역공이 시작되었다. 조총과 화살이 바람을 타고 쏟아져내리자, 한명련이 화살을 맞고 물러났다. 그리고 또한 선봉대에 섰던 이괄의 장수 이양이 탄환을 맞고 죽었다. 정충신은 그 여세를 몰아 군대를 아래로 몰았다. 그 바람에 이괄의 부대원 400여 명이 죽고, 300여 명이 포로로 잡혔다. 기세가 꺾인 이괄의 군대는 뭉그러지며 도망치기에 여념이 없었다.

뭉그러진 이괄의 부대가 마포나 서강으로 달아나다 물에 막혀 죽은 자가 수십 명이었다. 또한 돈의문이나 서소문으로 들어와 몸을 숨기려는 자들이 많았는데, 백성들이 문을 닫고 열어주지 않아 포로로 잡힌 자도 수백 명이었다.

이괄의 부대는 별수 없이 숭례문으로 달려갔다. 정충신이 그들 뒤를 쫓자, 남이흥이 말렸다.

"금일의 승리는 하늘 덕분이다. 며칠 안 되어 적의 괴수가 다시 공격해올 것인데, 무엇 때문에 위험을 무릅쓰고 추격하는가?"

하지만 정충신은 멈추지 않았다. 적은 이미 넋을 잃어 싸울 여유가 없다면서 빨리 쫓아가면 광통교에 미치지 않아 사로잡을 수 있다고 했다.

한편, 그때 이괄과 한명련은 단지 100여 기의 기병만을 데리고 수구문을 빠져나갔다. 그리고 12일에 삼전도를 거쳐서 광주로 들어가 목사 임회를 죽이고 달아났다.

하지만 정충신은 불과 27기의 기병만을 거느리고 그들을 맹렬히 추격했다. 이괄의 부대는 적이 대군을 거느리고 오는 줄 알고 달아나기에 여념이 없었다. 그리고 마침내 내분이 생기고 말았다. 이괄의 부대가 이천의 묵방리에 이르자, 그 휘하 군관들이 이괄과 한명련, 이수, 이전 등 아홉 명을 죽였다.

한편, 이괄에 의해 왕이 되었던 흥안군 이제는 이괄의 군대가 패퇴하는 것을 지켜보다가 달아났다. 그리고 광주 소천으로 가서 원수부의 군관이라고 거짓말을 했다가 붙잡혀, 원수부에 끌려가 심기원과 신경진에 의해 목이 잘렸다.

한편, 이괄과 한명련 등의 목을 벤 이괄의 부하들은 그들의 머리를 가지고 공주로 달려가 인조에게 바쳤다. 이때가 2월 15일이었다. 이괄의 머리를 확인한 인조는 2월 19일에 공주를 떠나 22일에 도성에 도착하여 종묘와 사직에 역적의 난을 진압했음을 고했다.

이렇듯 이괄은 1624년 1월 18일에 반란을 일으켜 2월 9일에 도성을 점령하고 2월 10일에 새로운 왕을 세웠으나 3일 만인 12일에 정충신과 싸워 패퇴하여 목이 달아났다. 이를 두고 사람들은 '이괄이 정충신을 얕보고 싸우다 삼일천하로 반란의 깃발을 내렸다'고 하였다.

-12-

경종의 복수를 위해
반역한 이인좌와 소론 강경파

잇따르는
변란 급보

1728년(영조 4년) 3월 14일, 봉조하(고위직에서 물러난 신하에게 내리는 명예직) 최규서가 급히 상경하여 변란의 징후가 있음을 상소했다. 이 일로 영조는 영의정 이광좌를 비롯하여 좌의정 조태억, 이조판서 이태좌 등 6조의 판서와 참판, 훈련대장과 도승지까지 모두 희정당으로 불러 논의하였다.

최규서의 급보에 따르면 안성의 장흠이란 자가 안박이란 자와 반역을 공모하여 13일에 군사를 모집해서 14일에 소사로 이동하여 15일에 서사한다는 내용이었다.

이 말을 듣고 영의정 이광좌는 다음과 같은 건의를 하였다.

"풍설이 크게 번졌으니, 만약 그대로 피해 가는 인파를 놓아둔다면 성안은 거의 비게 될 것이고, 또 흉한 무리들이 흘러들어 와 몰래 숨어 있을 것이니, 또한 염려스럽습니다. 마땅히 훈련원으로 하여금 성문을 파수하여 비상하게 살피게 하고, 또 5군문으로 하여금 장교를 호남, 호서, 경기도, 관동 등지에 보내어 잘 기찰해 범인을 붙잡아서 빈틈이 없도록 해야 할 것입니다."

하지만 영조의 생각은 좀 달랐다.

"우리가 경계를 엄하게 하지 않고 먼저 적을 잡게 되면 일이 단번에 격화되고 말 것이다. 옛 역사에서도 난적들이 간혹 기밀이 누설되면 곧바로 군사를 일으켜 수도를 공격한 일이 있었다. 만약 변란을 음모한 사실도 없는데 공연히 소동을 벌이면, 오히려 적의 계책에 빠질 우려가 있다. 단서를 자세히 안 연후에 방비해 막는 대책을 강구함이 마땅하다."

사실, 최규서의 급보가 아니더라도 반란에 대한 소문이 퍼진 지는 오래되었다. 1724년 8월에 오랫동안 병마에 시달리던 경종이 죽고 영조가 왕위에 오르자, 영조가 경종을 독살하고 왕위에 올랐다는 소문이 파다하게 퍼졌다. 인조반정 이후 조정을 장악한 서인 세력은 숙종 대에 남인이 크게 실각하자, 내부 분열이 일어나 소론과 노론으로 갈라졌고, 급기야 목숨을 건 극렬한 권력 다툼을 지속했는데, 영조가 왕위에 오른 직후인 1725년에 경종을 지지하던 소론 세력이 대거 밀려나고 노론이 정권을 장악했다. 이때부터 소론 과격파인 경종의 처남 심유현을 중심으로 이유익, 박필현 등이 조정에서 밀려난 소론 세력과 정권에서 소외된 남인 세력을 규합하여 반란을 일으키고자 하였다. 이들은 전국 각지에 영조가 경종을 시해했다는 소문을 내는 한편, 은밀히 전국 8도의 소론 세력을 규합하고 있었다. 그들 각 지역의 중심인물들을 살펴보면 서울에서는 금군 별장 남태징과 이유익, 경기도에서는 장흠, 충청도에서는 이인좌, 전라도에서는 박필현, 경상도에서는 정희량, 평안도에서는 평안 병사 이사성 등이었다.

그런데 1727년에 영조가 정미환국을 통해 노론 정권을 밀어내고 소론 정권을 세우면서 소론 과격파의 반란 계획은 명분을 잃게 된다. 당시 영조는 극심한 당쟁의 폐해를 해결하기 위해 소론을 강하게 공격하던 노론 강경파 민진원, 정호 등을 파면하고, 소론 온건파인 이광좌, 조태억, 이태좌 등을 다시 기용했다. 이 때문에 소론 과격파의 반란 계획은 힘을 잃게 되었는데, 이미 오랫동안 준비해오던 반란 계획이 하나둘씩 드러남에 따라 계획대로 반란을 실행하기에 이르렀다.

하지만 영조는 여전히 반란자들의 색출에 대해 매우 신중한 입장이었다. 혹 반란 계획을 기정사실화하고 병력을 파견하거나 그들을 체포하려 할 경우, 오히려 반란의 빌미를 제공할 우려가 있다고 생각했던 것이다. 더군다나 영조가 경종을 독살했다는 풍문 때문에 영조에 대한 민심은 크게 악화되어 있었다. 이런 상황에서 군대를 동원하여 검문을 강화하고 백성에 대한 감시를 심화시킨다면, 민심이 크게 동요될 수 있었다.

당시 도성 백성들의 동요는 매우 심각한 수준이었는데, 실록은 당시 상황을 다음과 같이 기록하고 있다.

이때 도성에는 근거 없는 풍문이 날로 흉흉하여 사람들이 모두 짐을 꾸려 들고 서 있어 조석 사이도 보장할 수 없는 듯하였고, 남산 아래 일대에는 가족을 이끌고 피해 도망하는 사부士夫들이 많아서 나루터에 길이 막혔으니, 인심이 놀라고 두려워함은 끝을 헤아릴 수가 없었다.

이런 상황을 반영하듯, 3월 15일에 또다시 변란에 대한 급보가 올라왔다. 급보를 올린 이는 수원 부사 송진명이었다. 송진명이 말하길 용인의 유생 정관빈이 급변에 대해 알려왔다는 것이다. 그 내용을 요약하자면, 안익태란 자가 동네 사람 안박으로부터 들었다 하고, 토적이 일어나는데 서울과 서울 밖에서 서로 호응하고 남북이 합세하여 장차 수원을 먼저 습격하여 목사를 죽이고 그 고을을 점거해 난을 일으키기로 했다는 것이다. 또한 난적들은 조정에서도 호응하기로 한 자들이 많다고 했다는 것이다.

하지만 영조는 쉽사리 그런 현실을 받아들이지 못했다. 영조는 여전히 신중론을 고수하며 거론된 자들을 잡아들여 국청을 설치하자는 대신들의 요청을 거부했다. 실록은 당시 영조의 행동을 이렇게 적고 있다.

> 이때 급서急書가 여러 번 올라와 인심이 흉흉하여 두려워하고, 여러 적을 미처 잡지 못하여 조정에서 단서를 예측하지 못해 여러 차례 설득하여 먼저 상변한 자를 문초하기를 청하였으나, 임금이 윤허하지 않았다. 수원 부사 송진명이 또 정관빈 및 체포한 안익태를 도사에게 붙여 서울로 보냈는데, 임금이 역시 곧 국청을 설치하지 않았다.

청주성을
함락시킨 이인좌

영조가 신중론을 고수하며 어찌할 바를 몰라 망설이고 있던 그때, 청주성에서는 이미 반란이 일어난 상태였다. 반란을 일으킨 주모자는 소론 과격파의 한 사람인 이인좌였다. 그는 영조가 조정 대신들과 함께 반란 급보에 대해 상의하고 있던 그 시간에 장례를 핑계하여 상여에 무기를 싣고 청주성으로 들어갔다. 그리고 다음 날인 3월 15일에 청주성을 함락하고 스스로 대원수를 칭하였고, 충청 절도사 이봉상, 군관 홍림, 토포사 남연년을 죽였다. 이후 이인좌는 권서봉을 청주 목사로 삼고, 신천영을 병사로 삼아 여러 읍에 격문을 보내 병마를 모집하고, 관곡을 풀어 민심을 얻고자 했다.

이렇듯 이인좌의 위세가 대단해지자, 상당성을 지키고 있던 우후 박종원이 투항하였고, 이인좌는 그를 영장으로 삼았다.

하지만 이때까지도 청주성이 함락된 사실은 조정에 알려지지 않았다. 그래서 영조는 이미 붙잡혀 온 자들을 먼저 신문하게 하여 반란군의 규모를 파악하게 했는데, 경기도 안성에서 먼저 반란 소식이 들려왔다.

양성에 사는 장흠이란 자가 반란군에 가담했다는 정보를 듣고 안성군 양성현으로 장흠과 그의 아들 장전을 체포하기 위해 갔던 도사와 포도부장이 적의 추격을 받아 도주해 왔던 것이다. 영조가 직접 포도부장 이행빈을 불러 도주해 온 내막을 물으니 이행빈이 대답했다.

"초나흗날(3월 4일) 장흠이 사는 곳으로 달려갔더니, 집들이 한결같이 비어 있어 그 집 천비의 남편 서애룡을 붙잡아 장흠이 간 곳을 물었더니, 말하기를 '양성 구만리 권서방 집에 가 모였다' 하였습니다. 그래서 서애룡을 데리고 구만리 근처로 달려가서 앞산 봉우리를 건너다보았더니, 모여 있던 자들이 백기를 흔들고 북을 치면서 떠들썩하게 욕을 했습니다. 다시 앞으로 가까이 가니 화살과 탄환이 어지러이 떨어지기 때문에 감히 들어가지 못하고 주야로 올라온 것입니다."

영조가 그들 반란군의 숫자를 물으니, 훈련원 척후 장교가 와서 적의 무리는 마군이 100명, 보군이 100명 정도 된다고 들었다 하였다.

영조는 곧 총융사 김중기를 순토사로 삼고, 박찬신을 중군으로 차출하여 수원에 진을 치고 반군을 토벌하도록 하였다. 이후 마음이 급해진 영조는 수어 종사관 이수익을 광주로 보내 부윤 김상규와 함께 군사를 징발한 후 남한산성을 지키게 하였고, 조엄을 관성장으로 삼아 북한산성을 지키게 하였다. 그리고 도성문을 걸어 닫고, 단지 흥인문과 숭례문, 서소문만 열게 하였다. 반란에 대한 급보들을 처음에는 한낱 풍문에 불과하다고 생각했던 영조는 반란군이 지방에서 군대를 모아 도성으로 몰려올 것이라는 첩보를 듣고 급하게 그런 조치를 한 것이었다.

그러자 경기 안성군의 양성현 사람 김중만이 훈련원으로 찾아와 변란을 고변하였다. 영조는 김중만을 만나 직접 양성의 상황을 물으니 김중만의 말이 매우 구체적이라 믿을 만하였다.

"양성 구만리의 양반 권서룡과 권서린, 가천역 양반 최경우와 정세윤, 용인 도촌 김종윤, 안성 출신 정계윤과 윤희경, 과천 호현의 신광원이 역모를 하였는데, 최경우의 집에서 100여 명이 모였고, 권서린의 집에서 150여 명, 평양 박파총촌에서 50여 명이 모였고, 괴산 유상택 집에서 50여 명이 모여 모두 300여 명입니다. 이달 초이렛날 구만리에 모여 12일 밤에 어둠을 타고 군사를 합쳐 청주 병영을 습격하고자 하였으나, 영남의 대군이 이르지 않았기 때문에 실행하지 못하였습니다. 모인 자들은 모두 각처의 유명한 화적으로, 지금은 바야흐로 가천과 구만리 두 곳에 나누어 진을 치고 있어 사방의 이웃 고을 백성들이 동요하여 촌락이 모조리 비었습니다. 13일에 신이 적의 숲에서 탈출해 와서 그 후의 일은 알지 못하나, 만약 영남의 군사가 이르게 되면 곧바로 경성을 범하려고 합니다. 이 적들이 삼남과 교통하고 있는데, 영남은 청주 송면에 사는 선비 이인좌 4형제가 주관하여 명령이 상주와 통하며, 호남은 안성의 원만주가 주관하여 나주의 나씨 성을 가진 양반과 교통하고 있습니다. 지금 적들이 부족한 것은 무기로 10인 가운데 칼을 든 자는 겨우 1인뿐이고, 모두 각목을 들었기 때문에 반드시 군영을 침범하여 그곳 군기를 취하고자 합니다. 적진 가운데서 추대되어 장령이 된 자는 이인좌인데, 풍문에 힘이 좋고 계략이 뛰어나다고 합니다. 그런데 이인좌는 영남의 군사가 이르지 않았다 하여 약속을 어기고 오지 않은 까닭에 적군에는 이제 두령이 없습니다. 그래서 백의로 변복하고 행인 모양을 하고 서울로 흘러들어 오려 합니다. 신광원이 서울에서 내응하는 일을 주관하고, 도성에서 내응하기로 한 자는 적당 중의 자호가 원례인 자인데, 신은 그의 이름은 모릅니다. 양서의 목수경이 말하기를 '그 일가로서 청파에 사는 자가 들어갔다'고 하는데, 그 이름을 기억하는 자는 단지 목수경뿐입니다. 적당패 가운데 이호는 얼굴빛이 조금 누르고 얼굴 위는 넓고 아래는 좁으며 수염의 길이는 한 치 남짓하고 수염이 드물어 숫자가 적고 키는 보통 사람 정도입니다."

김중만이 영조에게 보고한 때는 3월 16일이었지만, 김중만은 13일에 도주해 왔기 때문에 이인좌가 청주성을 함락한 사실을 모르는 상태였다.

그날 김옥성이라는 자가 또 역모를 고변했는데, 그의 말은 김중만과는 사뭇 다른 내용이었다.

"삼월 초10일에 진위의 갈원 외가 마을에 도착하니, 외숙 최정룡이 말하기를 '이곳 근처에서 군사를 모으는 바람에 12일 밤에 부락이 일시에 모두 비었다'고 하였습니다. 신이 이 말을 듣고는 도망하여 중미 주막에 이르러 상복을 입은 어떤 사람을 만났더니, 그자가 말하기를

'갈원에 사는 양반 김정현과 그 매부 박영동 등이 100명의 군사를 거느리고 적이 군사를 일으키기를 기다려 함께 서울을 범하려고 하였다. 갈원 주막 사람들은 모두 김정현의 노비들이어서 김정현이 백색 군복을 만들게 하였는데, 기일에 미쳐 주막 사람들이 모두 김정현을 배반하고 도망하여 김정현이 그 무리를 잃고는 겁이 나 도망하였다'고 하였습니다. 신이 상복을 입은 그 사람과 함께 서울로 들어와 남문 밖 팔패에 숨어 있었는데, 상복 입은 자가 동네 관리를 불러 신을 붙잡아 인계하였습니다. 지금 삼남은 이미 어떻게 해볼 수가 없으니, 속히 평안병사에게 일러서 성안 창고의 군수물자를 굳게 지키게 해야만 비로소 지킬 수 있습니다. 약 1만 명에 가까운 인원이 이미 성안으로 들어와 내응할 준비를 하였고, 각 창고의 군기를 하룻밤에 불태운다는 설이 성안에 전파되어 있습니다. 그래서 지금 취할 방도로는 멀리 강원 · 황해 · 평안 · 함경도의 군사를 징발해야만 위급함을 구제할 수 있는데, 서쪽의 두 지방이 모두 저들 무리에게 들어가서 그 군사가 이미 어느 지점에 도달하였는지 모르오니, 성상께서는 강화 · 남한으로 들어가시면 거의 무사할 것입니다."

이렇듯 도성이 일시에 반란군에 의해 장악당할 것이라는 소문이 파다하게 퍼진 가운데, 3월 18일에야 청주성이 이인좌에게 함락되었다는 보고가 올라왔다. 청주성 함락 소식을 전한 사람은 청주 목사 박당이었다. 그는 청주성이 이인좌 세력에게 장악당하자, 도주하여 조정에 장계를 올려 알린 것이다.

청주가 함락되었다는 소식은 영조를 매우 당혹스럽게 하였다. 그동안 신중론을 펼치며 반란군을 색출하는 것을 차일피일 미뤄왔던 자신의 책임처럼 느껴졌던 것이다. 이런 영조의 심리 상태를 파악한 영의정 이광좌가 영조를 진정시켰다.

"적당패에 대한 소식이 비록 위급하긴 하지만 천벌을 재촉하는 데 불과한 일입니다. 전하께서 의연하게 동요하지 않고 태산이나 반석처럼 계시면 온 나라가 안착될 것이니 역적들은 평정할 것도 없게 될 것입니다."

영조가 그 말을 듣고 이광좌의 치밀함과 노련함을 칭찬하였다.

이인좌를
사로잡는 오명항

그 무렵, 청주성을 장악한 이인좌의 기세는 하늘을 뚫을 지경이었다. 그 기세를 믿고 이인좌는 군대를 이끌고 청주에서 나와 북진하여 안성까지 진출하였다. 이때 이인좌는 죽산 부사 최필번에게 글을 보내 죽산을 칠 것이라고 경고하였다. 그러자 최필번은 고을을 버리고 이인좌의 편으로 위장하기 위해 백의를 입고서 관인을 간직한 채 도순무사 오명항의 진영으로 달려갔다. 당시 오명항은 진위현 남쪽 들판에 진을 치고 있었다.

오명항에게 도주해 온 최필번은 이렇게 자신을 변명했다.

"관리들이 모두 도망하여 각 고을의 군사가 한 명도 오지 않았기 때문에 몸만 빠져나왔습니다."

오명항은 최필번에게 군대 일부를 떼어주고 따르게 했는데, 이인좌가 더 위로 북진할 경우 도성이 위험하다고 판단하고 죽산 쪽으로 진격하고자 하였다. 이때 오명항은 수하 방득규에게 별무사라는 직책을 주고 이인좌의 부대에 잠입시켜 그들의 움직임을 정탐해 오도록 했다. 방득규는 소금 장수 차림을 한 이인좌의 간자를 잡아 이인좌의 군대가 진천에서 둘로 나뉘어 하나는 죽산으로, 하나는 안성으로 향한다는 사실을 알아냈다. 그러자 오명항은 안성으로 진군할 결심을 하고 진로가 탄로 날까 봐 직산의 대로로 향한다고 부하들에게 알려주었다. 이때 오명항의 부대 속에 이인좌가 보낸 간자들이 득실댔기 때문에 그렇게 조치한 것이었다.

오명항은 직산의 대로로 가는 척하기 위해 소사로 나아갔다. 그러고는 거기서 안성으로 방향을 틀었다. 오명항이 안성에 도착했을 땐, 이미 날이 어두워지고 있었다. 그때 반군의 간자 최섭이란 자가 잡혀 왔다. 오명항은 최섭을 통해 반군의 동태를 파악하고 적장이 이인좌로부터 충청 병사로 임명된 이봉상이라는 것을 알아냈다.

밤이 깊어지자, 앞산에 몇 개의 횃불이 올라오고 포성과 함성이 들렸다. 그리고 이어서 적병이 침입했다는 보고가 들어왔다. 하지만 오명항은 놀라는 기색도 근심 어린 얼굴도 보이지 않았다. 설상가상으로 비바람이 몰아치고 칠흑 같은 어둠이 밀려왔다. 비바람 때문에 장작불을 피우지도 못한 상태였다. 이 때문에 병졸들이 불안하여 어쩔 줄을 몰라 했는데, 오명항은 전혀 걱정할 필요가 없다며 수하들에게 진채를 정비하고 병기가 비에 맞지 않도록 잘 간수하라고 당부했다. 또 적이 포를 쏜다고 해서 굳이 대응 사격을 하지 말도록 했으며, 적이 아주 가까이 왔을 때만 대응하라고 지시했다. 그러면서 그는 장군막에 들어가 코를 골며 잠을 잤다. 이렇듯 오명항이 태연하게 행동하자, 수하 장졸들도 허둥대지 않았고, 덕분에 진영이 일사불란해졌다.

이때 이인좌의 부대는 장사치와 거지 차림으로 안성 청룡산에 모여 있었다. 그들은 오명항의 군대가 직산으로 간 것으로 알았기 때문에 안성에 대군이 있는 줄은 짐작하지 못했다. 그래서 안성군의 병력이 진을 친 것으로 생각하고 포와 함성으로 위협하면 물러갈 것으로 여겼다. 그런데 그들이 막상 가까이 다가가자, 관군 쪽에서 신기전을 쏘아댔고, 그때서야 오명항의 대병이 안성에 주둔한 사실을 알게 되었다. 오명항의 대군과 맞닥뜨린 이인좌의 부대원들은 겁을 먹고 이리저리 흩어져버렸고, 이인좌가 직접 거느린 병사는 400~500명에 불과했다. 그들은 청룡산 속에 진을 치고 죽산으로 간 병력이 오길 기다렸다.

한편, 오명항은 진영 속으로 잠입한 간자를 잡아 신문한 끝에 이인좌의 부대가 청룡산 속에 있다는 것을 알았다. 오명항은 곧 부하들에게 북소리를 내지 말고 갑옷과 투구를 벗고 은밀히 그들의 주변을 에워싸라고 지시했다. 하지만 부하들은 오명항의 당부를 잊고 북을 치며 행군하였다. 그 소리를 듣고 이인좌는 부하들을 이끌고 산으로 올라가 관군을 내려다보았다.

그 무렵, 한 노파로부터 반란군 일부가 마을에 있다는 정보를 듣고, 이만빈과 조태선이 수하 50~60명을 이끌고 마을로 갔다. 그리고 마을 입구에서 반군 영장 박종원과 만나 싸움이 벌어졌는데, 박종원이 조태선이 쏜 화살을 맞고 죽었다. 이만빈이 그의 목을 베어 깃대에 꽂은 채 돌아와 산 위에 있는 이인좌의 부대를 공격했다. 밤새 비가 왔기 때문에 이인좌 부대의 활과 포는 모두 못쓰게 된 상태였다. 반면에 관군은 병기를 비에 젖지 않도록 잘 보관한 덕에 사용하는 데 무리가 없었다. 그 때문에 반군은 일방적으로 관군에게 쫓기다 산꼭대기로 달아났다.

관군이 때마침 불어닥친 동북풍을 이용하여 빠르게 반군을 뒤쫓으니, 반군은 산등성이를 따라 도주하다가 다른 방면에 진을 치고 있던 관군을 발견하고는 깃대와 북을 버리고 사방으로 흩어졌다.

이렇듯 안성에서 대승을 거둔 오명항은 죽산으로 향했다. 이때 죽산에 있던 반군은 들판 한가운데 진을 치고 있었다. 오명항의 부대는 반군의 진채를 발견하자 곧 언덕 위에서 내달리며 공격을 개시했다. 급습을 받은 반군은 포를 몇 번 쏘며 저항했지만 무섭게 달려드는 관군의 기세에 눌려 순식간에 뭉그러지고 말았다.

이 싸움에서 반군의 대부분이 죽거나 사로잡혔지만 이인좌는 그곳에 없었다. 오명항은 수하 장교들에게 군사를 이끌고 나가 사방을 뒤져 이인좌를 잡아 오라고 명령했다. 그때 이인좌는 홀로 달아나서 절에 숨었는데, 허망하게도 승려와 백성들이 그를 발견하고 사로잡아 바쳤다. 이인좌 외에도 권서봉, 이지경, 목함경, 박상, 곽장 등의 반군 장수들도 모두 붙잡혔다. 오명항은 이인좌와 권서봉, 목함경 등을 함거에다 가두고, 군관 박경봉으로 하여금 도성으로 끌고 가도록 했다.

도성에 끌려간 이인좌는 모진 형신을 받고 영조의 친국을 당하였다. 영조가 반역의 과정과 역도의 면면을 밝히라고 하자, 그는 체념한 듯 세세하게 공술하였다. 그리고 3월 27일에 군기시 앞에서 참수되었다. (이인좌의 난과 관련된 인물 및 반역 계획의 과정은 그의 공초문에 자세하게 설명되어 있으므로 공초문을 별도로 넣는다.)

이인좌의
공초문

한세홍·이유익·이하·남태적·남태징·김중기가 이 일을 하였고, 임서호·조관규·임서봉·임서린·조덕징·이만·이의형은 이번에 양성에 모여 곧바로 청주로 달려갔는데, 그때 모인 자 정행민·원만주는 양성에 살고, 권서봉은 수원에 살며, 조동규는 서울 향교동에 살았습니다. 권서린·권서룡·목함경은 양성에 살고, 이지경은 청주에 살며, 위종사관 유급은 양성에 사는데 도목都目을 가지고 도망하였습니다.

청주에서 변란을 일으킬 때 부원수는 정행민·정계윤이 함께 하였는데, 병사는 이배가 죽었으며, 영장은 목함경이 죽었습니다. 권서봉을 청주 원으로 삼고 안성에 왔고, 가병사는 신경제의 손자 신천영으로 정했습니다.

군사는 양성에 있을 때 2초哨였는데, 관문關文을 내어 징병했더니, 청안의 고을 원과 진천의 고을 원은 도주하고, 장교가 군사를 이끌고 왔으며, 회인의 원 역시 도주했는데 장교가 군사 15명을 이끌고 오니 박종원이 투항하였습니다.

종사관 유급이 흉관凶關(공문)과 흉격을 썼고, 외부의 지원에 대해서는 한세홍이 '호남 변산 도적이 2초가 있고, 또 심유현·박필현의 군사가 있으며, 나주에서 나숭대가 집안 장정과 족속을 이끌고 오고, 평안 병사로 이사성이 들어올 것이다' 하였는데, 한세홍은 평안 병영으로 내려갔습니다.

이호는 양성에 사는데 모은 군사가 2초이고, 영남은 정희량이 안음에 사는데 이번에는 오지 않았으나 이제 영남에 있으면서 군사를 동원하였으며 정희량의 족속이 많이 들어왔다고 하였습니다. 김홍수는 상주에 사는데 군사의 숫자는 군사를 동원하기 전에는 얼마인지 알 수 없으나, 무려 1,000여 명은 됩니다. 당초에 기일을 3월 초10일로 기약했으나 아직까지 소식이 없었습니다. 신은 응원병이 당도하였기 때문에 15일에 과연 군사를 일으키면서 임서린으로 하여금 탐지하도록 했는데 아직껏 서울에 오지 않았습니다.

신으로 하여금 군사를 일으키게 하여 만약 영남·호남에서 군사를 동원하면 연곡의 친병이 마땅히 모두 출정하게 될 것이니, 남태징·남태적이 서울에서 내응하되, 서울은 이유익이 주장이 되고 영남은 정희량이 하며 그 나머지 김홍수 등 6, 7인이 돕기로 했습니다.

정희량은 동계 정온의 후손인데, 120명을 모아 이 일을 하고자 하였습니다. 신의 선봉 정중복은 양성에 살며, 중군 이배, 부장 정행민, 진용 도위 목함경·이의형이 하였습니다. 이유익·한세홍이 항상 밀풍군 이탄이 인망이 있다고 말했기 때문에 이유익이 가서 보고 말하였더니, 밀풍군은 대답을 하지 않았다고 합니다.

금년 정월에 신이 상경하여 이하의 집을 방문했더니, 이하가 말하기를 '일이 막연하고 패거리가 너무 적다'고 하기에, 신이 꾸짖어 말하기를 '그렇다면 왜 시골에 있는 자를 일으켜 일을 하려 했느냐?' 하였더니, 이하가 말하기를 '이는 마치 언덕에 올라 걷는 것과 같은데 어찌 중지할 수 있겠는가?' 하였습니다. 권서린 역시 와서 이유익에게 말하기를 '사람들이 장차 다 죽고 말 것이다' 하니, 이유익이 말하기를 '권서린으로 하여금 군인을 거두어 입성시켜 반역하게 하자' 하기에, 신은 불가하다고 하였더니, 이하와 이유익은 말하기를 '우리들의 말대로 하지 않으면 내가 장차 너를 죽이겠다' 하였고, 권서린은 말하기를 '영남을 탐지하는 일은 밖으로부터 군대를 일으켜야 가능하다' 하였습니다. 신이 정월에 영남으로 내려가 김홍수와 정희량의 집에서 탐지했더니, 120명의 군사로 하고 날짜는 초10일이라고 했습니다. 신이 이런 일을 알고 돌아와 장차 응원병이 되고자 하여 15일에 과연 거사하였습니다.

호남의 실정에 대해서는 잘 모릅니다. 신의 동생이 5형제인데, 이웅좌가 울면서 말렸고 기타 형제는 이준좌·이기좌이며, 막냇동생은 아명이 기아입니다. 신의 이름은 본래 현좌였는데 인좌로 고쳤습니다. 신이 봄에 동성 5촌인 이흥부의 집에 올라왔는데, 이흥부가 풍설에 대해 묻고는 말하기를 '왜 박필현과 사귀어 남의 말을 듣게 하느냐? 근신하라'고 경계하였습니다. 박필현은 재작년 상주로 이사할 때 보아 잘 압니다. 모의는 모두 박필현이 지시했으며, 자객은 반드시 정행민이 보냈을 것이고, 자객이 될 만한 자는 목함경과 정중복·정중익 등 형제이며, 직산에 사는 권서린 역시 용력이 있고, 박준은 죽산에 살며 역시 용력이 있는데 군중에 와 있었고, 정중려는 직산에 삽니다.

이 밖에는 용력이 있는 자는 없습니다. 정행민과는 병영이 각기 다르기 때문에 자세히 알 수 없으나, 들으니 정행민이 용맹을 갖춘 무사를 뽑아 자객으로 보냈다고 합니다. 권서룡은 15일에 서울로 보냈더니 겁이 나서 들어가지 못하고 돌아왔는데, 경상도에서 초닷새에 기병한다고 잘못 전해졌기 때문에 신들 역시 지레 먼저 기병한 것입니다. 청주 병사를 반드시 먼저 제거해야 일이 완비되고, 고단한 군졸로는 서울로 들어갈 수 없기 때문에 먼저 청주를 함락시킨 것입니다.

서울을 정탐하기 위해 박준을 올려 보냈으나 아직까지 소식이 없어, 지금은 이유익의 집에 보냈는데 외모는 구레나룻이 있고, 복색은 도포를 입었으며 18일에 올라왔습니다. 김중만 역시 알았는데 중간에서 약속을 어기고 속였습니다.

권서린은 중간 키에 수염이 조금 나고 얼굴이 얽었으며 백포 도포를 입었는데 역시 이유익의 집으로 갔으나 만나지 못하고 돌아왔습니다.

이징 역시 같은 패인 듯한데, 같은 패와 약속하기를 '비록 패하더라도 다시 청주에서 만나 성을 지킬 수 있으면 지키고, 지킬 수 없으면 재를 넘어 함께 태백산으로 들어가자'고 하였습니다.

정행민이 변산의 적과 통하며 금방 올라온다고 하였으나 소식이 없고, 청주에 남아 있는 병사는 모두 관군입니다. 신이 대원수가 된 것은 바로 적도 가운데 권서린 무리가 모두 추존하여 삼은 것이며, 붉은 일산을 쓴 것은 신이 스스로 대역부도의 일을 한 것입니다.

정행민은 바로 고故 상신 정인지의 후손입니다. 이유익과 조덕징이 밀풍군의 집을 왕래한 것은 대개 조덕징이 밀풍군의 처조카이기 때문인데, 이유익이 직접 가지 않고 조덕징을 시켜 탐문하기를 '외간에 이러한 말이 있다'고 하니, 밀풍은 대답을 하지 않았다고 합니다.

조덕징은 나이 스무 살 남짓 되며 이하의 사위입니다. 이삼은 같은 패에 들지 않아서 처음에는 이유익과 더불어 제거할 뜻이 있었습니다. 남태적의 일은 신이 이유익과 한세홍에게서 들었는데, 남태적은 꾀를 써서 피하였고 남태징은 어리석은 자라서 역적패에 가담하였습니다. 이유익이 말하기를 '이사주와 밀풍군은 사촌이 되므로, 만약 영남으로부터 오게 되면 함께 일을 할 듯하다'고 하였습니다.

괘서 사건은 이하가 전라도에 가서 들으니, 나씨 성을 가진 사람과 산음 사는 정가가 했다고 합니다. 나가에게 물으면 알 수 있는데, 나가는 바로 나숭대의 7촌 아재 나만치입니다. 황익재와 김홍수는 하나이면서 둘이고 둘이면서 하나여서 김홍수는 말하기를 '마땅히 함께 일을 할 듯하다' 하였는데, 신은 단지 김홍수의 말만 들었지 황익재의 말은 듣지 못하였습니다. 임서호는 신이 아는데 역모에 동참한 것이 확실합니다. 조관규는 신이 알지 못하나 임서호가 동참했다고 말하였으며, 조덕징은 신이 알고 있었는데, 얼굴을 보기 전에 이미 들었습니다. 정월에 한양에 왔을 때 이하의 집에서 동참하여 충분히 모의하였는데, 그가 비록 나이가 젊어 주장이 되지는 못했으나 동참한 것은 확실합니다. 이만과 이의형은 군인으로 참가했으며, 조동규는 신이 알지 못하고 단지 임서호의 말을 들었을 뿐입니다. 나숭대는 신이 모르는 사이지만 역모한 것이 확실합니다.

압송되어 끌려온
평안 병사 이사성

한편, 그 무렵 평안도 병사 이사성도 체포되어 도성으로 압송되고 있었다. 이사성이 역모에 가담했다는 말을 들은 영조는 이사성을 체포해 오는 일을 매우 신중하게 처리했다. 만약 이사성을 잡기 위해 금부도사를 보냈다가 이괄의 난과 같은 상황이 일어날까 두려웠던 것이다. 그래서 영조는 3월 17일에 이사주를 평안 병사로 삼아 보내고, 선전관 구간과 금부도사를 함께 보내면서 이렇게 당부했다.

"만약 일이 여의치 않으면 편할 대로 조치하라."

또 선전관 구간에게도 만약 어려운 일이 생기면 네가 차고 있는 칼로 알아서 조치하라고 일러두었다. 상황이 다급하면 죽여도 좋다는 말이었다.

하지만 만약 이사성이 반발하여 그들을 죽이고 군대를 이끌고 쳐내려오는 것도 대비하지 않을 수 없었다. 그래서 황해도 감사 김시혁에게 3,000명의 군대를 이끌고 가서 동선령을 막고 있다가 이사성이 오면 붙잡아 오라고 하였다.

그런데 이사성은 별다른 반발 없이 자신의 평안 병사 임무를 이사주에게 넘기고 순순히 체포되어 서울로 왔다.

사실, 이사성은 반란 모의가 있을 때부터 가담했으나 소극적이었다. 하지만 혹 반군이 성공하여 조정을 장악할 경우를 대비하여 협조하는 자세를 취하고 있다가 역적으로 지목되어 서울로 잡혀 온 것이었다.

추관이 이사성에게 왜 반역에 가담했느냐고 묻자, 이사성은 자신은 반역할 의향이 없었고, 다만 반역도들을 색출하기 위해 가담하는 척했을 뿐이라고 변명했다. 실제 이사성은 반역 행위를 직접 한 것은 없고, 반역 모의 사실을 알고 있었을 뿐이었다. 그런 내막을 이사성은 이렇게 말했다.

"호남·영남에 역적이 번성한데, 심유현과 박필현이 모주가 되어 용감한 사람을 모집하여 삼남 지방과 교통하고 있음을 사람들이 많이 전파하고 있었으나, 신의 생각에는 끝내 실정을 정탐해 얻지 못할 것 같아 그들이 하는 대로 맡겨두었다가, 과연 혹 난을 일으킨다면 백성들이 도탄에 빠지고 종사가 위태하게 될 것이므로, 신이 그 실정을 탐지하여 고변하고자 했습니다. 그런데 함께 일을 할 사람이 없어서 즉시 탐지하여 보고드리기 전에 다른 사람의 고발을 당해 끝내 역적의 죄를 받게 되었으니, 어찌 억울하지 않겠습니까?"

이사성은 상한 형신을 당했지만, 역시 자기는 역모를 캐내려고 한 것이지 역모를 획책하려고 한 것은 아니라고 했다. 하지만 다시 한번 강한 형신을 당하고 인두로 살을 지지는 낙형까지 당하자, 체념한 듯 이런 말을 쏟아내며 시인했다.

"전년 6월 사이에 신이 박필현 및 한세홍과 함께 묵동 박필현의 서

출 동생 박만호의 집에서 회의를 하였습니다. 한세홍이 말하기를 '여주·이천·광주廣州의 친구들인데 함께 모의하는 자가 10여 인이다' 하였는데, 그때 그 성만 말하고 그 이름은 말하지 않았습니다. 대개 상의할 때에는 각기 친한 자가 있으나 그 사람과 친하다고 남에게 언급하지 않는 것은 후일 일이 누설되어도 대질할 증빙이나 증거를 없애려는 계책으로 삼았던 것입니다. 따라서 10여 인은 알 수가 없습니다."

이사성은 다음 날인 3월 26일에 군기시 앞에서 이유익과 함께 참형을 당했다.

전라도와 경상도에서 일어난
박필현과 정희량

그 무렵, 태인 현감 박필현도 군사를 일으켰다. 그는 청주에서 이인좌가 군대를 일으켰다는 소리를 듣고 왕을 지키기 위해 도성으로 간다는 핑계를 대고 군대를 훈련시켰다. 그리고 3일 동안 조련한 후에 무장으로서 귀양 가 있던 사촌형 박필몽을 기다렸다. 하지만 박필몽이 오지 않자, 자신이 직접 군대를 이끌고 전주 삼천으로 나아갔는데, 관군과 한바탕 어우러졌으나 대패하고 도주했다. 박필현은 경상도 상주로 달아났는데, 그곳 관리에게 붙잡혀 목이 잘렸다.

박필현이 잡히던 그때 경상도 거창에서 이웅보가 군대를 일으켜 거창을 장악했다. 이웅보는 원래 정희량과 함께 군대를 일으키려 했으나 정희량이 약속한 장소에 오지 않아 먼저 일어난 것이다.

이웅보는 군대를 일으키면서 안음 현감 오수욱에게 편지를 줘서 위협하니, 오수욱은 관아를 버리고 병영으로 달아났다. 이웅보가 또 거창 현감 신정모에게 편지를 보내 위협하니 신정모 역시 관아를 버리고 도주하였다.

이때 정희량이 합세하여 거창을 장악하니, 거창의 군졸이 모두 정희량 휘하로 들어갔다. 이후 정희량과 이웅보는 합천을 접수하고자 했다. 그때 합천의 좌수 정상림과 조성좌가 합천 군수 이정필을 협박하여 쫓아내고 합천을 접수했다. 또한 삼가의 좌수 신만항도 삼가 현감 이정수를 내쫓고 합천의 군대와 합세하였다.

이렇듯 경상도 서부 일원이 반군의 손에 떨어지자, 경상도 감사 황선은 성주 목사 이보혁에게 격문을 보내 우방장으로 삼고 성주와 지례, 고령의 군대를 내쳤다. 또 초계 군수 정양빈을 좌방장으로 삼아 의령, 함안, 단성의 군대를 지휘하도록 했다. 그리고 선산 부사 박필건으로 하여금 경상도 본진 군대를 거느리고 진군하도록 했고, 상주 영장 한속과 대구 군관 김진옥 등에게 군대를 이끌고 반군을 공격하도록 했다.

이렇게 되자, 정희량은 병력의 열세를 알고 거창에서 방향을 틀어 함양으로 들어갔다. 이후 전라도로 들어가려 한 것이었다. 그런데 안음에서 반란이 일어났다는 소식을 들은 전라도 운봉 현감이 군대를 이끌고 팔량령을 먼저 접거했다. 팔량령에 운봉의 군대가 진을 치고 있다는 소식을 들은 정희량은 함양을 버리고 거창으로 돌아갔다.

거창으로 돌아온 정희량은 이웅보와 함께 군대를 둘로 나눴다. 정희량은 생초역에 진을 치고 장차 무주로 진출하려 하였고, 이웅보는 우지령 밑에 진을 치고 지례로 진군하려는 것이었다. 하지만 선산 부사 박필건이 군대를 이끌고 와서 우지령을 먼저 접거하고 있었다. 또 무주의 고갯길도 전라도 군사가 먼저 접거해버렸다. 이 때문에 정희량과 이웅보는 쉽게 목적지로 나아갈 수 없었다.

그때 합천의 정상림과 조성좌, 신만항 등은 이보혁과 정양빈이 이끌던 관군에게 격파되어 무너진 상황이었다.

그런 상황에서 선산 부사 박필건이 이웅보의 군대를 급습하였다. 이웅보는 박필건에게 패전하여 정희량의 부대로 달아났다. 이렇듯 전세가 어렵게 되자, 정희량 수하에 있던 정빈주와 여해달, 염마당 등이 이웅보와 정희량을 사로잡아버렸다. 그리고 관군에게 넘기려고 포박하여 끌고 가는데, 관군 장수 우하형을 만났다. 우하형은 정희량과 이웅보의 목을 베고, 그들을 추종했던 자들의 목도 베어버렸다. 이로써 결국 경상도의 반군도 완전히 소탕됨으로써 이인좌 등의 소론 강경파의 반란은 실패로 끝났다.

이렇듯 이인좌의 난은 단순히 이인좌 한 사람을 중심으로 형성된 반역 사건이 아니었다. 이 사건은 근본적으로 영조의 즉위와 노론 세력에 반대하는 소론의 강경 세력이 충청도, 경상도, 전라도, 경기도, 서울, 평안도의 세력들을 규합하여 동시다발적으로 군대를 일으킴으로써 영조와 노론 세력을 완전히 제거하려는 계획 아래 이뤄진 것이었다.

만약 영조가 1727년에 정미환국을 통해 소론을 중용하지 않았다면 소론 세력 전체가 이 반란에 가담했을 가능성도 없지 않았다. 그런데 소론이 조정을 장악한 상황에서 이 사건이 일어난 덕분에 한층 작은 규모의 반란이 일어났고, 영조는 왕위를 지킬 수 있었던 것이다.

하지만 이 사건 이후 정권을 장악하고 있던 소론의 입지는 크게 약화되었다. 비록 소론에 의해 소론의 반란을 진압했지만 같은 당의 사람들이 반란을 일으켰기 때문에 그들의 입지가 약해지는 것은 당연했다. 영조는 그 기회를 놓치지 않고 탕평책을 더욱 강화시킬 수 있게 되었고, 그것은 왕권을 크게 안정시키는 결과를 낳았다. 따라서 이인좌의 반란은 결과적으로 탕평 정국의 기반을 다지는 구실이 되었으며, 영조는 이를 바탕으로 왕권을 강화하고 정국의 안정을 도모할 수 있었다.